Research on Grammar and
Grammar Teaching of
Chinese as a Second Language

Grammar

汉语作为第二语言的语法和语法教学研究

杨德峰 编著

北京大学出版社
PEKING UNIVERSITY PRESS

图书在版编目(CIP)数据

汉语作为第二语言的语法和语法教学研究 / 杨德峰编著 . —北京：北京大学出版社，2020.8
  ISBN 978-7-301-31456-2

Ⅰ.①汉… Ⅱ.①杨… Ⅲ.①汉语－语法－对外汉语教学－教学研究 Ⅳ.① H195.3

中国版本图书馆 CIP 数据核字 (2020) 第 130372 号

书　　名	汉语作为第二语言的语法和语法教学研究 HANYU ZUOWEI DI-ER YUYAN DE YUFA HE YUFA JIAOXUE YANJIU
著作责任者	杨德峰　编著
责任编辑	崔蕊
标准书号	ISBN 978-7-301-31456-2
出版发行	北京大学出版社
地　　址	北京市海淀区成府路 205 号　100871
网　　址	http://www.pup.cn　新浪微博：@ 北京大学出版社
电子信箱	zpup@pup.cn
电　　话	邮购部 010-62752015　发行部 010-62750672　编辑部 010-62754144
印 刷 者	北京溢漾印刷有限公司
经 销 者	新华书店 720 毫米 ×1020 毫米　16 开本　18 印张　350 千字 2020 年 8 月第 1 版　2020 年 8 月第 1 次印刷
定　　价	48.00 元

未经许可，不得以任何方式复制或抄袭本书之部分或全部内容。
版权所有，侵权必究
举报电话：010-62752024　电子信箱：fd@pup.pku.edu.cn
图书如有印装质量问题，请与出版部联系，电话：010-62756370

目 录

前 言 ·· 1

第一讲　对外汉语教学语法体系 ·· 1
　　一、研究概况 ··· 1
　　二、语法体系的初创 ··· 2
　　三、语法体系的探索 ··· 6
　　四、语法体系的发展 ···15
　　五、语法体系存在的问题及改进意见 ·································17

第二讲　对外汉语语法教材中的教学语法体系 ··························22
　　一、语法教材中的教学语法体系 ·······································22
　　二、对外汉语教学语法体系的反思 ····································27
　　三、对外汉语教学语法体系的构建原则 ······························34

第三讲　语法教材中的语法点的选择 ··38
　　一、研究现状 ···38
　　二、教材中的语法点 ··38
　　三、语法点选择存在的问题 ···50
　　四、语法点选择的建议 ···52

第四讲　语法项目的分级及习得顺序 ··56
　　一、语法项目的分级 ··56

二、语法项目的习得顺序……………………………………… 65
　　三、分级、排序存在的问题…………………………………… 77

第五讲　语法教学的原则……………………………………… 79
　　一、研究现状…………………………………………………… 79
　　二、教学原则…………………………………………………… 79
　　三、各原则的作用……………………………………………… 94

第六讲　汉语语法教学方法…………………………………… 96
　　一、教学方法的重要性………………………………………… 96
　　二、语法教学主要方法………………………………………… 96
　　三、教学法使用时应注意的问题……………………………… 113

第七讲　汉语教材中的语法教学模式………………………… 115
　　一、研究现状…………………………………………………… 115
　　二、初级汉语综合教材中的语法教学模式…………………… 116
　　三、中级汉语综合教材中的语法教学模式…………………… 125
　　四、教学模式思考……………………………………………… 135

第八讲　语言学理论、语法分析方法与汉语语法教学……… 140
　　一、语言学理论与汉语语法教学……………………………… 140
　　二、语法分析方法与汉语语法教学…………………………… 163
　　三、小结………………………………………………………… 164

第九讲　语用和语用教学……………………………………… 166
　　一、语用在汉语教学中的重要性……………………………… 166
　　二、汉语语用研究成果………………………………………… 173
　　三、语用教学方法……………………………………………… 187

第十讲　修辞和修辞教学 ·· 191
　　一、修辞学在汉语教学中的重要性 ························ 191
　　二、不同语言修辞表达习惯上的异同 ····················· 200
　　三、修辞教学方法 ·· 207

第十一讲　篇章语言学和篇章教学 ···························· 211
　　一、篇章语言学在汉语教学中的重要性 ·················· 211
　　二、汉语篇章的衔接手段 ··································· 219
　　三、篇章练习方法 ·· 228

第十二讲　语法教材中的篇章教学内容及练习 ············· 233
　　一、教材中的篇章教学内容 ································ 233
　　二、教材中的篇章练习 ······································ 249
　　三、存在的问题及对策 ······································ 255

参考文献 ·· 261

前　言

十多年前，本人为对外汉语教学专业的硕士研究生开设了"对外汉语语法和语法教学"这门课。开设本课程的目的主要有以下几个：一是让学生了解对外汉语语法教学的体系、教学目的、教学内容等，解决语法教学教什么的问题；二是让他们了解对外汉语语法教学的方法、原则等，解决怎么教的问题；三是让他们了解语言学理论和研究方法在对外汉语语法教学中的具体应用，解决教学中的理论运用问题；四是让他们了解修辞、语用、篇章与对外汉语教学的关系，解决语法教学的范围和边界问题。总之，希望通过本课程的学习，能够为将来从事对外汉语教学工作打下坚实的基础。由于本课程既有理论性，也有实用性，能够解决教学中的一些实际问题，一直很受学生的欢迎，收到了很好的教学效果。

2008年开始，本课程改为硕士和博士研究生课程，为了加强针对性，不仅对课程的内容做了一些调整，增加了对外汉语教学语法体系、语法项目的难度和分级等，而且加大了语言学理论和研究方法在对外汉语教学中的应用等内容，删去了对外汉语教学目的、教学内容等与《汉语水平等级标准与语法等级大纲》中的内容密切相关的东西，并且在深度上做了进一步的强化，以便适应硕士研究生和博士研究生不同水平、不同培养目标的需要。不仅如此，每学期教学结束后以及下一次开课之前，都要对讲义做一些调整、修改和补充，并把自己看到的或发现的新的与本课程密切相关的研究成果，包括自己的研究成果，尽量地吸收进去，做到与时俱进。

2016年，本人把《对外汉语语法和语法教学》申报了北京大学研究生教材出版计划，并顺利获得了批准，且于2017年与北京大学出版社签订了出版合同。自列入出版计划开始，本人就加紧对教材做进一步的修改、充实和完善。2017年又以"汉语作为第二语言的语法和语法教学研究"为题，申报了国家汉办"汉语国际教育专业教育研究"项目，并非常荣幸地获得了支持。

在国家汉办的资助下,本人一方面加快修改、完善的速度,另一方面把修改好的部分章节以单篇论文的形式进行发表,在最近一年多的时间里,先后发表了《对外汉语语法教材语法点选择存在的问题及对策》《对外汉语语法教材中篇章教学内容存在的问题及对策》《对外汉语语法教材篇章练习存在的问题及应对之策》《初级汉语综合教材语法教学模式初探》《初级口语教材语法教学模式考察及分析》等论文。这样,加上过去发表过的部分章节,本教材一半以上的章节都是曾经发表过的。

《汉语作为第二语言的语法和语法教学研究》根据汉语国际教育的特点,对汉语国际教育中的语法内容进行了构建,全书包括汉语教学语法体系、语法教材中的语法体系、语法教学模式、语法教学原则、语法教学方法、语言学理论和研究方法与教学、语用和语用教学、修辞和修辞教学、篇章语言学和篇章教学等内容,初步形成了一定的系统性,突出了汉语国际教育中语法教学的特点。本教材写作过程中,参考、吸收了大量现有的研究成果,这些成果不仅丰富了本书的内容,也为本书增色不少。希望本书的出版能为学习者将来从事汉语国际教育打下坚实的语法及语法教学的基础,也希望能为从事汉语国际教育的教师提供一些研究和教学上的参考。

俗话说"十年磨一剑",尽管本教材打磨的时间远远超过十年,但限于水平,其中的一些看法或观点还有不够成熟的地方,希望得到方家及读者的批评指正。本书能够出版,归功于北京大学、国家汉办和北京大学出版社的大力支持,是北大和汉办的资助,保证了修改、完善所需要的经费;是北京大学出版社的支持,保证了本书能够按时、顺利地付梓。北京大学出版社的崔蕊老师、邓晓霞主任为本书花费了大量的时间和精力,在此一并表示诚挚的感谢。

杨德峰
2019 年 12 月 19 日

第一讲　对外汉语教学语法体系

一、研究概况

对外汉语教学语法体系,学界已有不少探索,主要集中在教材中的语法体系、对外汉语教学语法体系存在的问题、对外汉语教学语法体系的构建等方面。

吕文华(1991,2008)对《汉语教科书》(以下简称《教科书》)中的语法体系进行了梳理和总结,指出《教科书》创立了对外汉语教学语法体系,分析了它的利弊得失。吕文华(2008)还对20世纪70年代初出版的《基础汉语》到80年代末出版的《现代汉语教程》六部教材的语法体系进行了梳理,分析了其中的语法体系的发展、变化情况以及取得的成绩和存在的不足。

关于对外汉语教学语法体系存在的问题,学者们也做了一些分析。柯彼德(1991)认为语法体系中缺乏词法方面的内容,应该强调词法在语法系统中的重要性。吕文华(1992)对《汉语水平等级标准和等级大纲(试行)》的语法体系存在的问题进行了详细的分析,并提出了修订建议。竟成(1998)明确指出,《汉语水平等级标准与语法等级大纲》中至少20%的词汇项可归入词汇大纲中。李泉(2003)认为,现有的语法体系是一个"共核体系",语体属性没有得到允分的体现。孙德金(2006)指出,《汉语水平等级标准与语法等级大纲》包含了大量的语素和词语,使得词汇和语法的界限不够清晰。

对外汉语语法体系的构建问题,也有不少探索。崔永华(1990)、柯彼德(1991)、吕文华(1991)主张在现有体系的基础上进行修订,并提出了具体的修改意见;邵敬敏(1994)、赵金铭(1996)提出要进行脱胎换骨的改革;李珠(1997)、李芳杰(2000)、李泉(2003)、徐晶凝(2016)、阮黄英(2016)从不同的角度提出了建立新的教学语法体系的设想。李泉(2016)提出了语法体系的建设标准,杨德峰、范麾京(2016)提出了语法体系构建的方式。

本讲将在现有研究的基础上,把对外汉语教学语法体系分成初创、探索和发展三个时期,分别考察不同时期的语法体系的特点,并对学界关于对外汉语教学语法体系存在的问题及构建的设想等做一个大致的梳理和总结,以期全面展示对外汉语教学语法体系的全貌。

二、语法体系的初创

吕文华(1991)指出,是《教科书》创建了对外汉语教学语法体系。该教材的语法体系包含 186 个[①]语法点,由词类、结构、句子成分、句类、特殊句式、复句、情貌、强调方法、表达和语序等构成。

(一) 词类

吕文华(1994)指出,《教科书》词类的划分吸收了《暂拟汉语教学语法系统》(以下简称《暂拟》)的做法,将词分为名、动、形、代、数、量、介、副、连、助、叹十一类,但也有一些不同。首先,分类有的不同,如"助词",《教科书》采用二分法,分为"结构助词"和"语气助词",《暂拟》分为"结构助词""时态助词"和"语气助词"三类。其次,所收类别不同,《暂拟》中有"方位词""趋向动词",《教科书》中没有;《教科书》中有能愿动词,《暂拟》中没有。最后,词语的归类不同,像"是"《暂拟》归入"判断词",《教科书》归入"系词"等。

(二) 结构

《教科书》介绍了主谓结构、动宾结构、动补结构和并列结构四种结构,而《暂拟》称之为词组,并认为词组里的词的关系有四种:联合关系、偏正关系、动宾关系、主谓关系。虽然二者都认为有四种结构关系,但不仅名称不同,而且所指有的也不一样。《教科书》有动补结构,《暂拟》没有;《暂拟》有"偏正关系"词组,但《教科书》没有明确提到这种结构。

(三) 句子成分

《教科书》的句子成分与《暂拟》也大体相同,都有主语、谓语、宾语、定语、状语、补语。除此之外,《暂拟》还有"扩展的句子成分"和"特殊的句子成

[①] 本书统计的数据与吕文华的有些出入,其他教材也有类似的情况,主要是统计时分合标准略有不同。

分"（独立成分、复指成分），《教科书》有"同位语"和"外位语"。《教科书》的补语主要受到丁声树等《现代汉语语法讲话》(1961)的影响，该书把补语分为两类：补语前没有"得"的（包括结果补语、趋向补语及补语的可能式）和补语前有"得"的。

（四）句类

《教科书》和《暂拟》的分类有同有异。《暂拟》把句子分为单句和复句，单句又分为单部句和双部句，而《教科书》把句子分为单句和复合句，单句又分为"体词谓语句""形容词谓语句""动词谓语句""主谓谓语句""连动句""兼语句""存现句"等。《暂拟》中的"复句"，《教科书》称作"复合句"，但所指相同。《教科书》还从功能的角度把句子分为陈述句、疑问句、祈使句、感叹句，但《暂拟》没有做这种区分。

（五）特殊句式

《教科书》介绍了6种特殊句式：兼语句，连动句，处置式，被动式，表示存在、出现、消失的句式，强调动作的时间、地点、方式等的句式。《暂拟》没有介绍特殊句式。

（六）复句

《教科书》介绍了9种复句：因果复句、条件复句（要是……就……）、转折复句、递进复句、连贯复句（一……就……）、关联复句（越……越……）、强调条件（只要……就……）和并列复句（又……又）以及疑问代词活用、表示特指等。《暂拟》没有对复句做语义上的分类。

（七）情貌

情貌种类非常多，王力的《中国语法理论》(1944)介绍了7种：普通貌、进行貌、完成貌、近过去貌、开始貌、继续貌、短时貌。《教科书》选了5种：动作完成、动作进行、动作持续、动作的将要发生、过去的经验。《教科书》在介绍情貌时考虑到了对外汉语教学的特点，选取了最常用的情貌表达方式，有很强的针对性。

（八）强调方法

《教科书》介绍了9种强调方法：宾语提前、反诘、二次否定、"连……都"、"一"、"是"、"就"、疑问代词活用、词的重叠。《暂拟》中没有提到强调的方法。

(九) 表达

《教科书》只介绍了两种表达：否定和强调。《暂拟》中没有提到。

(十) 语序

《教科书》介绍了宾语的语序、趋向补语带宾语的语序、动量补语和时量补语带宾语的语序、多项定语的语序等，而《暂拟》只指出了倒装情况（主谓倒装、状中倒装）。

《教科书》在总结教学经验的基础上，对语法项目进行了精心的选择和切分，并由易到难、由简到繁循序渐进地做了科学、合理的安排。"它还根据语言教学的特点，安排了多种表达方式，并组织了体现语法规则的例句、对话、短文及丰富的练习，使学生能够在语言实践的基础上体会语法规则，又在语言实践中运用语法规则，从而使第二语言的语法教学与本族人的语法教学区别开来。"（吕文华 2008）此外，该教材还针对外国学习者的特点，将汉语的语法特点与学习者的母语（英语）进行比较，在选择语法点和语法点的解释上具有一定的针对性。

总起来看，《教科书》的语法体系具有以下特点：

1. 系统性强

《教科书》的语法体系系统性非常强，既有词类、句法结构、句子成分，也有句子、特殊句子、复句，还有表达、语序等，涵盖了现代汉语语法的方方面面，基本勾画出了现代汉语的语法体系，具有很强的系统性。

2. 博采众长

《教科书》的语法体系吸收了当时的语法研究成果，博采众长。像补语，采用了《现代汉语语法讲话》的说法，情貌和处置式吸收了王力《中国语法理论》的成果，主谓谓语句则是采用了赵元任《国语入门》的说法，体词谓语句吸收的是吕叔湘、朱德熙《语法修辞讲话》和《现代汉语语法讲话》的说法。（吕文华 2008）

3. 实用性强

语法点的切分和编排，按教学需要进行取舍，从应用的角度描写语法。如：

处置式：主语—"把"—宾语—动词—其他成分

比较句：A—"比"—B—比较的结果

被动句：受事者—"被、让、叫"—施事者—动词—其他成分

这些可以说是"公式法"的雏形，开了句式教学的先河，具有很强的独创性，不仅简洁，而且准确地概括了句子的特点，便于学生模仿，也便于记忆。

4. 针对性强

通过前文与《暂拟》的比较可以看出，《教科书》的语法体系与《暂拟》有着很大的不同，其中之一就是突出了针对性。《教科书》是供外国人学习汉语时使用的，这就决定了它的体系与针对中国人的有所不同。为了突出这一点，《教科书》运用比较的手段来加强针对性，把汉外相同和相近的词语、句式进行对比，通过细致入微的描写和对比以及例句达到解疑解难的效果。如形容词谓语句，《教科书》指出，形容词前不用"是"。再如带趋向补语的结构所带宾语的位置，该书指出，"先生进来教室了""他回去了宿舍"绝对不能说。以上这些问题，都是外国学习者常犯的错误，教材中明确指出来，起到了很好的预防作用，同时也突出了教材的针对性。另外，也经常对汉语中意义相同和相近的词语进行比较，通过对比，揭示它们的异同，以便学习者区别和掌握。像"一点"和"有点"、"或者"和"还是"、"才"和"就"、"又"和"再"等，教材就专门放在一课中进行了简单的对比，能够让学习者很容易了解二者之间的区别和联系。

但是《教科书》的语法体系也有不足之处，具体表现在以下几个方面：

1. 过于系统

《教科书》的语法体系有些过于追求系统性。《教科书》一共有186个语法点，涵盖了词类、结构、句类、句子成分、情貌、特殊句式、强调方法、复句、表达和语序等方方面面，不仅如此，每个方面也都体现了极强的系统性。譬如词类，全面介绍了名词、动词、形容词、代词等11类；特殊句式，既有兼语句、连动句，也有处置式、被动式以及表示存在、出现、消失的句式，还有强调动作的时间、地点、方式等的句式。

2. 过于烦琐

《教科书》对语法点的解释、说明，常常是面面俱到。如程度补语，先对"程度补语"的概念进行了解说，然后对程度补语的特点（补语和中心语之间

用"得")、充当程度补语的成分、动词带宾语的情况、语义重心以及否定形式等都做了详细的说明,过于繁琐。该教材是针对初学者的,繁琐的解说会加重学习者对汉语语法的"畏惧",更重要的是,很多语法规则并非初学者必须学习和掌握的。

3. 重视语法知识

受传统教学理论和教学方法的影响,《教科书》非常注重语法知识的传授,对某一语法点涉及的相关知识,往往从各个角度、各个方面进行详细的介绍,希望学习者对某一语法点有一个周全和详尽的了解。从这个角度来说,该教材的语法解释走的是专门语法教材的路子。如兼语式,不仅对"兼语式"的概念进行了解说,而且用下面的图式法对兼语式的各个成分进行了展示:

```
主语—动词—兼语—兼语的谓语
       └─谓语─────────┘
```

4. 语法点过于集中

《教科书》有186个语法点,平均每课差不多有三个语法点,有的多达五六个,这么多语法点集中在一起,显然不利于学习者学习和掌握。

5. 理论、方法有一定的局限

《教科书》成书于20世纪50年代,那个时期的语法研究虽然出现了繁荣的景象,但是传统语法一统天下,不论是研究的理论和方法,还是研究的深度和广度,都有很大的局限。受此影响,《教科书》的语法体系基本上是传统的语法体系,其核心是只讲词法和句法,讲词的类别、结构类型、句子成分、句子的类型、复句等,采用的语法分析方法主要是中心词分析法,偶有层次分析法。从教学方法来看,《教科书》采用的是传统的演绎法,讲授在教材中占据了十分重要的位置。

三、语法体系的探索

《教科书》之后,到20世纪80年代,国内陆续出版了不少汉语教材,这些教材在《教科书》语法的基础上,根据对外汉语教学的需要,对汉语的教学

语法体系进行了调整、增删等,即在不断地探索。该时期有代表性的教科书一共8部,具体情况如下表:

表1　8部教材的具体情况

名称	简称	编者/主编	出版社	出版年
《基础汉语》	《基础》	王还、赵淑华	商务印书馆	1971、1972
《汉语教科书》	《汉教》	北京大学外国留学生汉语教材编写组	北京大学出版社	1973、1974
《汉语课本》	《课本》	北京语言学院	商务印书馆	1977
《基础汉语课本》	《基汉》	北京语言学院	外文出版社	1980
《实用汉语课本》	《实用》	刘珣等	商务印书馆	1985、1986
《初级汉语课本》	《初级》	北京语言学院来华留学生三系	北京语言学院出版社 华语教学出版社	1986—1988
《汉语初级教程》	《初教》	邓懿	北京大学出版社	1987
《现代汉语教程读写课本》	《教程》	李德津、李更新	北京语言学院出版社	1988、1989

(一)《基础》

《基础》(上、下册)一共143个语法点,其中与《教科书》相同的语法点107个,约占该教材总语法点的74.8%,也就是说大体沿用了《教科书》的语法体系,但在原有语法体系的基础上增加了简单趋向补语("我去图书馆借书去")、"受"表示被动、人称代词做定语后面"的"的省略、方位词"上"的引申用法等37个语法点。此外,还有一些修改和变动:"能愿动词"叫作"助动词",带"是"字的体词谓语句叫作"A是B"句型,"处置式"叫作"把"字句,"被动句"改为"被"字句,"……貌"分别改为"词尾……",表示工具、方式的连动式"用中文回答""坐火车到上海"分析为动宾结构做状语,等等。

该教材的语法体系的特点如下:

1. 语法体系做了很大的删减。删去了一些基础或初级阶段不必要的语法点,使语法教学量大、语法点集中的现象有所克服。

2. 解释简明、扼要,减少了语法术语。《基础》由于贯彻了实践性原则,在正确处理理论和实践的关系上比《教科书》前进了一步。

3. 重视量词。该教材不仅介绍了常用的动量词,还介绍了一些常用的名量词,如"个""本""枝"等。

4. 采用了通行的说法。像"处置式"改为"把"字句,"着""了""过"改为"词尾","兼语式"改为"兼语句",等等。

不足之处:

1. 继承有余,创新不足。该教材的大部分语法点继承了《教科书》,创新性不够。

2. 有些语法点缺乏针对性。该教材增加了一些副词语法点,像副词"刚""果然""接着""好""直""一下子",事实证明这些副词在学习中并非难点,可以作为一般词汇来处理。

3. 有的语法分析不准确。如"你去休息吧"中的"去"分析为趋向补语,语气助词"了"解释为"发生在过去的某一次事件"。

4. 某些语法点太琐碎。如"又"分为"又(一)、又(二)、又(三)","吧"分为"吧(一)"和"吧(二)"等。

5. 忽视了复句。该教材中除了少量的固定格式外,没有安排复句,这可以说是一个很大的缺憾。

(二)《汉教》

《汉教》(三册)共 135 个语法点,比《教科书》少了近三分之一。该教材中的语法体系主要特点是:

1. 针对性强。语法体系中的语法点绝大多数都是学习者学习的重点和难点,删去了《教科书》中的不常用的"同位语""外位语"以及不难的语法点"以前""以后""……的时候"等。

2. 注重对比。教材把一些常见的、学习者容易混淆的词语安排在一课中进行对比讲授,如"二"和"两"、"或者"和"还是"、"以后"和"后来"、"几"和"多少"等。

3. 注重趋向补语的引申用法,增加了"下来""过来""过去"以及"来""去"表示反复的用法。

4. 把《教科书》中的"复合句"改为了通用的"复句"。

该教材的语法体系存在如下问题:

1. 缺乏创新。该教材的语法体系主要是在《教科书》体系的基础上做了删减,与《教科书》相同的语法点多达 119 个,约占该教材总语法点的

88.1%,比例非常高。

2. 遗漏重要的语法点。《汉教》介绍了"结果补语""趋向补语""可能补语",但却没有"程度补语"。

3. 不重视复句。该教材只安排了一个复句"一……就",其他的都没有涉及。

4. 有的语法点缺乏针对性,如主谓结构做主语、宾语和定语。

(三)《课本》

《课本》(一、二册)一共 108 个语法点,语法体系与《教科书》大体相同。该教材语法体系的主要特点是:

1. 突出句式。该套教材共归纳出 83 个句式,强调了句式在语法体系中的地位,为后来的句式或句型教学打下了良好的基础。

2. 增加新的语法点。如介绍了动词"上"和"到"的"上/到……去"的特殊用法,还介绍了"排行"等。

3. 语法点有所突破。《教科书》认为"是"主要起连接作用,是系词,"是"与后面的名词宾语一起组成体词谓语句,《课本》则明确指出"是"为谓语动词的句子是动词谓语句。该教材还提出介宾结构做补语,认为"把"字句表示处置。《教科书》和《基础》都把带"得"的补语统称为程度补语,该教材将情态补语从程度补语中分出来,使得补语的分类更准确、更到位。该教材关注口语语法现象,介绍了主语省略、谓语省略、宾语省略、定语中心语省略等。

不足之处:

1. 继承有余,创新不够。该教材与《教科书》相同的语法点共 86 个,约占该教材语法体系的 79.6%,大多数语法点与《教科书》相同。

2. 新增的语法点有的缺乏针对性,如动词"玩儿"以及"有一天"等,有比较强的随意性。

3. 有的语法分析不准确,如把"你是第一次来这儿吧"中的"是"分析为"说明情况"。

(四)《基汉》

全套教材一共 4 册,1—3 册语法点 115 个。该教材的语法体系具有以下特点：

1. 语法点数量少。与过去的教材相比，《基汉》的语法点数量少了许多，比《教科书》少了三分之一还多。

2. 注重小体系。该教材非常重视某一个语法点的系统性，力求做到全面。像"是"字句，有"是"字句（一）（"她是老师"）、"是"字句（二）（"这本书是他的"）和"是"字句（三）（"那件衣服是红的"）；"把"字句，介绍了它的意义和功能、与一般动词谓语句用法上的比较、使用条件、能愿动词和否定词的位置等；谓语句，介绍了动谓句、形谓句、名谓句和主谓谓语句。

3. 语法点的选择、介绍具有较强的针对性。该教材选取的语法点具有较强的实用性和针对性，把汉语语法体系重要的语法点基本都涵盖进去了。

不足之处：

1. 缺乏突破。该教材的语法点与《教科书》相同的多达 105 个，约占该教材语法点的 91.3％，几乎全部来自《教科书》。

2. 不重视复句。该教材只介绍了"一……就""要是……就"和"虽然……但是"三个复句，其他的复句都没有涉及。

3. 某些语法点针对性不强。如"以前"和"以后"、介词"在"和"从"的宾语以及"从……起""从……到"等，并不是学习者学习的难点，完全可以作为词语来处理。

（五）《实用》

全套教材共 4 册，语法点 104 个（另外还有语法注释 82 个）。其特点如下：

1. 语法体系大大简化。该教材语法点的数量不到《教科书》的三分之二，语法体系做了很大的精简。

2. 把语法体系做了初步分级。吕文华（2008）指出，《实用》在语法体系方面的最大贡献是，把语法体系做了一个初步的"分级"，把重要的语法作为语言点，不重要的放在"注释"中，即不作为教学重点，这种做法虽然有一定的随意性、主观性，但是难能可贵，具有初步的语法分级的概念，为后来的语法大纲的分级提供了很好的借鉴。

3. 针对性很强。"注释"中特别指出某些学习者容易出错的地方，以引起注意。如表示时间的名词和数量词做状语，附加了四点说明：时间名词前不要加介词,时间名词不能在句末,较大的时间单位放在较小的时间单位前面,时间状语常放在地点状语的前面。

不足之处:

1. 缺乏创新。该教材与《教科书》相同的语法点一共 96 个,约占该教材语法点的 92.3%,即语法点基本上都来自《教科书》,是《教科书》语法体系的简化版。

2. 有些语法点缺乏针对性。像"主谓结构做定语""前置宾语""从……到""有的……有的"等,这些语法点有的不实用,有的则并非学习者学习的难点。

3. 有的语法点偏多、偏细。如"结果补语",不但把结果补语单独作为一个语法点,还把"好""到""在""作"做补语分别作为语法点专门进行了介绍,显得过多、过细。

(六)《初级》

《初级》共三册,一共 143 个语法点。该教材语法体系具有以下特点:

1. 在继承的基础上,有所发展。该教材虽然继承了《教科书》等的体系,但也增加了一些语法点,如年龄、身高、体重、号码的读法等,这些语法点都很实用。

2. 注重小体系。该教材非常注重某一个语法点的体系性,如"数字"表达,不但介绍了号码的读法、年的读法、钱的计算,而且还介绍了身高、年龄、体重等的表达方法;趋向补语的引申义,介绍了"起来""下去""下来""出来",还介绍了"上"的引申义;"比"字比较句,介绍了"……得多/一点"在用"比"的比较句中表示差别大小、"多/少""早/晚"在用"比"的比较句中做状语、"比"用于带程度补语的句子等。

3. 大量使用句型。该教材大量采用句型来进行语法教学,特别是第一册和第二册,语法点的展示基本上都运用句型法,简洁明了,非常实用。如可能补语,概括为"V+得+RC"和"V+不+RC";"比"字句句型为"A 比 B Adj";等等。

4. 重视复句。该教材中的复句语法点有"因为……所以""不但……而且""虽然……但是""如果……就"等 15 个,有并列复句,也有主从复句,主从复句有因果复句、递进复句、转折复句、假设复句、让步复句、条件复句等,种类也很全。

5. 难点分散。该教材常常把一个语法点分成几个小的语法点,放在不同的课文中进行学习,而不是像过去有的教材放在一起集中学习,客观上来说,分散了难点,便于学习者学习和掌握。如"把"字句分成了"把"(1)(谓语主要为"V+介词+宾语"的)、"把"(2)(谓语主要为"V+结果补语/趋向补语"的)和"把"(3)(谓语主要为"V+结果补语/程度补语/频率补语"),"着"分成了"着"(1)和"着"(2),"比"字句分为"……得多/一点""多/少"、"早/晚"用在"比"字句、"比"用于带程度补语的句子等不同的用法,分别安排在不同的课文中进行教学。

不足之处:

1. 体系大而全。该教材语法点一共143个,是语法点数量较多的教材之一。

2. 继承有余,创新不足。该教材虽然有143个语法点,但与《教科书》相同的有100个,占该教材总语法点的69.9%,即语法点大部分来自《教科书》。

3. 有些语法点针对性不强。像动词"有"和"有"表示存在,该教材作为两个语法点,安排在两课中进行教学,但事实上"有"并非学习者学习的难点。动词"完"表示结果、"一年比一年""往+方位词"等也都存在类似的问题。

4. 某些解释或表述不够科学。像"把"字句的作用,该教材认为是把宾语提前;认为"了""表示在某段时间内出现的情况或发生的事情,如果句中没有时间状语,句子表示说话时刚刚出现或发生的事情";把可能补语公式化为"动词+得+结果补语""动词+得+(结果补语)+来/去",这种表述显然不科学,混淆了可能补语和结果补语。

(七)《初教》

《初教》共三册,一共157个语法点。该教材的语法体系主要有如下特点:

1. 实用性较强。所选择的语法点多是学习者急需的,或者说是学习中的难点。

2. 注重对比。该教材把一些容易混淆的词语、句式或用法放在一起进行讲授,让学习者进行辨析和掌握,像"咱们"和"我们"、"有""是""在"表存在、"还是"和"或者"、介词"替"和"对"、"几"和"多少"、"一点"和"有点"、"才"和"就"等。这些语法点有些是吸收现有教材的,有些是新增的,如"咱们"和"我们"、"替"和"对"等。

不足之处:

1. 语法体系过大、过全。该教材一共有157个语法点,数量太多,体系过于庞大。

2. 缺乏创新。该教材与《教科书》相同的语法点134个,约占该教材语法点总量的85.4%,即大多数语法点都来自《教科书》。

3. 有的语法点缺乏针对性。如"有的""以前""以后""想""愿意""从……到"等,事实证明,这些词语或用法都不难,没有必要放在语法中,完全可以作为词语来处理。

(八)《教程》

该教材包括《读写课本》《听力课本》《说话课本》等系列教材。其中《读写课本》一、二册是基础阶段,100课,一共145个语法点。该教材语法体系的特点如下:

1. 注重小体系。与《基汉》和《初级》类似,该教材也很重视语法点内部的体系性。像"比"字句,分为"比"字句(1)(还、更,不用"很、太")、"比"字句(2)(带数量补语)和"比"字句(3)(A 比 B+VO);复合趋向补语介绍了复合趋向补语(1)(VC_1C_2O、VC_1OC_2)和复合趋向补语(2)(把 OVC_1C_2、处所+VC_1C_2O)。

2. 介绍了大量的格式。该教材把语法格式作为教学的重点,一共介绍了30个语法格式,像"还没有……呢""越来越""越……越""虽然……但是""只有……才""除了……以外""既然……就"等,非常实用。

3. 重视副词。增加了一些副词,如"居然""不然""并"等。

4. 吸收了新的成果,如采用了主语和谓语是话题和陈述的观点。

不足之处:

1. 语法体系过于系统、全面。

2. 继承大于发展。该教材与《教科书》相同的语法点多达110个,约占该教材语法点总量的75.9%,即大多数语法点来自《教科书》。

3. 有的语法点缺乏针对性,像"V 过"(2)(V 过+数量补语)、动词"使"、副词"并"和"居然"、连词"而"和"不然"等,这些语法点有的并不难,有的或者使用比较少,或者初级阶段未必需要学习。

以上 8 部教材在《教科书》的基础上,语法体系有所探索、发展,这种探索和发展表现在如下方面:(1)语法体系删繁就简,总体上来看,语法总量呈下降的趋势;(2)语法体系更具有针对性、实用性,突出了对外汉语教学特色;(3)语法解释更简洁、明了,避免了《教科书》中繁杂、专业的解释;(4)纠正了《教科书》中把充当主语、宾语的动词处理为动、名兼类的做法,严格按照词的语法功能和意义划分词类;(5)吸收了一些新的研究成果。

毋庸置疑,语法体系方面的探索和发展还很不够,继承有余,创新不足,这些教材中的语法点以及与《教科书》重合的语法点占各教材总语法点的比例如下:

表 2　8 部教材的语法点及与《教科书》的重合率

教材	总语法点	与《教科书》相同的语法点	
		数量	所占比例(%)
《基础》	143	107	74.8
《汉教》	135	119	88.1
《课本》	108	86	79.6
《基汉》	115	105	91.3
《实用》	104	96	92.3
《初级》	143	100	69.9
《初教》	157	134	85.4
《教程》	145	110	75.9

从表中可以看出,8 部教材的语法点总量虽与《教科书》的(186 个)相差比较大,有的还比较悬殊,但在语法点的选择上与《教科书》大体上是一致的,因为与《教科书》相同的语法点最少的占了 69.9%,最多的占了 92.3%,而且一半的教材都在 80% 以上。

在《教科书》基础上形成的教学语法体系一直沿用了 30 多年,在对外汉语教学发展的历史上发挥了极其重要的作用。但吕文华(1991)指出:"综观对外汉语教学语法体系发展的历程,我们不得不承认半个世纪来其发展是缓慢的,变化是局部和微小的。可以说1958年《汉语教科书》创建的语法体系大同小异地保留在历代更迭的教材中。"

随着时代的发展,这套教学语法体系的某些局限性也随之暴露出来,如总体上以语法知识的传授为主,以结构主义语法为纲,语法条目繁琐,术语过多,讲解过细,等等。更主要的是,几十年来新的语言学理论和新的语言教学理论、汉语教学研究方面新的成果,特别是现代汉语语法研究取得的丰硕成果没有得到及时的吸收。因此,90年代以来不断有学者呼吁要修改现有的对外汉语语法教学体系,吕文华(1992)曾经明确指出:"对外汉语教学语法体系几十年基本不变的状况必须改变。"

四、语法体系的发展

随着对外汉语教学事业的发展,为了满足教学、教材编写、测试等的需要,各类汉语语法大纲应运而生,出现了语法体系的大发展。目前已有的大纲主要有以下一些:

1.《汉语水平等级标准和等级大纲(试行)》,中国对外汉语教学学会汉语水平等级标准研究小组,北京语言学院出版社,1988。

2.《对外汉语教学语法大纲》,王还主编,北京语言学院出版社,1995。

3.《中高级对外汉语教学等级大纲(词汇·语法)》,孙瑞珍主编,北京大学出版社,1995。

4.《汉语水平等级标准与语法等级大纲》,国家对外汉语教学领导小组办公室汉语水平考试部,高等教育出版社,1996。

5.《中国汉语水平考试大纲(基础)》,北京语言文化大学汉语水平考试中心,现代出版社,1998。

6.《高等学校外国留学生汉语教学大纲(长期进修)》,国家对外汉语教学领导小组办公室,北京语言大学出版社,2002。

7.《高等学校外国留学生汉语言专业教学大纲》,国家对外汉语教学领导小组办公室,北京语言大学出版社,2002。

8.《国际汉语教学通用课程大纲》,国家汉语国际推广领导小组办公室,外语教学与研究出版社,2008。

9.《新汉语水平考试大纲》,国家汉办/孔子学院总部,商务印书馆,2009、2010。

10.《HSK考试大纲》,孔子学院总部/国家汉办,人民教育出版社,2015。

以上这些大纲中的1、4、5、9、10性质相同,都是语法等级大纲。《汉语水平等级标准和等级大纲(试行)》分甲、乙、丙三级;《汉语水平等级标准与语法等级大纲》分为甲、乙、丙、丁四级;《中国汉语水平考试大纲(基础)》是北京语言大学研发的水平考试大纲,分甲级和乙级;《新汉语水平考试大纲》一共六级,但前三级有语法项目大纲,后三级没有;《HSK考试大纲》是《新汉语水平考试大纲》的修订版,一共六级,每级都有语言点大纲。

《对外汉语教学语法大纲》是一种教学语法体系性的大纲,语法不分等级。《中高级对外汉语教学等级大纲(词汇·语法)》中的教学语法等级大纲包括两部分:"中级教学语法基本纲""高级教学语法基本纲"。前者有"中级汉语课程语法大纲""听力口语课程语法大纲""报刊基础课程语法大纲"和"新闻听力课程语法大纲",后者有"高级汉语课程语法大纲""高级口语课程语法大纲"和"报刊阅读课程语法大纲"。这些大纲满足了不同阶段和不同课程的教学需要,为不同阶段的教学、教材编写提供了参考的依据。

《高等学校外国留学生汉语教学大纲(长期进修)》《高等学校外国留学生汉语言专业教学大纲》都是教学语法体系,又具有教学阶段的等级性,前者分为"初等阶段语法项目""中等阶段语法项目""高等阶段语法项目",后者分为"一年级语法项目表""二年级语法项目表""三四年级语法项目表"。

《国际汉语教学通用课程大纲》是供教材编写、教学计划制订等使用的有一定的教学阶段性的大纲,语法项目分为5级,有8～17个不等的语法项目。

这些性质不同的语法大纲不仅各有自己的特点,也各有不同的应用价值。有的适用于水平考试,有的适用于教学,有的适用于课程建设,有的则适用于不同的学习阶段或不同的学习目的。这些大纲的出现,不但满足了测试、教学、教材编写的需要,也使得测试、教学、教材编写走向规范化、科学化,更为对外汉语教学的学科建设奠定了非常坚实的基础。同时,也标志着对外汉语教学语法体系得到了全面的发展,为走向成熟打下了坚实的基础。

五、语法体系存在的问题及改进意见

(一) 语法体系存在的问题

尽管对外汉语教学界制定了各种不同性质、用途的语法大纲,基本满足了对外汉语教学的需要,但是还必须看到,现有的语法体系,总的来说都是以"共核性"的语法为主体,语法的语体属性没有得到很好的、充分的体现,口语语法和书面语语法反映不够全面。各类语法大纲中都有典型的口语语法成分和典型的书面语语法成分,但二者在各大纲中都不占多数,占绝对多数的是口语和书面语共用的"共核语法"。无论是词汇、语汇,还是句法、格式、句式,都没有显示语体属性。包括语法的语体特征在内的语用特征是否得到体现以及体现得是否充分,是汉语作为母语教学语法体系跟汉语作为第二语言或外语教学的语法体系相互区别的一个重要方面。(李泉 2003)虽然《中高级对外汉语教学等级大纲(词汇·语法)》制定了阶段性口语语法教学大纲,但这种大纲只是阶段性的,且是初步的,远远不能满足对外汉语教学的需要。

现有的各类语法大纲一般是以语法知识,特别是"通用性"的语法规则为主,没有体现语法成分和语法形式的语用特征。

现有的语法体系重视句法,词法方面不够重视。柯彼德(1991)指出,20世纪中国语法研究的最大特点是偏重句法,极少讲词法,这个传统早在《马氏文通》里就已显示了雏形。他认为应该强调词法在语法系统中的重要性,因为不管世界上哪一种语言,讲语法、教语法都必须包括词法和句法两部分。

语法体系中,词语占了相当大的比重。据竟成(1998)初步统计,《汉语水平等级标准与语法等级大纲》中,至少有 20% 的词汇项应放进词汇大纲中。孙德金(2006)指出,早期的语法体系以传统语法为主,但以《汉语水平等级标准与语法等级大纲》为代表的分级体系,则把大量的语素和词语放进了教学大纲,模糊了词汇和语法的界限。

(二) 语法体系改进意见

鉴于现有语法体系存在的问题,不少学者都对对外汉语教学语法体系的建设提出了一些意见和建议。李泉(2016)和杨德峰、范麾京(2016)对语法体系建设路径、标准和内容提出了一些看法。李泉(2016)指出对外汉语教学语法体系建立的核心标准是详尽、实用,辅助标准是协调、简单。应用的先后顺序是:详尽→实用→协调→简单。两类标准的地位、作用和运用程序不同,一定程度上可以减少因地位和管辖内容不明确而带来的标准之间的矛盾。对外汉语教学语法体系的特点或属性应该包括:内容取向详尽化,理论基础多元化,建构方式多样化,发展方向国别化,体系研究长期化。

杨德峰、范麾京(2016)指出,对外汉语教学语法体系的构建应该建立在对学习者的中介语进行梳理、研究的基础上,通过对学习者大规模中介语料库的梳理,构建中介语中的汉语语法体系,找出学习者学习汉语语法的难点和重点。这样构建起来的语法体系才是属于学习者的语法体系,也才是他们真正需要的语法体系。他们认为利用中介语构建对外汉语教学语法体系,不仅有理论依据,而且有现实的基础。

更多的学者对现有的语法体系提出了一些修改或重建的建议或构想。不过,是修改还是重建,如果修改,怎么修改等,学界的看法并不完全一致。

崔永华(1990)、柯彼德(1991)、吕文华(1991)主张在现有体系基础上进行修订。崔永华(1990)指出,现行的教学语法体系需要改进,《汉语教科书》中的语法体系理论基础太陈旧,体系的描写缺乏针对性,基本上是教中国人的体系,没有突出外国人学汉语的特点和难点;强调对语法体系进行描写时要考虑到外国人学汉语的难点、外国人理解汉语和用汉语表达的思路、外国人的一般语言背景知识;建议把构词法、词组作为汉语重要的语法项目来描写,把动词和形容词重新进行分类,把助词改为标记词,主语改作话题,增加表达部分,加强对汉语基本句型的描写,增加对段落篇章结构的描写;等等。

柯彼德(1991)认为,汉语作为外语教学的语法体系是在汉语作为母语教学的语法体系的基础上建立起来的,该体系不重视汉语作为外语教学的一般特点,也忽略了汉语师生在教学中对语法对比的要求。他提出了语法体系修改的主要内容和措施,包括句子成分、复句、词法三个方面的十几个问题。如"补语"应归入词法中,不要看作句法结构;"数量补语"应看作"时量宾语"和"数量宾语";"住在""开往""来自"等不应视为动补结构,可把它们看做关系动词,另立一类;等等。

吕文华(1991)分析并肯定了《教科书》建立起来的语法体系的特点和历史功绩，同时指出了这一体系在教学方法、教学经验、汉语语法研究水平上的局限，提出修改现行语法体系应考虑的问题：适应语言交际的需要，寻求结构—功能相结合的更好的途径，重视口语语法，体现汉语的特点，吸收新的研究成果。

邵敬敏(1994)、赵金铭(1996)主张脱胎换骨的改革。邵敬敏(1994)指出，初、中、高三个阶段应各有自己的侧重点，初级可以从形式结构入手再做语义解释为主，中级以语义范畴入手再做形式证明为主，高级以结合语境做语用功能说明为主。语法点的等级切分包括所有的语法点应按"常用/次常用/非常用"三个级别列入不同阶段的教学，同一个语法点再按"容易/次容易/不容易"进行序列编排。大力提高词组在语法教学中的地位。对外汉语教学语法体系的总体指导思想应以语义表达为主，结构形式为辅，语用变化为补。建立现代化语料库，对结构、词组、句式等使用频率进行统计。

赵金铭(1996)认为不同阶段语法教学的侧重点不同：初级阶段只需教最基本的形式语法，讲究句法结构，掌握汉语的句型、词序；中级阶段所讲语法侧重语义语法，注意句中成分的语义关系及语义搭配；高级阶段侧重语用功能语法，着重语用的选择和词语的应用，使得习得者具备区别语言形式高下的能力。

李珠(1997)、李芳杰(2000)、李泉(2003)、徐晶凝(2016)、阮黄英(2016)提出建立新的教学语法体系的设想，但着眼点有些不同：前三位学者着眼的是汉语语法的大体系，后两位学者着眼的是汉语语法的子体系。

李珠(1997)提出建立三维教学语法体系：语音、语法、词汇语言三要素；语义、结构、语用三结合；听说读写技能综合训练。

李芳杰(2000)主张建立以句型为体、字词为翼的语法体系，并详细阐述了该体系的特点：

1. 句型表里璧合，体系繁简相宜。以表层的语法结构为主线，里层的语义结构、语义指向为副线来构拟句型，句型就能做到表里璧合，清楚地展示汉语的语法特点和教学难点。

2. 句型涵盖基本语法项点，贯通初级、中级、高级教学阶段，使各个语法项点串成一个系统，便于理解和记忆。《汉语水平等级标准与语法等级大纲》拟定语法大项18类,有10类直接与句型挂钩:句子成分、句子分类、几种特殊句型、复句、反问句、提问的方法、强调的方法、口语格式、多重复句、句群;有4类与句型有密切关系:词类、词组、动作的态、固定格式。总共14类为句型所覆盖,覆盖率为77%。

3.句型便于引入新理论、新方法而具有活性,从而提高外国学生模仿造句的成功率。

4.句型为体拓展并深化了同义/多义语言形式的研究和教学。

5.句型可以量化、等级化,便于语法教学目标的确定、项点的编排。语素、词、词组、句子、句群五级语法单位,词可以量化、等级化,语素、词组、句子、句群都不便或不宜量化、等级化。以汉字代语素,以句型涵盖词组和抽象句子、句群,便于量化和等级化。比如"比"字句:

A 比 B＋形

A 比 B＋更/还＋形

A 比 B＋动＋宾(我比你们了解情况)

A 比 B＋多/少＋动＋宾(他比我多吃了一碗)

A 比 B＋助动词＋动(弟弟比姐姐会说)

这些句子可于初级阶段中期安排。数量补语、程度补语出现后,可再安排:

A 比 B＋形＋一点/多了

A 比 B＋早(晚)/多(少)＋动＋数量补语

A 比 B＋动＋得＋补语

李泉(2003)建议初步将对外汉语教学语法体系拟定为共核语法、口语语法和书面语语法三个子系统。共核语法是中性语体的语法,是普通话口语和书面语共用的语言材料和表达方式,即较正式场合所说的普通话口语和演说、小说、散文等非专业性的书面语体中的语法。口语语法是现有各类语法大纲中典型的口语语法成分,以及现有各类语法大纲未收入的口语语法和口语惯用表达形式。书面语语法是书面语语体中的语法现象,包括共核语法以外的现有各类语法大纲中典型的书面语语法成分,以及现有各类语法大纲未收入的书面语语法和书面语惯用表达形式。

徐晶凝(2016)初步构建了口语语法子体系框架,该框架包括三个范畴:结构范畴语法、情态范畴语法和话语范畴语法。结构范畴中又包括口语中特有的句法现象、结构习用语、用于口语的共核语法部分、口语稍异于书面语的句法现象;情态范畴中包括表达言者对命题确信度的语言形式、表达言者对听者态度的语言形式、表达证据来源的语言形式;话语范畴中包括开启话题/抢占话轮的语言形式、保持话题/保持话轮的语言形式、转移话题的语言形式、结束话题的语言形式、背景反馈的语言形式以及应答习用语。在此基础上,她还对语法项目的分级做了初步的探讨。

还有学者,如阮黄英(2016),提出了建立国别化语法子体系的构想。她建议针对越南学习者的汉语语法体系应该包括语素、词法和句法三部分内容,句法包括词组和句子的内部结构和语法功能;应该对词组的内部结构和外部功能进行分类,说明两者之间的不对应关系;也要说明单句的结构类与功能类、单句的句法成分特点和句子分析。多项定语、多项状语的语序和"的/地"字的隐现规律以及各种补语的用法和语法意义,对越南学生来说是需要重点教授的语法知识点。由于越南学习者汉语动宾搭配及其语义关系的理解也常常出错,这也应该是对越汉语教学语法的重要内容。

也有个别学者,如竟成(1998),主张要先务虚而不要急于修订或新建。他呼吁,不要马上开展对现有大纲的修订或者编写新的大纲,要先对现有的大纲做比较细致的剖析。在此基础上,做好以下一些具体工作:1.分化语法大纲,把一部分内容转入其他大纲;2.为下一步修改做必要的准备,分解语法点,调查习得顺序规律,调查不同的学生需要什么不同的语法知识等;3.将有条件的语法点编成"形式为本,意义为用"的大纲条目。

以上意见、建议或构想为对外汉语语法体系的完善、建设在理论上和实践上都做出了很好的铺垫,加之近几十年来对外汉语教学事业的蓬勃发展,学科地位的确立,本体研究和习得研究的深入,新的教学理论和教学方法的引进,这些也为对外汉语教学语法体系的修订或构建提供了非常好的条件。我们相信,在学界的共同努力下,新的对外汉语教学语法体系一定会以崭新的、成熟的面貌出现。

第二讲　对外汉语语法教材中的教学语法体系[①]

一、语法教材中的教学语法体系

对外汉语语法教材比较多,杨德峰(2012a)统计有 20 部,但中级语法教材很少,影响较大的主要有卢福波的《对外汉语教学实用语法》、徐晶凝的《中级汉语语法讲义》、姜丽萍的《图解基础汉语语法》(为行文方便,以下分别简称为《实用》《中级》《图解》)。《实用》是为汉语学习一年以上(汉语水平已达四级或四级以上)的外国学生编写的汉语语法教材及参考书,《中级》则明确指出适用于中级汉语水平的学生,《图解》虽没说明是中级语法,但它指出是为国际汉语教师和学习汉语一年以上的外国学习者编写,说明该教材也相当于中级或准中级。那么这些中级语法教材中的教学语法体系如何呢?教材中的教学语法体系存在什么问题呢?出现问题的原因主要是什么呢?

三本教材的语法体系中都包括词类、句子成分和句子,有的还有词组和复句,但是每一个方面或项目包含的内容却有同有异。

(一) 词类

三本教材都有词类,具体情况如下(见表 1):

表 1　三本教材中的词类

词类	《实用》	《中级》	《图解》
名词	+	+	+
动词	+	+	+

[①] 研究生范麃京参与了本讲的统计等工作。本讲曾以《对外汉语教学语法体系反思及构建原则刍议》(杨德峰、范麃京)发表在《国际汉语教学研究》2016 年第 2 期上。

续表

词类	《实用》	《中级》	《图解》
形容词	+	+	+
非谓形容词	+	−	−
数词	+	−	+
量词	+	+	+
副词	+	+	+
代词	+	−	+
连词	−	−	+
介词	+	+	+
助词	+	+	+
语气助词①	+	+	+
叹词	−	−	−
象声词	−	−	−
能愿动词②	−	−	+
离合词	−	+	+

上表显示,三本教材的词类有相同之处,也有不同之处。《实用》主要有名词、动词、形容词、非谓形容词、数词、量词、副词、代词、介词、助词、语气助词 11 类,体系比较全。《中级》主要有名词、动词、形容词、量词、副词、介词、助词、语气助词和离合词 9 类,比《实用》少 2 类,体系不那么全。《图解》主要有名词、动词、形容词、数词、量词、副词、代词、连词、介词、助词、语气助词、能愿动词、离合词 13 类,比《实用》多 2 类,体系很全。

可见,三本教材的词类体系存在着差异,《图解》体系性最强,《实用》次之,《中级》没有体系性。

---

① 《实用》称作"助词"。
② 《实用》称为"助动词"。

（二）词组

在词组的处理上，三本教材也不完全一样。《实用》介绍了主谓词组、述宾词组、偏正词组、中补词组、联合词组、同位词组、量词词组、方位词组、介词词组、"的"字词组、"所"字词组、比况词组、固定词组 13 类，并把词组从功能上分为名词性词组、动词性词组、形容词性词组 3 类，但都没有做详细的讲解。

《中级》《图解》都没涉及词组。

（三）句子成分

三本教材中也都有句子成分，具体情况如下（见表 2）：

表 2　三本教材的句子成分

句子成分	《实用》	《中级》	《图解》
主语	－	－	－
谓语	－	－	－
述语	－	－	－
宾语	－	－	－
定语	＋	＋	＋
状语	＋	＋	＋
补语①	＋	＋	＋
中心语	－	－	－

表中显示，三本教材都有定语、状语和补语，主语、谓语、述语、宾语、中心语都没有列入语法点。三本教材在语法成分的选择上是一致的。

（四）句子、复句

三本教材中的句子和复句情况如下（见表 3）：

---

① 《实用》《中级》分别有"情态补语"和"状态补语"，《图解》没有。

表3 三本教材的句子、复句

	句子、复句	《实用》	《中级》	《图解》
结构类	形容词谓语句	－	－	＋
	名词谓语句	－	－	＋
功能类	陈述句	＋	＋	－
	疑问句	＋	＋	＋
	祈使句	＋	＋	－
	感叹句	＋	＋	－
特殊句式	双宾语句	＋	－	＋
	能愿动词句	＋	＋	＋
	主谓谓语句	＋	－	＋
	连动句	＋	＋	＋
	兼语句	＋	－	＋
	存现句	＋	－	＋
	比较句	＋	＋	＋
	"把"字句	＋	＋	＋
	"被"字句	＋	＋	＋
	"是"字句	＋	＋	＋
	"是……的"句	－	＋	＋
	"有"字句	＋	＋	＋
	"连"字句	＋	－	＋
	"在"字句	＋	＋	＋
	"除了"句	－	－	＋
	二次否定句	－	－	＋
	"非……不可"句	－	－	＋
	"每……都"句	－	－	＋
	"一……都"句	－	－	＋
	"好(不)容易＋才＋……"句	－	－	＋
	"再说"句	－	－	＋

续表

	句子、复句		《实用》	《中级》	《图解》
复句	联合复句	并列复句	+	−	+
		连贯复句	+	−	+
		递进复句	+	−	+
		选择复句	+	−	+
	偏正复句	因果复句	+	−	+
		条件复句	+	−	+
		假设复句	+	−	+
		转折复句	+	−	+

不难看出,三本教材的句子体系也存在着很大的差异。《实用》介绍了陈述句、疑问句、祈使句、感叹句、双宾语句、能愿动词句、主谓谓语句、连动句、兼语句、存现句、比较句等17种句子,是一个很全的系统;《中级》只介绍了陈述句、疑问句、祈使句、感叹句、比较句、"把"字句、"被"字句、"是"字句、"是……的"句等12种句子,没有系统性;《图解》介绍了疑问句、双宾语句、主谓谓语句、连动句、兼语句、存现句、比较句、"把"字句、"被"字句、"有"字句、"连"字句、"除了"句等24种句子,是一个非常全的系统。

复句方面,《实用》和《图解》都介绍了联合复句和偏正复句,而且所介绍的复句的类型也完全一样,不同的是《图解》以复句构成为讲解线索,没有按照复句类型进行讲解。《中级》则没有介绍复句。

三本教材中词类、词组、句子成分、句子、复句各项目中的成员的数量及所占比例如下表(见表4):

表4 三本教材语法项目数量比较

语法项目	《实用》		《中级》		《图解》	
	数量	比例(%)	数量	比例(%)	数量	比例(%)
词类	11	21.1	9	37.5	13	27.1
词组	13	25.0	0	0	0	0
句子成分	3	5.8	3	12.5	3	6.2

续表

语法项目	《实用》		《中级》		《图解》	
	数量	比例(%)	数量	比例(%)	数量	比例(%)
句子	17	32.7	12	50.0	24	50.0
复句	8	15.4	0	0	8	16.7
合计	52	100	24	100	48	100

表中显示,总语法项目《实用》《图解》和《中级》数量相差悬殊:《实用》一共52项,《中级》只有24项,前者是后者的2倍多;《图解》48项,是《中级》的2倍;《实用》比《图解》多4项。

各分语法项目,《实用》的词组、句子、复句,特别是词组和复句项目的数量,远远超过《中级》;《图解》的词类、句子和复句,特别是句子和复句项目的数量也远远超过《中级》;《实用》和《图解》的词类、句子成分、复句项目的数量虽然一样或大致一样,但是《实用》有词组项目,《图解》没有,《图解》句子项目的数量比《实用》多很多。

因此,从总语法项目和分语法项目的数量上来看,《实用》《图解》和《中级》完全不是同一水平的教材。

同样是中级语法教材,不仅语法体系存在着差异,一些子体系更存在着很大的差别。不仅如此,同样的语法项目还存在着名称不一等情况。这些情况的出现是很不正常的,反映出教材的编写者对对外汉语教学语法体系不够清楚,特别是对中级阶段的对外汉语教学语法体系十分模糊,因此才出现了"仁者见仁,智者见智"的情况。

以上三本对外汉语语法教材中的语法体系存在着非常大的差异,看起来是教材的问题,实际上与现有的对外汉语教学语法体系有着直接的关系。

二、对外汉语教学语法体系的反思

目前的教学语法体系有两种。一种是通用体系,像王还的《对外汉语教学语法大纲》(以下简称《教学》)。这个体系不分等级,不考虑教学对象,也不考虑学习者的时限,因此是一种通用教学语法体系。另一种是等级教学语法体系,像"中级教学语法基本纲"(以下简称"基本")、"高级教学语法基本纲"和《高等学校外国留学生汉语教学大纲(长期进修)》。《高等学校外国留学生汉语教学大纲(长期进修)》中包括"初等阶段语法项目""中等阶段语法项目"(以下简称"中等")和"高等阶段语法项目"三个语法体系,它们都是根据不同水平的学习者而制定的,反映出了语法体系的难易程度。"基本"和"中等"都是为高等学校外国留学生汉语教学制定的教学语法大纲,而且都是中级,适用的对象都是在高等学校长期进修的留学生,只是前者由北京语言大学孙瑞珍等学者研发,后者由国家汉办研发;前者成书于1995年,后者成书于2002年。那么,这些大纲中的对外汉语教学语法体系如何呢?下面我们将对三部大纲中的教学语法体系做一个比较。

《教学》、"基本"和"中等"的语法体系都主要包括词类、词组、句子成分、句子、复句等,但每一个子体系所包括的成员却有同有异。

(一) 词类

三部大纲的词类分别如下(见表5):

表5　三部大纲的词类

词类	《教学》	"基本"	"中等"
名词	+	+	+
动词	+	+	-
形容词	+	+	+
非谓形容词	+	-	+
数词	+	+	-
量词	+	+	+
副词	+	+	+
代词	+	+	+
连词	+	+	+
介词	+	+	+
助词	+	+	+
叹词	+	+	-

续表

词类	《教学》	"基本"	"中等"
象声词	+	−	−
助动词	+	+	−
离合词	−	+	−
兼类词	+	+	−

上表显示,三部大纲的词类有同有异,《教学》中有名词、动词、形容词、非谓形容词、数词、量词、副词、代词、连词、介词、助词、叹词、象声词、助动词、兼类词 15 类,"基本"有名词、动词、形容词、数词、量词、副词、代词、连词、介词、助词、叹词、助动词、离合词、兼类词 14 类,"中等"有名词、形容词、非谓形容词、量词、副词、代词、连词、介词、助词 9 类。数量上,《教学》比"基本"多 1 类,《教学》比"中等"多 6 类,"基本"比"中等"多 5 类,也就是说"基本"和《教学》的词类体系几乎一样,而和"中等"的体系有着非常大的差异。

(二) 词组①

三部大纲中的词组如下(见表 6):

表 6　三部大纲的词组

词组	《教学》	"基本"	"中等"
联合词组	+	+	−
偏正词组	+	+	−
补充词组	+	+	−
动宾词组	+	+	−
主谓词组	+	+	−
方位词组	+	−	−
数量词组	+	−	−
介宾词组	+	+	−

---

① "基本""中等"中称作"短语"。

续表

词组	《教学》	"基本"	"中等"
复指词组	+	−	−
连动词组	+	+	−
兼语词组	+	−	−
固定词组	+	+	+
"的"字短语	−	+	−

《教学》中的词组有12种,基本涵盖了所有的词组,很系统;"基本"中的词组只有9种,比前者少了3种,与前者不同的是没有方位词组、数量词组、复指词组和兼语词组,但多出了一个"的"字短语;"中等"只有固定词组1种。从数量上来看,三部大纲中的词组存在较大的差异:《教学》体系很全,"基本"比较全,"中等"则没有体系。

(三) 句子成分

三部大纲中的句子成分如下(见表7):

表7 三部大纲的句子成分

句子成分	《教学》	"基本"	"中等"
主语	+	+	−
谓语	+	+	−
宾语	+	+	−
定语	+	+	+
状语	+	+	+
补语	+	+	+
复指和插说	+	−	−

很明显,《教学》和"基本"句子成分大体一样,前者有主语、谓语、宾语、定语、状语、补语、复指和插说,后者除了没有"复指和插说"外,其他完全一样。但"中等"和《教学》、"基本"有非常大的差别,"中等"只有定语、状语和补语,比《教学》少了4种,比"基本"少了3种。

(四) 句子、复句

三部大纲中的句子和复句如下(见表8):①

表 8　三部大纲中的句子和复句

句子、复句			《教学》	"基本"	"中等"
结构类型	主谓句	形容词谓语句	+	+	−
		名词谓语句	+	+	−
		主谓谓语句	+	+	−
	非主谓句		+	−	−
	省略句		+	+	−
	倒装句		+	+	−
功能类型	陈述句		+	−	−
	疑问句		+	+	−
	祈使句		+	−	−
	感叹句		+	−	−
特殊句式	连动句		+	+	+
	兼语句		+	+	+
	存现句		+	−	+
	比较句		+	+	+
	"把"字句		+	+	+
	被动句		+	+	+
	"是"字句		+	−	+
	"是……的"句		+	−	+
	"有"字句		+	−	+
	双重否定句		−	−	+
	反问句		−	−	+
	固定格式		−	−	+

---

① "基本"中没有单列"句子",但有"特殊句子"和"表达法","表达法"既包含各种疑问句,也包含一些特殊句子,统计时分别进行了归类。

续表

句子、复句			《教学》	"基本"	"中等"
复句	联合复句	并列复句	＋	＋	＋
		连贯复句	＋	＋	＋
		递进复句	＋	＋	＋
		选择复句	＋	＋	＋
	偏正复句	因果复句	＋	＋	＋
		假设复句	＋	＋	＋
		条件复句	＋	＋	＋
		目的复句	＋	＋	＋
		转折复句	＋	＋	＋
		让步复句	－	＋	＋
	其他	意合复句	－	＋	－
		紧缩复句	－	＋	－

表中显示，三部大纲中的句子有很大的不同，《教学》从结构、功能和特殊性三个方面对句子进行了分类，其中结构类包括主谓句、非主谓句、省略句和倒装句4种，主谓句中又包括形容词谓语句、名词谓语句、主谓谓语句3种；功能类中有陈述句、疑问句、祈使句、感叹句4种，特殊类中有连动句、兼语句、存现句、比较句、"把"字句、被动句、"是"字句、"是……的"句和"有"字句9种，一共19种。"基本"中的结构类型的句子中只有一项与《教学》不同，即没有非主谓句；功能类句子中，只有疑问句1种；特殊句式中只有连动句、兼语句、比较句、"把"字句、被动句5种，一共11种，比《教学》少了8种。"中等"只有连动句、兼语句、存现句、比较句、"把"字句、被动句、"是"字句、"是……的"句、"有"字句、双重否定句、反问句、固定格式，一共12种，比《教学》少了7种，比"基本"多1种。从数量上来看，《教学》的句子系统很全，分别比"基本"和"中等"多了8种和7种；"基本"和"中等"的句子系统好像差不多，实则不然，因为它们共同的句子类别只有连动句、兼语句、比较句、"把"字句、被动句5种，有一半以上的句类是不同的。

复句方面，《教学》、"基本"和"中等"中都有并列复句、连贯复句、递进复句、选择复句、因果复句、假设复句、条件复句、目的复句和转折复句,但是"基本"中有让步复句、意合复句和紧缩复句,《教学》中却没有;"中等"中没有意合复句和紧缩复句,但有让步复句。也就是说,从系统性来看,"基本"比《教学》更全、更系统;"基本"和"中等"的系统则比较一致。

三部大纲中的词类、词组、句子成分、句子、复句各系统成员的数量及其相同项目所占的比例如下(见表9):

表9 三部大纲语法项目数量对比

语法项目	《教学》数量	"基本"数量	"中等"数量	相同项目的数量及所占比例					
				《教学》和"基本"		《教学》和"中等"		"基本"和"中等"	
				数量	比例(%)	数量	比例(%)	数量	比例(%)
词类	15	14	9	13	81.3	9	60.0	8	53.3
词组	12	9	1	8	61.5	1	8.3	1	11.1
句子成分	7	6	3	6	85.7	3	42.9	3	50.0
句子	19	11	12	11	57.9	9	40.9	5	27.8
复句	9	12	10	9	75.0	9	90.0	10	83.3
总计	62	52	35	47	70.1	31	47.0	27	45.0

从上表可以看出,《教学》语法项目一共62项,"基本"52项,"中等"35项,从项目数量上来看,"基本"与《教学》相差10项,而与"中等"相距甚远,它们根本不是同一个水平的语法体系。

从共有语法项目来看,《教学》和"基本"词类和句子成分重合率都超过80%,复句重合率超过70%,也就是说词类、句子成分和复句三个语法大项目,大同小异。词组和句子重合率在60%左右,说明"基本"有所选择。两部大纲总语法项目平均重合率超过70%,也就是说两部大纲中的语法项目大部分是相同的。《教学》是一个总纲,而"基本"是一个等级纲,从逻辑上来讲,后者是在前者的基础上提炼出来的,是前者的一个缩量版,如此高的重复率说明,"基本"的语法体系存在着一定的盲目性。

《教学》和"中等"复句重合率高达90%,词类重合率为60%,句子成分重合率为42.9%,句子重合率只有40.9%,词组重合率为8.3%。说明除了复句外,"中等"对《教学》的语法项目进行了很大力度的筛选。

"基本"和"中等"重合率最高的是复句,为83.3%;词类、句子成分重合率分别为53.3%和50%,只一半或多一点;句子重合率为27.8%;词组重合率仅11.1%。"基本"和"中等"是同一水平、同一性质的大纲,理论上讲,它们的语法体系应该相同,但事实上重合率很低,平均只有45%,连一半都不到。这也进一步说明学界对中级语法体系存在着一定的盲目性、模糊性。

除此之外,三部大纲也存在名称不一致的问题,像《教学》的"词组","基本""中等"称作"短语";《教学》中的"连贯并列句"复句,"基本"称作"承接复句";《教学》和"基本"的"句子成分","中等"称作"结构成分";等等。

综上可知,大纲中的对外汉语教学语法体系存在的问题与教材中存在的问题一样,可以说后者是前者的具体表现。正因为大纲中的教学语法体系存在以上问题,才导致教材中的语法体系也存在类似的问题。

三、对外汉语教学语法体系的构建原则

对外汉语语法教学大纲之所以会出现以上的问题,我们认为与大纲的制定程序有很大的关系。

现有的对外汉语语法教学大纲,主要是参照《汉语水平等级标准与语法等级大纲》(以下简称《大纲》),结合教学、教材制定出来的。(参见孙瑞珍1995)这一制定程序,就意味着教学语法体系必然存在以上的问题,因为《大纲》并不是为教学服务的,它是汉语水平测试的测试纲,与教学没有直接的关系,或者说根本没有考虑到教学的需要,也没有反映出汉语作为二语教学的特点。

我们认为,对外汉语教学语法体系应该建立在对学习者的中介语进行梳理、研究的基础上,即通过对学习者大规模中介语语料库的梳理,构建中介语中的汉语语法体系,找出学习者学习汉语语法的难点和重点。这样构建起来的语法体系才是学习者的语法体系,也才是他们真正需要的语法体系。

利用中介语构建对外汉语教学语法体系,不仅有理论依据,而且有现实的基础。范晓(2005)指出,语法系统指的是语法事实中存在着的语法系统,是客观的、不以人们的意志为转移的语法系统,它存在于使用该语言的社会人群的头脑中,存在于他们说出或写出的话语之中。汉语的语法系统是语

法学家根据自己的语法理论所构建的语法系统,是一种对客观语法系统的主观的、理性的表述系统。

汉语中介语是存在于学习汉语的外国人的头脑中,接近于汉语母语者的汉语系统,因此从该系统中归纳、概括出来的汉语语法体系是学习者学习汉语时能够掌握的语法体系。诚然,中介语的语法体系中存在不少不符合汉语语法的情况,而这些恰恰是学习者学习汉语的重点和难点,应该在教学语法体系中加以重视或突显。不过,要做到这些,并非易事,需要对学习者的中介语做出系统的、全面的描写和分析,只有这样才能了解哪些是学习的难点,哪些是学习的重点,也才能把这些难点和重点安排到语法体系中去。

目前,各种中介语语料库正在逐步建设起来,不少已经初具规模。更重要的是,有些国别化的中介语语料库也正在建设之中,而且规模也在不断地扩大,这些都为对外汉语教学语法体系的建设打下了坚实的基础。

在以上程序的基础上,要把对外汉语教学语法体系的建设落到实处,还必须坚持实用性原则、针对性原则、分级原则和语体原则。

(一) 实用性原则

对外汉语教学是教外国人学习汉语,用汉语进行交际,这就决定了对外汉语教学语法体系必须突出实用性。实用性原则要求教学语法体系的制定者必须了解外国学习者,了解他们学习上的需求、学习时间、学习目的、学习方式以及学习环境等,即要充分考虑学习者的自身特点,解决他们学习、生活中的问题和需要。具体说来,在建设对外汉语教学语法体系时,虽然要考虑到语法的体系性,但是更要兼顾语法的实用性,当体系性和实用性发生冲突的时候,宁可牺牲体系性,也要照顾到实用性。对外汉语教学语法体系应该是突出实用性的一种教学语法体系。否则体系再完备,再周全,也不会受到学习者和教师们的欢迎,也是一个脱离教学实际的体系。

(二) 针对性原则

所谓针对性,是指在教学语法体系的构建中,必须时刻牢记语法体系的适用对象是外国学习者。关于语法体系的针对性问题,范晓(2005)已有论述。他指出:"即使同为汉语教学,由于教学的对象不一样,语法内容的多少、语法项目的编排以及表述方法或表述框架也不会完全一样。所以着重于应用的语法表述体系要尽可能适合所应用的领域。"这虽然是针对国人汉语教学语法体系来说的,但同样适用于对外汉语教学语法体系的构建。针对性原则要求在对外汉语教学语法体系的建设中,必须突出对外汉语教学中学习者学习汉语的难点。要做到这一点,必须对外国学习者学习汉语中出现的语法错误进行梳理、总结,来充实语法体系。比如说连动句,对外汉语教学语法体系视为特殊的句式,但在对外汉语教学中,这一句式很容易习得,不是难点,其否定式却是学习的难点(杨德峰2008a),因此,必须把连动句的否定式列入语法体系中,而连动句的肯定形式则未必要进入体系。杨德峰(2008a)发现,日本学习者受母语的影响,容易用"先周""今周""来周"代替汉语的"上周""本周""下周",用"昨年""来年"代替"去年""明年",用"寒""广"代替"冷""宽"。受日语的影响,日本学习者常把"也""对……来说"的位置弄错,容易把"非常"和"了"用在同一个句子中,还容易直接把动词短语用作名词的定语等。因此教学语法体系应该有针对性地收入这些词语或语法点。杨德峰、姚骏(2016)指出,韩国学习者容易用"汤""男子""女子""游行""访问"代替"热水""男人""女人""旅行""参观";容易用"坏""平安"代替"不好""平静";受韩国语的影响,他们习得"不管""不论""无论"时,所在的结构容易出现问题;容易在"动词+介宾补语"的动词前带上"着",也容易把结果补语前的动词遗漏掉或把谓语动词后的结果补语遗漏掉;等等。教学语法体系必须把这些词语和语法点吸收进去。

(三)分级原则

应该根据不同水平的教学对象、不同的学习目的和学习时限制定出不同的教学语法体系,也就是说教学语法体系应该分水平或等级。目前高等学校外国留学生长期进修的初、中、高级教学语法体系和高等学校外国留学生汉语言专业一、二、三、四年级的教学语法体系都已初步构建出来,但是还很粗疏,需要不断加以增补、删减、完善。有了这样的等级教学语法体系,对外汉语教材编写中的语法点的选取和安排才会具有针对性,才能避免前文出现的同等级的教材语法点不一样甚至差别很大的现象,也才能把教学落到实处,避免编者不同因而语法体系不同或迥异的现象。

(四)语体原则

目前的语法体系都是一个混杂的体系。李泉(2003)指出,现有的语法大纲总的来说都是以"共核性"的语法为主体,各类语法大纲中都有典型的口语语法成分和典型的书面语语法成分,但这二者都体现得不充分,占绝对多数的是口语和书面语共用的"共核语法"。

随着汉语热的兴起,外国学习者的需求也越来越多样化,有的需要听、说、读、写四会,有的只想学习口语,而不想学习书面语。这就要求教学语法体系必须精细化,而精细化最基本的表现是语体化。李泉(2003)提出将对外汉语教学语法体系拟定为共核语法、口语语法和书面语语法,这一建议还是非常有见地和前瞻性的。

教学语法体系分语体不仅是现实的需要,而且在目前的情况下也很现实。各种中介语语料库的建设及成熟,为语体教学语法体系的建设奠定了比较好的基础,从中介语书面语和口语中梳理出汉语的语法体系也就顺理成章。更重要的是,学界对语体语法的研究也越来越重视,新的成果也在不断涌现,这些也都为构建对外汉语教学的口语和书面语教学语法体系打下了很好的基础。尽管目前口语教学语法体系和书面语教学语法体系的建设还存在一些困难,但是对外汉语教学作为一门学科,这种建设必须提上议事日程,否则很难提高教材的编写水平,提高教学效率就会成为一句空话。

以上原则中,实用性原则、针对性原则和分级原则是基本原则,语体原则是理想原则。只有把这些原则贯彻到位,制定出的教学语法体系才能适合教学的需要,才是真正的对外汉语教学语法体系。

第三讲　语法教材中的语法点的选择

一、研究现状

关于语法点的选择问题,学界已有一些论述。吕文华(1987)指出,语法体系在语法点的选择上应通过科学的频率统计,重新筛选出最基本、最常用的语言形式,剔除某些不常用、不适应基础阶段表达需要的语言形式。另外,口语中的语言形式,语法体系中也应有体现。

杨德峰(2001a)考察初级汉语教材后发现,语法点的编排主要有三种模式:大系统化—非系统性、非系统化—非系统化、非系统化—小系统化,并分析了各种模式的利弊得失,提出了初级汉语教材语法点选择、编排的一些原则。

然而,对外汉语语法教材中语法点的选择,就我们目力所及,还缺乏专文研究。那么,对外汉语语法教材中语法点的选择有没有问题呢? 如果有,这些问题又是什么呢? 为了回答这些问题,我们将对影响较大的卢福波的《对外汉语教学实用语法》、徐晶凝的《中级汉语语法讲义》、姜丽萍的《图解基础汉语语法》(为行文方便,以下分别简称《实用》《中级》《图解》)三部中级语法教材中的语法点进行梳理,①探讨其中的语法点选择上存在的问题,在此基础上,提出对外汉语语法教材语法点选择的一些建议。

二、教材中的语法点

三部教材都有词类、句子成分、句子,有的还有词组和复句,但是每部分

---

① 《实用》《图解》没有明确说是中级教材,但分别在"说明""前言"中指出是"为汉语学习一年以上(汉语水平已达四级或四级以上)的外国学生编写的"和为"汉语学习一年以上的外国学习者编写的",按照《汉语水平等级标准与语法等级大纲》的规定,都应该属于中级水平。

中的语法点都不完全相同,有的甚至差别非常大。

(一) 词类

三部教材都有名词、动词、形容词、量词、副词、介词、助词、语气助词,有的教材还有代词、数词和连词,但选取的语法点却有很大的差异,具体情况如下(见表1):

表1 三部教材词类语法点①

词类	《实用》	《中级》	《图解》
名词	名词(词级、名词的语法功能)、方位词(类别、用法)	时间词、方位词(类别、用法)	方位词(类别、用法)
动词	"在、有、是"的用法、动词的重叠	"在、有、是"的用法、离合词、动词重叠	能愿动词、离合词、动词重叠式
形容词	形容词的用法和重叠	形容词的用法、重叠	形容词重叠
代词	人称代词("我、你"的活用、咱们、自己、人家、别人)、指示代词(这、那)、疑问代词(什么、哪里、哪儿、哪会儿、多会儿)	—	我们、咱们、人家、有的、疑问代词的引申用法
数词	基数、序数、整数、分数、小数、倍数、概数(数字连用、来、多、把、左右、"几"和"两"的活用)、"二"和"两"		基数、小数、分数、序数、号码、概数(大概、左右、相邻数字、几、多)、钱数、"二"和"两"

---

① 语法点的统计主要参照《高等学校外国留学生汉语教学大纲(长期进修)》中的"中等阶段语法项目",但副词、介词等,该纲作为一个语法点,为便于比较,本书把教材中的每一个副词、介词等分别算作不同的语法点。

续表

词类	《实用》	《中级》	《图解》
量词	量词的类、量词和数量词的重叠	量词的类、量词和数量词的重叠	量词的类、量词和数量短语重叠
副词	不、没(有)、才、都、就、再、又、还、也、太、很、真、更、正、正在、在、将要、将、要、快、快要、就要、即将	不、没、将、在、正、有点儿	也、都、全、只、就、才、不、没、别、又、再、还、太、真、很、从来、一直、有点儿、差不多、差一点儿、刚(刚才)、正在、快要、快、就要、要
介词	自、从、由、打、对、跟、给、朝、向、往、对于、关于、至于、在	在	在、到、给、从、离、往、向、跟、对
连词	—	—	和、跟、还是、或者
助词	着、起来、下去	了、过、着、来着、的	了、着、过、的
语气助词①	吗、吧、呢、啊、么、的、呗、嘛、罢了、了	吗、吧、呢、啊、嘛、呗	吗、呢、吧

上表显示,三部教材都有方位词;《实用》有名词的词缀和名词的语法功能,后两部没有;《中级》有时间词,其他两部没有。

三部教材动词语法项目中相同的语法点是动词重叠;前两部有"在、有、是"的用法,后一部没有;后两部有离合词,前一部没有;《图解》有能愿动词,前两部没有。

三部教材都有形容词重叠式,《实用》和《中级》还有形容词的用法,《图解》没有。

---

① 《实用》称作"助词"。

《中级》没有介绍代词。《实用》和《图解》则都有，但选取的语法点有很大的不同。《实用》比较系统，既有人称代词，也有指示代词，还有疑问代词；既涉及代词本义，也涉及代词的活用。《图解》只涉及三个人称代词、"有的"和疑问代词"谁、什么、哪儿"等的引申用法。可见二者的交集非常小。

数词方面，《中级》没有涉及。《实用》和《图解》都比较系统，有基数、序数、分数、小数、概数，但前者有整数、倍数，后者没有；概数中《实用》有"来""把"以及"几""两"的活用，《图解》没有。《图解》有号码、"大概"、钱数，《实用》则没有。

三部教材在量词上的选择比较一致，都介绍了量词的类、量词和数量结构的重叠形式，但具体量词的选择上也不完全一致。

副词部分三部教材差别很大，三部教材都介绍的副词只有"不""没"2个，除此之外，《实用》还介绍了"才、都、就、再、又、还、也、太、很、真、更、正、正在、在、将要、将、要、快、快要、就要、即将"，《图解》还介绍了"也、都、全、只、就、才、别、又、再、还、太、真、很、从来、一直、有点儿、差不多、差一点儿、刚（刚才）、正在、快要、快、就要、要"，《中级》介绍的还有"将、在、正、有点儿"。

介词《实用》介绍了"自、从、由、打、对、跟、给、朝、向、往、对于、关于、至于、在"，《图解》则介绍了"在、到、给、从、离、往、向、跟、对"，而《中级》只介绍了"在"。从数量上看，《实用》最多，其次是《图解》，《中级》极少。

连词《实用》《中级》都没有介绍，《图解》介绍了"和、跟、还是、或者"。

三部教材都选择了助词"着"，但《实用》还介绍了"起来""下去"，《中级》《图解》都介绍了"了、过、的"。另外，《中级》还介绍了"来着"。

语气助词同样有很大的差别。《实用》列举了"吗、吧、呢、啊、么、的、呗、嘛、罢了、了"10个，《中级》有"吗、吧、呢、啊、嘛、呗"6个，《图解》则只有"吗、呢、吧"3个。

从词类语法点中相同语法点的数量所占的比例来看，三部教材也有很大的差异。这些教材词类部分相同语法点的数量及所占比例如下（见表2）：

表 2　三部教材词类相同语法点的数量及所占比例

	《实用》	《中级》	《中级》	《图解》	《图解》	《实用》
数量	22		19		46	
比例(%)	21.8		22.1		38.3	

可以看出,《图解》和《实用》相同的词类语法点最多,但也只有 46 个,约占两部教材词类语法点的 38.3%,即三分之一多一些,也就是说两部教材近三分之二的词类语法点不一样;《实用》和《中级》相同的语法点仅 22 个,约占两部教材词类语法点的 21.8%,刚过五分之一;《中级》和《图解》相同的语法点最少,仅 19 个,约占两部教材词类语法点的 22.1%,五分之一多一点。

综合以上情况,很难说词类方面三部教材是同一水平。

(二) 词组

在词组的处理上,三本教材也不完全一样。《实用》介绍了主谓词组、述宾词组、偏正词组、中补词组、联合词组、同位词组、量词词组、方位词组、介词词组、"的"字词组、"所"字词组、比况词组、固定词组 13 种。《中级》《图解》都没涉及词组。

从词组的角度来看,《中级》和《图解》是同一水平,而《实用》和这两部教材不是同一水平。

(三) 句子成分

三部教材中都有句子成分,具体情况如下(见表 3):

表 3　三部教材句子成分语法点

句子成分	《实用》	《中级》	《图解》
定语	定语的语义类别、定语与"的"、多项定语语序	定语的类别、定语与"的"、多项定语语序	定语的类别、定语与"的"
状语	状语的语义类别、状语的位置、状语与"地"、多项状语语序	状语的语义类别、状语的位置、状语与"地"、多项状语的顺序	状语与"地"

续表

句子成分	《实用》	《中级》	《图解》
补语	结果补语、趋向补语、趋向补语的引申用法、趋向补语带宾语的位置、情态补语、时量补语、动量补语（宾语的位置）、可能补语、介词短语补语	结果补语、趋向补语、趋向补语的引申用法、可能补语、状态补语	程度补语、结果补语、动量补语、时量补语（宾语的位置）、趋向补语、趋向补语带宾语的位置、趋向补语的引申用法

表中显示，三部教材都有定语，也都介绍了定语的类别和定语与"的"，但《实用》和《中级》介绍了多项定语的语序，《图解》则没有。

状语三部教材都作为了语法点，但取舍不一样。《实用》《中级》介绍了状语的语义类别、状语的位置、状语与"地"、多项状语的语序，而《图解》只介绍了状语与"地"。

三部教材都把结果补语、趋向补语（包括引申用法）作为了语法点，但《实用》还有趋向补语带宾语的位置、情态补语、时量补语、动量补语、可能补语和介词短语补语，《中级》还有可能补语、状态补语，《图解》还有程度补语、动量补语、时量补语和趋向补语带宾语的位置。

三部教材句子成分中相同语法点的数量及所占比例如下（见表4）：

表4 句子成分相同语法点的数量及所占比例

	《实用》	《中级》	《中级》	《图解》	《图解》	《实用》
数量	12		6		8	
比例(%)	75.0		37.5		44.4	

上表显示，《实用》和《中级》句子成分中相同的语法点12个，约占两部教材句子成分语法点的75%，比例很高；但《中级》和《图解》相同的语法点仅6个，约占两部教材句子成分语法点的37.5%，三分之一多一点；《图解》和《实用》相同的语法点只有8个，约占两部教材句子成分语法点的44.4%，不到一半。

以上情况表明，《实用》和《中级》句子成分方面水平相当，但《图解》和

《实用》,特别是《中级》和《图解》,很难说处于同一水平。

(四) 句子

三部教材句子部分的语法点如下(见表5):

表5 三部教材句子部分的语法点

句子		《实用》	《中级》	《图解》
结构类	形容词谓语句	—	—	主语+(副词)+形容词
	名词谓语句	—	—	主语+名词/名词短语/数量词
功能类	陈述句	肯定形式、否定形式、陈述句与语气词"的、呗、呢、嘛、罢了"①	陈述句与语气词"呢、嘛、呗、啊、吧"	—
	疑问句	是非问句、特指问句、选择问句、正反问句、反问句、推测问句	是非问句、特指问句	是非问句、特指问句、正反问句、反问句、附加问句
	祈使句	祈使句与"吧、啊"	祈使句与"吧、啊、嘛、呗"	—
	感叹句	感叹句与"啊、了、呢"	感叹句与"啊"	—
特殊句式	双宾语句	谓语动词的特点、结构特点	—	主语+动词+间接宾语+直接宾语
	能愿动词句	能愿动词的语义类、"能、可以、会"的异同	要、会	想、要、得、能、会、可以
	主谓谓语句	大小主语是领属关系、大主语是受事	—	大、小主语是领属关系、大主语是受事

---

① 该项按照语气词的个数进行统计。其他类似的项目,同此。

续表

	句子	《实用》	《中级》	《图解》
特殊句式	连动句①	动作依次发生、目的关系、方式关系、正反关系、具有存在某条件②	—	后一个动作表示目的、前一个动作表示方式或工具
	兼语句	使令意义、称谓认定意义、第一个动词为"有、是"、兼语句的特点、"叫、让"的区别	—	请、叫、让
	存现句	存在、出现、消失类	—	存在、出现、消失类
	比较句	"比"字句、"有"字句、跟（同、和）……（不）一样（不同）、不如、越来越、越……越	A 比 B Adj、A 比 B Adj 一点儿/多了/得多、A 比 B 更 Adj、A 比 B 还 Adj.、A＋V 得比 B Adj 等以及"不如"	"比"字句、"有"字句、像、跟、更、最、不如、越来越、越……越
	"把"字句	主语＋把＋宾语＋动词重叠式/动词＋了/动词＋补语/动词＋宾语、否定	S＋把＋N_1＋V 在/到/向……＋N_2、S＋把＋N_1＋V 成/作＋N_2、S＋把＋N＋V＋得＋状态补语、S＋把＋N＋V＋趋向补语、S＋把＋N＋V＋结果补语、S＋把＋N＋V＋时量补语/动量补语等以及否定和状语的位置	主语＋把＋宾语＋动词＋在/到/给＋地方、主语＋把＋宾语＋动词＋动词/形容词、主语＋把＋宾语＋动词＋趋向补语、否定、能愿动词的位置

---

① 《实用》称作"连谓句"。
② 统计时不同的用法算作不同的语法点，以下同。

续表

	句子	《实用》	《中级》	《图解》
特殊句式	"被"字句	名(受事)＋被＋名(施事)＋动＋其他、否定词的位置	O＋被 S＋VP、O＋叫/让＋S＋VP、与"叫""让"的异同	主语＋被/叫/让＋宾语＋动词＋补语成分，与"叫"和"让"的区别，否定词和能愿动词的位置
	"是"字句	等于类、属于类、判断类、存在类、解释性关系、否定式、疑问式	背景＋是＋……	判断类、存在类、"是不是"的用法
	"是……的"句	—	强调时间、地点、方式、目的	强调时间、地点、方式、人物
	"有"字句	存在类、领有类、否定和疑问式	背景＋有＋……	领有类、存在类、否定和疑问式
	"连"字句	连＋名词/动词/数量词/小句＋都/也＋动词	—	强调主语、宾语、动词、时间
	"在"字句	在……之前/里/中/上/下	在……上/中/下	在＋时间/地方＋做什么、动词＋在＋时间/地方
	"除了"句	—	—	除了……（以外），也/还/都……
	二次否定句	—	—	二次否定句
	"非……不可"句	—	—	非……不可/不行/不成

续表

句子		《实用》	《中级》	《图解》
特殊句式	"每……都"句	—	—	每……都……
	"一……都"句	—	—	一……都/也＋没有/不
	"好(不)容易＋才＋……"句	—	—	好(不)容易＋才……
	"再说"句	—	—	再说……

　　显而易见,三部教材句子部分的语法点同样有同有异,有的差别非常大。《实用》《中级》都没有形容词谓语句和名词谓语句,《图解》却有;《实用》和《中级》都有陈述句,《图解》没有。三部教材都有疑问句,不过取舍不同:《实用》有是非问句、特指问句、选择问句、正反问句、反问句、推测问句6种,而《中级》只有是非问句和特指问句2种,《图解》有是非问句、特指问句、正反问句、反问句、附加问句5种。《实用》《中级》都有祈使句和感叹句,但前者祈使句只有带"吧"和"啊"的,后者还讲了带"嘛"和"呗"的;前者感叹句讲了带"啊""了"和"呢"的,后者只讲了带"啊"的。《图解》则没有祈使句和感叹句。

　　特殊句式,差异也非常大。《实用》和《图解》都有双宾语句、主谓谓语句、连动句、兼语句、存现句、"连"字句,但取舍也不完全一样。譬如连动句,《实用》有动作依次发生、目的关系、方式关系、正反关系、具有存在某条件5种用法,而《图解》只有后一个动作表示目的、前一个动作表示方式或工具两种用法;兼语句,前者有使令意义、称谓认定意义、第一个动词为"有、是"、兼语句的特点、"叫、让"的区别,后者只有"请""叫""让"类兼语句。《中级》没有以上语法点。

　　《图解》有"除了"句、二次否定句、"非……不可"句、"每……都"句、"一……都"句、"好(不)容易＋才……"句和"再说"句,其他两部没有。

　　三部教材虽然都有能愿动词句、比较句、"把"字句、"被"字句、"是"字句、"有"字句、"在"字句,但取舍差别也很大。《实用》能愿动词句有"能、可以、会",《中级》选了"要、会",而《图解》讲了"想、要、得、能、会、可以";《中级》"把"字句列举了 16 个小类,还讲了否定式、状语的位置,非常系统和全面;《实用》只讲了谓语动词为重叠式、"动词+了/补语/宾语"4 个小类和否定式;《图解》讲了动词带结果补语、趋向补语和谓语为"动词+在/到/给+地方"6 个小类以及"把"字句的否定、能愿动词的位置。

《实用》讲了"被"字句的结构、否定词的位置,《中级》讲了"被"字句的结构、与"叫""让"的异同,《图解》讲解了"被"字句的结构、与"叫"和"让"的区别以及否定词和能愿动词的位置。

三部教材句子部分相同语法点数量及所占比例同样有很大的差异,具体情况如下(见表6):

表 6　句子部分相同语法点的数量及所占比例

	《实用》	《中级》	《中级》	《图解》	《图解》	《实用》
数量	35		31		50	
比例(%)	20.6		11.9		19.6	

表中显示,《图解》和《实用》相同的句子语法点最多,50 个,但约占两部教材句子语法点的 19.6%,不到五分之一;《实用》和《中级》相同语法点 35 个,约占两部教材句子语法点的 20.6%,刚过五分之一;《中级》和《图解》相同语法点 31 个,约占两部教材句子语法点的 11.9%,十分之一多一点。

可见,无论是从句子部分具体语法点来看,还是从相同语法点所占的比例来看,三部教材也都不是同一个水平。

(五)复句

《中级》没有介绍复句,《实用》和《图解》都介绍了联合复句和偏正复句,而且所介绍的复句的类型完全一样,但语法点的多寡却有非常大的差别(见表7)。

表7　三部教材复句部分的语法点

复句		《实用》	《中级》	《图解》
联合复句	并列复句	……也……/……又……/又……又……/一面……一面……/一边……一边……/既……又……/不是……而是……	—	一边……一边……/又……又……/一方面……另一方面
	连贯复句	……就……/……才……/又……，然后……/一……就……/……于是……	—	一……就……/先……，再（又）……，然后……，最后……
	选择复句	或者……或者……/要么……要么……/是……还是……/不是……就是……/与其……不如……/宁可……也（决不）……	—	要么……要么……/不是……就是……
	递进复句	不但……而且……/不仅……还（也）……/连……也（都）……/何况……/……甚至……	—	不但……而且……
偏正复句	因果复句	因为……所以……/由于……（因此）……/之所以……是因为……/既然……就……/……可见……	—	因为……所以……/既然……，就……
	条件复句	只要……就……/只有……才……/无论……都……/不管……也……	—	只要……就……/只有……才……/无论……都……
	假设复句	如果……（的话）……（就）……/要是……就……/假如……那么……/倘若……	—	要是……（的话）就……/如果……就……
	转折复句	……只是……/……不过……/虽然……但是……/可是……/……却……/……然而……	—	虽然……但是……/却……

从表中可以看出,《实用》中的并列复句有 7 种,而《图解》只有 3 种,比前者少 4 种;连贯复句,《实用》列举了 6 种,《图解》只有 2 种;选择复句前者有 6 种,后者只有 2 种;递进复句,前者列举了 4 种,后者只有 1 种;因果复句,前者有 5 种,后者只有 2 种;条件复句,前者有 4 种,后者有 3 种;假设复句,前者有 4 种,后者有 2 种;转折复句前者有 6 种,后者仅 2 种。

《实用》《中级》《图解》复句部分相同语法点的数量及所占比例如下(见表 8):

表 8　复句相同语法点的数量及所占比例

	《实用》	《中级》	《中级》	《图解》	《图解》	《实用》
数量	0		0		14	
比例(%)	0		0		31.8	

由于《中级》中没有安排复句,因此《实用》和《中级》、《中级》和《图解》都没有相同的语法点;《实用》和《图解》虽然都有复句语法项目,但相同的语法点只有 14 个,约占两部教材复句语法点的 31.8%,不到三分之一。

以上情况说明,复句方面《实用》和《中级》、《中级》和《图解》完全不是同一水平,《图解》和《实用》也不是同一水平。

三、语法点选择存在的问题

综观前文可以看出,词类、词组、句子成分、句子、复句五部分,每两部教材之间相同语法点所占比例大多都不高,有的还非常低。

三部教材语法点总量和相同语法点总数及所占比例也有很大的差别,具体情况如下(见表 9):

表 9　语法点总量和相同语法点总数及所占比例

	《实用》	《中级》	《中级》	《图解》	《图解》	《实用》
总量	271	139	139	297	297	271
相同语法点总数	69		56		118	
比例(%)	20.2		14.7		26.2	

上表显示,《实用》《中级》《图解》语法点总量分别为 271 个、139 个和 297 个,《实用》是《中级》的近两倍,比《图解》少了 20 多个,《图解》是《中级》的两倍多,可见《实用》和《图解》语法点总量很接近,似乎在一个等级上,但它们和《中级》显然不是同一个等级。

每两部教材之间相同语法点总数及所占比例差别也比较大。《实用》和《中级》相同语法点只有 69 个,约占两部教材语法点的 20.2%,五分之一多一点;《中级》和《图解》相同语法点只有 56 个,约占 14.7%,非常低;《图解》和《实用》相同语法点虽然有 118 个,但所占比例却只有 26.2%,不到三分之一。这说明,三部教材整体同样不在一个水平。

中级语法教材不仅存在水平不一致的问题,由于各教材参考的语法大纲等的不同,还存在把很多不属于《高等学校外国留学生汉语教学大纲(长期进修)》(以下简称《进修》)的"中等阶段语法项目"(以下简称"中等")中的语法项目或语法点选择到教材中去的情况。像《实用》《中级》《图解》中的形容词重叠、《中级》《图解》中的离合词和动词重叠、《实用》《中级》中的方位词、《实用》《中级》《图解》中的状语与"地"、《实用》《图解》的存现句、《实用》的递进复句"不但……而且……""不仅……还(也)……""……,甚至……"、《图解》的因果复句"因为……,所以……""既然……,就……"等,"中等"中都没有。

同一个语法点中不同成员的选择也存在很大的差别。像介词,《实用》有"自、从、由、打、对、跟"等 14 个,《中级》只有"在",《图解》有"在、到、给、从、离"等 9 个;连动句《实用》介绍了"动作依次发生、目的关系、方式关系、正反关系、具有存在某条件"5 种情况,而《图解》只有"后一个动作表示目的、前一个动作表示方式或工具"2 种;转折复句,《实用》有"……只是……""……不过……""虽然……但是……""……可是……""……却……""然而……"6 种,《图解》只有"虽然……但是……""却……"2 种。

另外,三部教材除了《中级》外,语法的系统性都比较强,表现在三个方面。一是汉语语法体系的系统性比较强,像《实用》,从词、词组、句子成分、句子到复句,每一部分都涉及了,具有很强的语法系统性。二是语法项目下面的语法点的系统性有的比较强,譬如语气助词,《实用》介绍了"吗、吧、呢、啊、么、的、呗、嘛、罢了、了"10 个,副词《图解》安排了 26 个;《图解》的数词,介绍了基数、小数、分数、序数、概数、钱数、"二"和"两"等;《实用》的每种复句项目中都安排了很多语法点,多的达到 7 个。这么多的词语或语法点放在一起学习,学习者很难掌握。三是某一个语法点的系统性比较强,即把该语法点涉及的多种用法或句式都选择进来,像"把"字句,《中级》安排了 16 种用法,这么多的用法放在一起讲授,只能是欲速而不达,弄不好还会使学习者产生畏难情绪。

中级语法教材中语法点的选择出现以上情况,既有客观的原因,也有主观的原因。客观原因是有的教材,像《实用》,成书很早,没有相应的语法大纲特别是教学语法大纲作为参照;有的教材,像《中级》和《实用》,虽然都有参照的大纲,但选择的大纲不完全相同,前者参考的是《汉语水平等级标准与语法等级大纲》,后者参照的是《汉语水平等级标准与语法等级大纲》《对外汉语教学语法大纲》《国际汉语教学通用课程大纲》等。由于不同大纲的制定有着不同的目的或用途,因此其中的语法点常常也有所不同,结果必然造成教材中选择的语法点有的不一致。主观原因是,不同的编写者对语法点有不同的理解和偏好,因此即便是同一个语法项目或同一个语法点,选择的语法点或用法也不完全相同。

四、语法点选择的建议

中级语法教材语法点的选择出现的这些问题,实际上是目前对外汉语语法教材普遍存在的问题。要解决它们,必须从以下几个方面入手。

(一)严格依据教学语法大纲

目前的教学语法大纲有两种:一种是通用纲,像王还的《对外汉语教学语法大纲》,该纲不分等级,不考虑教学对象,也不考虑学习者的时限,因此是一种通用教学语法大纲;另一种是等级教学语法大纲,像《中高级对外汉语教学等级大纲(词汇·语法)》中的"中级教学语法基本纲"(以下简称"基本")、"高级教学语法基本纲"和《进修》等,《进修》中包括"初等阶段语法项目""中等"和"高等阶段语法项目"三个教学语法等级大纲,它们都是根据不同水平的学习者制定的,反映出了语法点的难易程度。"基本"和"中等"都是为高等学校外国留学生长期进修制定的教学语法大纲,而且都是中级,适用的对象都是在高等学校长期进修的留学生,只是前者由北京语言大学孙瑞珍等学者研发,后者由国家汉办研发;前者 1995 年问世,后者 2002 年出版。此外,还有《高等学校外国留学生汉语言专业教学大纲》(以下简称《专业》),其中也有语法教学大纲。《进修》《专业》等大纲是国家汉办组织大批专家花费大量时间和精力研制的,是一种国家标准大纲,尽管存在着一些不如人意的地方,但总体上来说,基本上能满足对外汉语教学的需要,因此,无论是中级语法教材,还是初级、高级或专业语法教材,都应该以相应的教学语法大纲作为参照。具体来说,在选择语法项目和语法点的时候,应该严格在其规定的水平中去选择,这样,教材中的语法点就会少出现或不出现前文所说的情况,也才能保证编写出来的语法教材比较符合学习者的水平和需要,至少不会把一些初级或高级水平的语法点编进中级教材中去。现有的语法教材中存在不少与"中等"规定的语法点不一致的情况,像《实用》中有介词"对于""关于""至于",复句"如果……就……""要是……就……""因为……所以……",这些"中等"都没有列入;《图解》中有介词"在""到""从""离",还有基数、号码、钱数、"越来越"、"越……越",这些"中等"也没有列入;《中级》中有 16 种"把"字句,但只有 1 种列入了"中等"。之所以出现以上这些情况,显然是因为编写者没有参照"中等"。

(二) 突出针对性

严格依据大纲来选择、安排语法点,并不意味着把相应大纲中的语法点全部或绝大部分都安排到语法教材中去,因为大纲注重的是汉语语法的系统性和全面性,而任何汉语语法教学都要受到学习时间的限制,这就意味着不可能把大纲中的语法项目和语法点全部安排到语法教材中去,需要编写者对大纲中的语法项目和语法点进行选择。这也就是现有的语法教材出现语法点差别很大的一个非常重要的原因。要避免语法点选择出现"仁者见仁,智者见智"的情况,必须突出针对性,即编写者要时刻牢记所编写的教材是某一水平的外国学习者所使用的,是为了解决他们交际中存在的问题的。要做到这一点,编写者必须对现有的外国学习者习得汉语语法方面的研究成果做一个大致的梳理,以便对某一水平的学习者语法上存在的问题有一个全面、充分的了解,选择那些很难学习和掌握的语法点安排到教材中去。像反问句,施家炜(1998)发现很难习得,"中等"把这种句子列入了大纲,但

《中级》中没有安排;多项定语和多项状语的语序是外国学习者习得的困难所在(杨德峰 2008a),而《图解》没有选择;陈珺、周小兵(2005)指出比较句的"一＋量词＋比＋一＋量词"属于中级较难习得的句式,"中等"收录,《图解》选择了,其他两部都没有选择。而对外汉语教学中发现的一些很容易习得的语法点,像连动句、兼语句(杨德峰 2008a),"中等"虽然作为语法点安排进去了,语法教材也可以不选择,然而《实用》《图解》都作为特殊的句式安排到教材中去了。

（三）突出实用性

吕文华(1987)指出,要把最基本、最常用、语言交际中必不可少的语言形式放进教材中,使教材更加实用。这虽是针对基础汉语教材来说的,也同样适用于语法教材。语法教材在选择语法点时应该把学习者交际中急需的选择进去。反之,学习者交际时很少遇到,或汉语中使用频率很低的,可以不选择。像"动词＋复合趋向补语"带宾语有四个位置:

A. 动词＋C_1C_2＋宾语(拿出来一本书)

B. 动词＋C_1＋宾语＋C_2(拿出一本书来)

C. 动词＋宾语＋C_1C_2(拿一本书出来)

D. 把＋宾语＋动词＋C_1C_2(把书拿出来)

杨德峰(2005a)统计发现,C 式极少使用,只占 0.8%。尽管《进修》把 C 式列入了"初等阶段语法项目",由于 C 式极少使用,语法教材也可以不选。

再如"把"字句,张旺熹(2001)通过对 2160 个"把"字句的统计,发现典型的位移图式 1121 例,占 51.8%。这 1121 个表示空间位移的"把"字句,表示心理空间的最多,约占 29%;其次是物理空间的,占 23.4%;表示时间方面的极少,只占 3.7%。也就是说"把"字句多用来表示心理和物理空间的位移,极少用于时间方面的。虽然"把"字句是汉语最难的语法点之一,但为了实用,语法教材应选择用于心理和物理空间位移方面的,时间位移方面的可以不选择。

耿直(2013)通过语料统计,发现"A 不比 B＋C"比较句口语和书面语都极少使用,频率非常低。虽然"中等"把它当作了语法点,中级语法教材同样可以不选择。

（四）淡化系统性

不管是中级语法教材,还是其他水平的语法教材,都应该淡化系统性,即要从学习者的需要出发去选择语法点,而不要过多地考虑汉语语法体系或语法项目、语法点的系统性。具体来说,有些语法点尽管很重要或很难习得,但是考虑到学习者的学习时限,也要加以筛选,挑出重中之重;有些语法点该水平的学习者很少用到,就不应选择。总之,要以实用为先,紧紧围绕解决学习者的交际需要和学习中存在的问题这一目标。

以上四个方面,"严格依据教学语法大纲"是基础,"突出针对性""突出实用性"是目标,"淡化系统性"是方向。只有把这四个方面落实到位,语法教材中语法点的选择才能减少或避免"仁者见仁,智者见智"的现状,也才能使得语法教材中的语法点适合学习者的需要,提高教材的科学性。

第四讲 语法项目的分级及习得顺序

一、语法项目的分级

1.1 语法项目的分级标准

语法项目分级标准,国外学者早有研究,但意见不一。Wilkins(1976)使用频率和跨语言对比度两个标准。Canale & Swain(1980)认为难度是最基本的标准,Stockwell 等通过比较目的语跟母语之间的对应关系,制定出了难度等级框架。(王初明 1990)Mackey 考虑更多的是目的语跟母语之间的相似程度,语法规则是否清晰、简洁、严整等。(Ellis 1993)Richards et al.(2002)主要考虑语言的难易程度、使用频率、有用程度等因素。Biber & Reppen(2002)极力推荐频率标准,并且尝试按照语料库显示的结果,重新安排某些语法点的先后顺序。Ellis(2002)对频率的作用给予了高度评价,认为高频率能在"形式"和"功能"之间起到联想作用,是语言习得的关键所在。很多学者认为有无标记(markedness)以及跟母语之间标记迁移的作用会影响难易程度。(唐曙霞 2004)

但也有学者认为,频率不是唯一起作用的因素,没有证据表明它是最重要的因素(Bley-Vroman 2002,Larsen-Freeman 2002)。(唐曙霞 2004)文秋芳(2003)指出,除了频率因素,输入强度、凸显度、时间分布和新颖程度都会影响习得效果。

1.2 语法项目的难度

语法难度是一个非常复杂的问题,学界常常把"难度"和"复杂度"等同起来。DeKeyser(2005)指出,语法复杂度的定义至少应考虑三方面因素:形式、功能、形式与功能的匹配。Bulté & Housen(2012)认为"复杂度"分为结构复杂度和认知复杂度,前者是语言特征、语言系统组成部分的数量、相互关系及其变化和规律;后者是学习者在学习、加工和使用二语时所付出的认知成本。Housen & Simoens(2016)认为,结构复杂度又叫语言复杂度或绝对复杂度,是客观的,它是语言结构或语言系统自身的语言学属性,主要包括语言结构的组成部分及内部关系的数量和种类;认知复杂度,又叫相对复杂度,是主观的概念,与学习者在某一学习环境下学习某一语言结构的认知负担有关,主要根据学习者处理和内化这一结构的心理资源和认知机制的分布来确定。

也有学者从习得的角度来定义。Robinson(1996)把二语学习者未能系统、准确产出的语法结构判定为学习者难以习得的结构。Collins et al.(2009)把习得早的语法规则界定为简单规则,习得晚的语法规则定义为困难规则。

邓守信(2003)认为难度低的语法点具有以下特征:1.习得较快,2.使用频率高,3.不易化石化,4.病句出现频率低。难度高的语法点具有以下特征:1.习得较慢,2.使用频率低,3.易化石化,4.常回避使用,5.病句出现频率高。

他根据以上特征,提出了决定汉语语法点难度的五项原则:结构越复杂,难度越高;语用功能越强,难度越高;跨语言的差距越大,难度越高;语义越复杂,难度越高;越不容易类化,难度越高。根据这些原则基本上能够判定一个语法点的难度,但是有的原则不够准确,像"语用功能越强,难度越高",就不准确,因为一个语法点的语用功能无所谓强弱,只是有无的区别,该原则应该修改为"有语用功能的,难度更高"。另外,除了这些原则以外,还应该增加一个"语法化程度越高,难度越高"这一原则,因为有研究表明,语义越虚化,即语法化程度越高,学习者越难习得。(高顺全 2011,2015)

(一)结构越复杂,难度越高

所谓结构越复杂,难度越高,是指语法点的难度和语法点的复杂程度是正相关关系。该原则包括以下四个方面。一是组成成分越多,难度越高。像"把"字句和"是"字句,前者的结构是"主语+把+宾语+动词+其他",而后者的结构是"主语+是+宾语",从组成成分上来说,前者有 5 个,后者只有 3 个,因此"把"字句的难度要比"是"字句高。二是结构层次越多,难度越高。像包孕句"我知道明天有听写",相对于简单句"明天有听写",前者的结构层次多于后者,因此难度大于后者。三是非典型结构难度高。像存现句(台上坐着主席团)、倒装句(走了,我)、主谓谓语句(烤鸭我吃过)等。四是搭配限制越严格,难度越高。如完成态(那个地方我去过了)、分裂式("是……的"句)等。

依据这一原则,并根据邓守信对现代汉语里一些常见语法点的结构复杂度的判断,我们对《高等学校外国留学生汉语教学大纲(长期进修)》中"初等阶段语法项目(一)(二)"(为行文方便,以下简称"初等")中的一些主要语法项目的结构复杂度做了一个大致的判定:①

表1 主要语法项目的结构复杂度

语法项目	结构复杂度	语法项目	结构复杂度
把(介词)	+	比较句	+
被(介词)	-	形容词谓语句	+
对(介词)		名词谓语句	
跟(介词)		存现句	+
在(介词)	+	连动句	
给(介词)	+	兼语句	
了(助词)	+	是……的	+
过(助词)		连……都	+
着(助词)	+	趋向补语	+
的(助词)	-	结果补语	
地(助词)		可能补语	+
得(助词)	+	情态补语	+
不	+	数量补语	+
没		双宾	
"有"字句	-	话题化	+
"是"字句(表存在)	-		

上表显示,常用词语"把""在""给""了""着""得""不"、特殊句式"比较

---

① 邓文列举了"了""过""着""把""被""是……的""跟""对""在""连……都""双宾""零化""主题化""气象""语气""否定"16项,我们根据"初等"做了扩充,删去了一些该纲中没有的项目。另外,有的看法也不同,如邓文认为"过"结构复杂,"着"结构不复杂,我们认为并非如此。

句""形容词谓语句""存现句""是……的""连……都"、句法成分"趋向补语""可能补语""情态补语""数量补语"以及"话题化"结构复杂度比较高,难度比较大;其他的结构复杂度比较低,难度较小。

(二)语义越复杂,难度越高

邓守信(2003)指出,语义复杂主要包含两层意思:一是某一语法项目如果具有多重意义,则难度更高,如"除了……以外",既可以表示包含关系,也可以表示排除关系,这样的结构习得起来难度比较高;二是如果某一语法结构具有引申义,难度更高,如趋向动词"起来""下来""下去"等,表示结果、状态等引申意义时,难度就比较大。

根据这一原则,"初等"中一些主要语法项目的语义复杂度如下:

表2 主要语法项目的语义复杂度

语法项目	语义复杂度	语法项目	语义复杂度
把(介词)	+	比较句	-
被(介词)	-	形容词谓语句	+
对(介词)	+	名词谓语句	-
跟(介词)	-	存现句	-
在(介词)	+	连动句	-
给(介词)	+	兼语句	-
了(助词)	+	是……的	+
过(助词)	-	连……都	+
着(助词)	+	趋向补语	+
的(助词)	+	结果补语	-
地(助词)	-	可能补语	-
得(助词)	+	情态补语	+
不	+	数量补语	+
没	-	双宾	-
"有"字句	-	话题化	-
"是"字句(表存在)	-		

从语义复杂度来看,常用词语"把""对""在""给""了""着""的""得"

"不",特殊句式"形容词谓语句""存现句""是……的""连……都",句法成分"趋向补语""可能补语""情态补语""数量补语",语义复杂度比较高,难度比较大;"被""跟""过""地""没"以及"有"字句、"是"字句、比较句、名词谓语句、连动句、兼语句、结果补语、双宾、话题化,难度比较小。

(三) 跨语言的差距越大,难度越高

Ellis(1999)将语言差异度分为六种情况:

1. 第一语言和目标语某一个语言项无差异。如英语的 book 和汉语的"书"基本对应,英语和汉语的语序都是 SVO 等。

2. 第一语言两个语言项对应目标语的一个语言项。如日语的"ある""いる"对应汉语的"有"。

3. 第一语言某语言项在目标语中不存在。如日语有敬体,汉语中没有;泰语对话时有表示说话人性别的成分,汉语没有。

4. 第一语言某语言项在目标语中的等值项分布不一样。如越南语和汉语的疑问代词用法既有相同点,也有不同点。

5. 第一语言和目标语的语言项的特点之间没有相似性。如英语的否定涉及助动词的使用,而西班牙语却不需要。

6. 第一语言的一个语言项对应于目标语的两个语言项。如英语的 the,在法语中有 le 和 la;汉语的"高",在英语中有 tall 和 high。

Prator(1967)认为以上 1—6 形成 0—5 难度序列,即 1 的难度为"0",2 的难度为"1",3 的难度为"2",4 的难度为"3",5 的难度为"4",6 的难度为"5",数字越大,难度越高。

卢福波(2003)根据汉语和外语的对应程度和复杂程度的高低,确定了五个层次的难度系数:

表 3 卢福波(2003)的难度系数

难度系数	对应程度	对应情况	习得情况
指数 1	强对应	结构、语义、语序基本对应	一般通过类推可直接掌握
指数 2	次强对应	结构有较低程度不对应;意义基本对应	直接类推会出现偏误,但稍加指点即易克服

续表

难度系数	对应程度	对应情况	习得情况
指数 3	中对应	结构有一定程度不对应；意义稍有出入	类推一定出现偏误，结构、意义都须指点才能克服
指数 4	弱对应	结构基本不对应；意义有一定出入	基本不能类推
指数 5	不对应	结构不对应；意义有深层或语用差异	完全不能类推

在她看来，难度从上到下由易到难。

邓守信（2003）指出，无论是语法结构还是语义，如果 L2 的语法点能在 L1 中找到系统化相对应的成分，就能产生最大的正迁移，习得起来就比较容易。例如：

(1)打开书！＝Open the book！

(2)她是老师。＝She is a teacher.

这两个例子中的"打开书"和"她是老师"跟英语的 Open the book 和 She is a teacher 结构和语义上都是完全对应的，因此难度低。

如果两个语言的语法结构或语义差异很大，那么负迁移最大，习得起来就比较难。例如：

(3)做作业！≠Do homework！

(4)想起来了。≠Want up.

这两例中的"做作业"和 Do homework、"想起来了"跟 Want up 完全不同，所以习得时就容易产生负迁移，难度就高。

根据这一原则，他对现代汉语的一些高频语法点做了跨语言差距评定：

表 4　高频语法点的跨语言差距

语法点	跨语言差距	语法点	跨语言差距
过(经验)	－	了(完成)	＋
被(被动)	－	把(处置)	＋
对(前置词)	－	跟(介词)	＋
双宾	－	连……都	＋
着(进行)	?	主题化	＋
是……的(焦点)	?		

在他看来,"过""被""对""双宾"的跨语言差距小,而"了""把""跟""连……都""主题化"的跨语言差距比较大。"着""是……的"的跨语言差距的大小比较难判定。也就是说,"过""被""对""双宾"的难度低,"了""把""跟""连……都""主题化"的难度高。

应该指出,邓守信(2003)对这些高频语法点的跨语言差距的评定缺乏明确的比较标准,即汉语的这些语法点与哪种语言存在着差距不清楚,此其一;其二,列举的常用语法点的数量太少。

依据这个原则,我们把"初等"中的主要语法项目和英语的跨语言差距做了一个初步的判定:

表 5 主要语法项目和英语的跨语言差距

语法项目	跨语言差距	语法项目	跨语言差距
把(介词)	+	比较句	+
被(介词)	-	形容词谓语句	+
对(介词)	+	名词谓语句	+
跟(介词)	+	存现句	+
在(介词)	+	连动句	-
给(介词)	+	兼语句	+
了(助词)	+	是……的	+
过(助词)	-	连……都	+
着(助词)	+	趋向补语	+
的(助词)	+	结果补语	+
地(助词)	-	可能补语	+
得(助词)	+	情态补语	+
不	+	数量补语	-
没	-	双宾	-
"有"字句	-	话题化	+
"是"字句(表存在)	+		

不难看出,邓评定"对"的跨语言差距小,"着""是……的"的跨语言差距大小难以判定,但我们与英语进行对比后,认为其跨语言的差距大。

（四）具有语用功能的，难度更高

邓守信(2003)认为，在第二语言习得中，具有语用意义的语法结构，其困难度高于仅有词汇意义的结构。例如：

(5) 站起来——看起来

(6) 好热闹——好不热闹

(7) 不要太担心——不要太潇洒

每例的前一句只有句义，即词汇意义，不难习得。后一句有语用意义，必须结合一定的语境进行学习，习得难度较大。虽然后一句的语用功能已经句法化了，但学习者理解起来还是有困难的，经常出现问题。

众所周知，"了$_1$"表示完成，只有词汇意义，而"了$_2$"既表示完成，又表示变化，既有词汇意义，也有语用意义。吕文华(2008)建议，在教学中还应进一步交代，带语气助词"了$_2$"的句子，在话语中作为始发句时有信息提示功能，作为结束句时表示出"新闻性"和信息价值。这些语用功能外国学习者很难掌握。

"在"和"着"都可以表示动作进行或持续，但是前者只有词汇意义，而后者还有语用意义，"主语＋动词＋着＋……"多用于描写，所以"着"的难度比"在"高。

根据这一原则，"初等"中主要语法项目的语用难度如下：

表6 主要语法项目的语用难度

语法项目	语用难度	语法项目	语用难度
把(介词)	＋	比较句	－
被(介词)	＋	形容词谓语句	＋
对(介词)	－	名词谓语句	－
跟(介词)	－	存现句	－
在(介词)	－	连动句	－
给(介词)	－	兼语句	－
了(助词)	＋	是……的	＋
过(助词)	－	连……都	＋
着(助词)	＋	趋向补语	－

续表

语法项目	语用难度	语法项目	语用难度
的(助词)	+	结果补语	－
地(助词)	+	可能补语	－
得(助词)	－	情态补语	+
不	+	数量补语	－
没	－	双宾	－
"有"字句	－	话题化	+
"是"字句(表存在)	－		

上表显示,词语"把""被""了""着""的""地""不",特殊句式"形容词谓语句""是……的""连……都",句法成分"情态补语"以及"话题化"具有语用功能,所以难度高。其他的不具有语用功能,难度比较低。

(五)越不容易类化,难度越高

不容易类化是指某一语法点表面上看似乎可归到某一类中,但实际上与该类的共同属性存在着较大的差异。像量词"条",表示"软且细长的物体","裤子""皮带""项链"这些软且细长的物体都可以用"条"来进行计量,但是"法律""新闻"等这些并非"软且细长的物体"却也可以用"条"进行计量,就很难找到它们的共同性。

再如趋向动词"来""去""上""下""下去""下来"等,这些词的语义很复杂,有本义和引申义,使用时有时有规律可循,有时则没有什么规律。譬如"上"和"下",可以说"上船—下船""上车—下车""上班—下班",使用时有规律。但是可以说"上街",却不能说"下街";可以说"上学",不能说"下学",又没有规律。

做补语也一样,很多时候是有规律的,如"贴上—撕下""挂上—取下""穿上—脱下";但有时候又没有规律:"关上—＊开下(开开/打开)""闭上—＊张下(张开)"。正因为如此,趋向动词做补语很难习得。

(六)语法化程度越高,难度越高

语法化主要表现为动词虚化为介词、副词、助词等表示一定语法功能的词,这些词语由于意义虚化了,比较空灵,学习者很难把握,因此习得的时候就比较困难。像表示引申义的趋向动词"下",学习者习得起来就很困难,常常该用的时候没有用,不该用时却又用了。高顺全(2011,2015)通过语料库分析等实证研究,发现副词以及兼类虚词的语法化与习得顺序基本上是一致的,语法化程度越高,难度越大,习得越难。

二、语法项目的习得顺序

国内汉语语法项目习得顺序的研究成果比较丰富,这些研究有的探讨了不同句子的习得顺序,有的探讨了某一种句子不同句式的习得顺序,也有研究词语、句法成分等方面的习得顺序的。

2.1 句子的习得顺序

(一)不同的句子

施家炜(1998)采用正确使用相对频率法、阶段计分法和蕴含量表对现代汉语肯定句和问句中的 22 类句式的习得顺序进行了考察,这些句子如下:

肯定句系统:

GI1."是"字句

 T1 S+是+N(词组)。 我是学生。

 T2 ……的+是+N/V/小句。 我最喜欢的是汉语。

GI2."有"字句

 T3 S+有+N(词组)。 你有一个苹果。

 T4 方位词组｜V｜有｜N(词组)。 纸上写有 个汉字。

GI3."是……的"句

 T5 S+是+时间词+V(O)+的。 我是昨天去的。

 T6 S+是+Adj(词组)+的。 水是热的。

GI4."把"字句

 T7 S+把+O+V+RC。 他把我打哭了。

 T8 S+把+O_1+V(在/到/给)+O_2。 我把书放在桌子上。

GI5."被"字句

T9　S+被/叫/让/给+O+V+RC。　我被他打哭了。

T10　S+被/给+V+RC。　我被打哭了。

GI6. 比较句

T11　A 比 B+Adj(+DC)。　我比他高。

T12　A 不如 B+Adj。　我不如他高。

问句系统：

GI7. 反问句

T13　S+不是+V+O+吗?　你不是学汉语吗?

T14　难道+S+V+O+吗?　难道你要学汉语吗?

GI8. 是非问句

T15　S+P+(O)+吗?　你是学生吗?

T16　S+P+O+吧?　你是学生吧?

GI9. 特指问句

T17　……什么/多(少)/怎么(样)……?　你叫什么?

T18　为什么/谁/哪儿……呢?　谁是你的老师呢?

GI10. 选择问句

T19　S+是/V+N(词组)+还是+N(词组)?　你是学生还是老师?

T20　S+(是)+V(词组)+还是+V(词组)?　你喜欢汉语还是喜欢英语?

GI11. 正反问句

T21　S+Adj 不 Adj/V 不 V(O)?　他好不好?

T22　S+是不是+V+O+呢?　你是不是学习汉语呢?

她认为这些句式的习得顺序如下：

顺序	1	2	3	4	5	6	7	8.5	8.5	10	11	12.5	12.5	14	15	16	17	18	19	20	21	22
句式	1	17	3	11	15	21	6	5	18	8	2	7	10	16	19	22	9	13	12	20	14	4

（二）同一个句子的不同句式

同一个句子不同句式的习得顺序研究成果最多,有比较句、"把"字句、"被"字句、"给"字句、兼语句、连动句、"除了"句、"有"字句、重动句、存现句、形容词谓语句等。

1. 比较句

陈珺、周小兵(2005)根据出现率和错误率,对比较句进行了习得阶段的排序:

初级阶段(一)

1) 简单比较句:更/最+形容词,形容词+一点

2) 等比句:跟……(不)一样/差不多

初级阶段(二)

3) 一般比字句:A 比 B+形容词,A 比 B+心理动词/能愿动词+宾语

4) 其他差比句:没有……这么/那么

5) 等比句:有……这么/那么

6) 精确度量比字句:A 比 B+形容词+精确数量补语,A 比 B+提高类动词+数量补语

7) 一般比字句:A 比 B+动词+程度补语,A 比 B+动宾+动词+程度补语

中级阶段(一)

8) 等比句:(不)像……一样/这么/那么

9) 模糊度量句:A 比 B+形容词+模糊数量补语,A 比 B+提高类动词+数量补语

10) 复杂度量句:A 比 B+多、少、早、晚+动词+数量补语

11) 其他差比句:不如/比不上+形容词

12) 预设比字句:A 比 B+更(还、再)+形容词/动词

中级阶段(二)

13) 特殊比字句:一+量词+比+一+量词

14) 预设比字句的否定式:没有比……更……的

15) 话语否定比字句:"不比"句

高级阶段

16) 其他差比句:A+形容词+于/过+B

2. "把"字句

李英、邓小宁(2005)通过对中介语语料库的考察,根据使用率和偏误率

构拟出了"把"字句的阶段性习得顺序:

初级1　S+把+N_1+V+在/到/给+N_2
　　　　S+把+N+V+其他成分(了、重叠动词、动量补语、动词宾语)

初级2　S+把+N+V+补语$_1$(表示具体意义的结果补语、趋向补语)
　　　　S+把+N_1+V成/作+N_2

中级1　S+把+N+V+补语$_2$(表示抽象意义的结果补语、趋向补语的引申用法)
　　　　S+把+N+V+补语$_3$(状态补语、程度补语)

中级2　S+把+N+一V
　　　　S+把+N+AV
　　　　S+把+N+给+V+其他

高级　　表致使义的"把"字句

肖奚强等(2009)把"把"字句分为12个句式。Ⅰa:N_1+把+N_2+状语+V;Ⅰb:N_1+把+N_2+一V;Ⅱa:N_1+把+N_2+V在/到/给/向+N_3;Ⅱb:N_1+把+N_2+V+结果补语;Ⅱc:N_1+把+N_2+V+趋向补语;Ⅱd:N_1+把+N_2+V+情态补语;Ⅱe:N_1+把+N_2+V+动量补语;Ⅲa:N_1+把+N_2+V+N_3(N_3为间宾);Ⅲb:N_1+把+N_2+V成/作/为+N_3;Ⅳa:N_1+把+N_2+V(一/了)V;Ⅳb:N_1+把+N_2+V+了;Ⅴ:N_1+把+N_2(施事)+V+其他成分。他们根据正确使用相对频率法和蕴含量表法,对"把"字句的习得顺序进行了构拟:

较早习得的句式:Ⅱa、Ⅱb、Ⅱc、Ⅲa

中期习得的句式:Ⅲb、Ⅱd、Ⅱe、Ⅰa、Ⅳb

较晚习得或未习得的句式:Ⅳa、Ⅰb、Ⅴ

3."被"字句

彭淑莉(2008)把带宾语的"被"字句分为六类:

T1:N_1与N_3有广义领属关系。(老李被老王打掉了牙齿。)

T2:N_1与N_3是同一关系。(这部小说后来被改编成同名电影。)

T3:N_3是VP导致的结果。(箱子被虫蛀了一个洞。)

T4:N_3是N_1的起点或终点。(我被他拉出房间。)

T5:N_3是N_1的接受/承受方。(那张小纸条被他交给老师了。)

T6：N_1 是 N_3 的接受/承受方。(他被上面安排了一个新差事。)

她根据使用正确率,构拟了"被"字句的习得顺序:T2、T4＞T1＞T6＞T5＞T3。

肖奚强等(2009)把"被"字句也分为六类。句式Ⅰ:N_1＋被＋N_2＋V;句式Ⅱ:N_1＋被＋N_2＋V＋N_3;句式Ⅲ:N_1＋被＋N_2＋V＋C;句式Ⅳ:N_1＋被＋V;句式Ⅴ:N_1＋被＋V＋N_2;句式Ⅵ:N_1＋被＋V＋C。根据正确率和使用频率,构拟了"被"字句的习得顺序:

比较容易习得的:句式Ⅳ＞句式Ⅰ＞句式Ⅲ

比较难习得的:句式Ⅵ＞句式Ⅱ＞句式Ⅴ

4."给"字句

周文华(2009a)把"给"字句分成四个句式:

句式Ⅰ:(N_1)＋给＋N_2＋N_3(什么时候给我那本书?)

句式Ⅱ:(N_1)＋V 给＋N_2＋N_3(我交给他一些美元。)

句式Ⅲ:N_1＋V＋N_2＋给＋N_3(他写信给边防团领导。)

句式Ⅳ:N_1＋给＋N_2＋V＋N_3(他给朋友发了一封邮件。)

根据正确率,构拟了韩国学习者习得这些句式的顺序:句式Ⅰ＞句式Ⅳ＞句式Ⅲ＞句式Ⅱ。

凌丹(2017)把介词"给"按照义项分成七种句式:

T1a 引进给予的对象,用于动词前:给＋N_1＋V＋N_2

T1b 引进给予的对象,用于动词后:V＋给＋N

T2 引进服务的对象,即受益者

T3 引进表达的对象

T4 引进动作的发出者:受事＋给＋施事＋V＋(其他)

T5 引进受损的对象

T6 表"朝、向、对"等意义

T7 表命令语气:给我＋V

根据正确率和使用率,构拟了这些句式的习得顺序:T7＞T4＞T1a＞T2＞T5＞T1b＞T3①＞T6。

---

① 原文为 T4,实际上应为 T3。

5. 兼语句

周文华(2009b)把兼语句分成三大类六个小类:要求类、派遣类、培养类、陪同类、有无类、称呼类,并根据正确率和使用频率,构拟了这些兼语句的习得顺序:要求类＞陪同类＞派遣类＞有无类＞称呼类＞培养类。

6. 连动句

肖奚强等(2009)把连动句分为六个句式:句式Ⅰ(连续发生)、句式Ⅱ(到、去、回、来)、句式Ⅲ(相伴发生)、句式Ⅳ(着)、句式Ⅴ(有)、句式Ⅵ(用)。根据正确使用相对频率法,构拟了这些连动句式的习得顺序:句式Ⅱ＞句式Ⅲ＞句式Ⅳ＞句式Ⅰ＞句式Ⅵ＞句式Ⅴ。

7. "除了"句

肖奚强等(2009)把"除了"句分为六个句式。句式Ⅰ:除了NVN,NVN;句式Ⅱ:除了N,NVN;句式Ⅲ:(N)除了VN,(N)VN;句式Ⅳ:(N)除了N,(N)VN;句式Ⅴ:(N)除了A,(N)AVN;句式Ⅵ:除了N,就/还是N。根据正确率,对"除了"句式做了教学分级,建议初级水平习得句式Ⅰ、句式Ⅱ、句式Ⅲ和句式Ⅳ,中级水平习得句式Ⅲ、句式Ⅳ和句式Ⅵ。

8. "有"字句

肖奚强等(2009)把"有"字句分为七个句式。句式Ⅰ:A＋有＋B;句式Ⅱ:A＋有＋B＋VP;句式Ⅲ:A＋VP＋有＋B;句式Ⅳ:A＋有＋所＋VP;句式Ⅴ:A＋有＋VP;句式Ⅵ:A＋有＋数量＋Adj;句式Ⅶ:A＋有＋B＋Adj。根据正确使用相对频率法和蕴含量表法以及本族人的使用频次,构拟了"有"字句的习得顺序:

第一阶段:句式Ⅰ

第二阶段:句式Ⅵ、句式Ⅱ、句式Ⅶ

第三阶段:句式Ⅳ、句式Ⅴ、句式Ⅲ

9. 重动句

肖奚强等(2009)把重动句分为五个句式。句式Ⅰ:无标记重动句;句式Ⅱ:带"得"重动句;句式Ⅲ:"了"标记重动句;句式Ⅳ:"到"标记重动句;句式Ⅴ:"出"标记重动句。根据正确使用相对频率法构拟了这些句式的习得顺序:句式Ⅱ＞句式Ⅲ＞句式Ⅰ＞句式Ⅳ＝句式Ⅴ。

10. 存现句

肖奚强等(2009)把存现句分为九个句式。句式Ⅰ：Np_1＋有＋Np_2；句式Ⅱ：Np_1＋是＋Np_2；句式Ⅲ：Np_1＋V着＋Np_2；句式Ⅳ：Np_1＋V了＋Np_2；句式Ⅴ：Np_1＋V补(了)＋Np_2；句式Ⅵ：Np_1＋V＋Np_2；句式Ⅶ：Np_1＋Φ＋Np_2；句式Ⅷ：Np_1＋Vp＋Np_2（Vp＝出现、消失类动词＋了）；句式Ⅸ：Np_1＋Vp＋Np_2（Vp＝趋向动词/动趋短语＋了）。根据正确使用相对频率法、蕴含量表法和汉语母语者的使用情况，构拟出了这些句式的习得顺序：第一阶段（句式Ⅰ、句式Ⅲ、句式Ⅱ）＞第二阶段（句式Ⅸ、句式Ⅷ、句式Ⅴ、句式Ⅳ）＞第三阶段（句式Ⅶ、句式Ⅵ）。

11. 形容词谓语句

肖奚强等(2009)把形容词谓语句分为四大类十二种句式。

句式Ⅰ：

Ⅰa：主语＋单个性质形容词

Ⅰb：主语＋形容词＋了/着/过

Ⅰc：主语＋状态形容词＋(的)

句式Ⅱ：

Ⅱa：主语＋形容词＋程度补语

Ⅱb：主语＋形容词＋情态补语

Ⅱc：主语＋形容词＋趋向补语

Ⅱd：主语＋形容词＋数量补语

句式Ⅲ：

Ⅲa：主语＋副词＋形容词

Ⅲb：主语＋介词短语＋形容词

句式Ⅳ：

Ⅳa：主语＋又＋形容词$_1$＋又＋形容词$_2$

Ⅳb：主语＋比＋比较对象＋形容词

Ⅳc：主语＋越来越＋形容词

他们根据正确使用相对频率法和蕴含量表法，构拟出了这些句式的习得顺序：

较早习得的句式：Ⅲa、Ⅳc、Ⅲb、Ⅳa

中间习得的句式：Ⅳb、Ⅱa、Ⅰa、Ⅰc

较晚习得或未习得的句式：Ⅰb、Ⅱb、Ⅱc、Ⅱd

2.2 句法成分的习得顺序

句法成分的习得顺序关注得不多，主要集中在趋向补语、结果补语、数量补语等上，尤其是趋向补语。

（一）趋向补语

钱旭菁(1997)通过对留学生作文的考察和问卷调查，根据准确度，构拟了日本学生习得趋向补语的顺序：

1) 动词不带宾语的简单趋向补语

2) 动词不带宾语的复合趋向补语

3) "起来"表示开始(不带宾语)

4) 动词带一般宾语的趋向补语

5) 动词带处所宾语的趋向补语

6) "出来"表示暴露

7) "起来"表示评价

8) "过来"表示恢复，"过去"表示失去

9) "下来"表示开始

10) "起来"表示集中，"起来"引申带宾语

杨德峰(2003a,2003b)通过对大规模中介语语料进行考察，根据偏误率，分别对英语、朝鲜语母语者习得趋向补语的顺序进行了构拟：

英语母语学习者的习得顺序：

1) VC(本义)

2) VC(引申义)

3) VC_1C_2(本义)

4) VC(引申义)带宾语

5) VC_1OC_2(本义)

6) VC_1OC_2(引申义)

7) VC_1C_2(引申义)

8) VC_1C_2(引申义)带宾语

9) VC(本义)带宾语

10) VC_1C_2(本义)带宾语

朝鲜语母语学习者的习得顺序：

1) 到……来/去(本义)

2) VC(本义)

3) VC_1OC_2(本义)

4) VC_1OC_2(引申义)

5) VC_1C_2(本义)

6) VC(引申义)

7) VC(引申义)带宾语

8) VC(本义)带宾语

9) VC_1C_2(引申义)

10) V+到……来/去(本义)

11) VC_1C_2(本义)带宾语

12) VC_1C_2(引申义)带宾语

肖奚强、周文华(2009)根据趋向补语的句法结构特征,把趋向补语句分为7类句式,按照趋向补语的本义和引申义,又把这些句式分成14个下位句式：

句式Ⅰa：主＋动＋简单趋向动词(本义)

句式Ⅰb：主＋动＋简单趋向动词(引申义)

句式Ⅱa：主＋动＋宾语＋简单趋向动词(本义)

句式Ⅱb：主＋动＋宾语＋简单趋向动词(引申义)

句式Ⅲa：主＋动＋简单趋向动词＋宾语(本义)

句式Ⅲb：主＋动＋简单趋向动词＋宾语(引申义)

句式Ⅳa：主＋动＋复合趋向动词(本义)

句式Ⅳb：主＋动＋复合趋向动词(引申义)

句式Ⅴa：主＋动＋宾语＋复合趋向动词(本义)

句式Ⅴb：主＋动＋宾语＋复合趋向动词(引申义)

句式Ⅵa：主＋动＋趋向动词$_1$＋宾语＋趋向动词$_2$(本义)

句式Ⅵb：主＋动＋趋向动词$_1$＋宾语＋趋向动词$_2$(引申义)

句式Ⅶa：主＋动＋复合趋向动词＋宾语(本义)

句式Ⅶb：主＋动＋复合趋向动词＋宾语(引申义)

他们根据汉语母语者的使用频率、外国学生的使用频率和外国学生三个学习阶段正确率均值，构拟了外国学生习得趋向补语句的顺序：Ⅲa＞Ⅰa＞Ⅳb＞Ⅲb＞Ⅳa＞Ⅰb＞Ⅴa＞Ⅵa＞Ⅶb＞Ⅱa＞Ⅵb＞Ⅴb＞Ⅶa＞Ⅱb。

齐春红(2014)按照肖奚强、周文华(2009)对趋向补语句的分类，根据正确率、蕴含量表，构拟了越南学生趋向补语的习得顺序：Ⅰa、Ⅱa、Ⅳa、Ⅰb、Ⅲa、Ⅲb、Ⅳb＞Ⅵa＞Ⅵb、Ⅱb＞Ⅴa、Ⅴb、Ⅶa、Ⅶb。

齐春红(2015)还根据习得正确率和使用频率，构拟了老挝学生趋向补语的习得顺序：Ⅰa、Ⅰb、Ⅱa、Ⅳa、Ⅳb、Ⅲa、Ⅲb＞Ⅵa、Ⅵb＞Ⅱb＞Ⅴa、Ⅴb、Ⅶa、Ⅶb。

齐春红、杨育彬(2015)根据正确率、使用频率，构拟了泰国学生趋向补语的习得顺序：Ⅰa＞Ⅲb＞Ⅳa＞Ⅳb＞Ⅱa＞Ⅲa＞Ⅰb＞Ⅵb、Ⅵa＞Ⅱb、Ⅴb、Ⅶa、Ⅶb。

翟英华(2008)根据错误率，构拟了俄罗斯学生趋向补语的习得顺序：①

1) VC(本义)

2) VC(引申义)

3) VC(引申义)带宾语

4) VC$_1$C$_2$(本义)

5) VC(本义)带处所宾语

6) VC$_1$C$_2$(本义)带宾语

7) VOC$_1$C$_2$(本义)

8) VC$_1$C$_2$(引申义)

9) VC$_1$C$_2$(引申义)带宾语

10) VC$_1$OC$_2$(本义)

11) VC(本义)带非处所宾语

12) VC$_1$OC$_2$(引申义)

---

① 为行文方便，原文中的语法成分改用字母代替。

杨德峰(2017)按照Andersen(1978)的正确率达到80%算作习得,分别对英语、朝鲜语、日语母语学习者习得趋向补语进行了排序:

英语母语者的习得顺序:

VC(本义)、VC(引申义)、VCO(引申义)、VC_1C_2(本义)、VC_1OC_2(本义)＞VCO(本义)、VC_1C_2(引申义)、VC_1OC_2(引申义)、VC_1C_2O(本义)、VC_1C_2O(引申义)

朝鲜语母语者的习得顺序:

VC(本义)、VC(引申义)、VC_1C_2(本义)、VC_1OC_2(本义)、VC_1OC_2(引申义)、VCO(引申义)＞VCO(本义)、VC_1C_2(引申义)、VC_1C_2O(本义)、VC_1C_2O(引申义)

日语母语者的习得顺序:

VC(本义)、VC(引申义)、VCO(引申义)、VC_1C_2(本义)、VC_1C_2(引申义)、VC_1OC_2(引申义)、VC_1OC_2(本义)＞VCO(本义)、VC_1C_2O(本义)、VC_1C_2O(引申义)

朱京津(2018)通过看图回答问题、翻译、填空的方式,构拟出"V过来"的习得顺序为:

第一阶段:空间域$_1$,空间域$_2$＝方向域

第二阶段:领属域

第三阶段:心理域＝价值域

(二)结果补语

肖奚强等(2009)把结果补语分为两个句式六个小类:

句式Ⅰ:S+V+C。Ⅰa:C指向V所表示的行为动作本身;Ⅰb:C指向S;Ⅰc:语义结构为VS+SC。

句式Ⅱ:S+V+C+O。Ⅱa:C指向V;Ⅱb:C指向S;Ⅱc:C指向O。

根据正确使用相对频率法、偏误使用相对频率法构拟了这些句式的习得顺序:Ⅱa＞Ⅱb＞Ⅱc＞Ⅰb＞Ⅰc＞Ⅰa。

(三)数量补语

肖奚强等(2009)把数量补语分为两个句式六个小类:

句式Ⅰ
Ⅰa:NP_1+V+TL(我休息了半天。)
Ⅰb:NP_1+V+NP_2+TL(我学习汉语才一年。)
Ⅰc:$NP_1+V+TL+$(的)$+NP_2$(我每天听一个小时的录音。)
句式Ⅱ
Ⅱa:NP_1+V+DL(你过来一下。)
Ⅱb:NP_1+V+NP_2+DL(他真的骗过我一回。)
Ⅱc:$NP_1+V+DL+NP_2$(她发了一通脾气。)

根据正确使用相对频率法和本族人的使用频次,建议数量补语的教学顺序是:

第一阶段:句式Ⅰb、Ⅰa

第二阶段:句式Ⅱa、Ⅱc

第三阶段:句式Ⅰc、Ⅱb

(四) 形容词补语

玄贞姬、姚占龙(2010)根据正确率和使用频率,构拟了韩国学生形容词补语的习得顺序:程度补语＞结果补语＞状态补语＞可能补语。

2.3 词语义项的习得顺序

词语义项的习得顺序关注得不多。高顺全(2011)按照偏误率构拟了"还"的各个义项的习得顺序:A_1(重复)$<B_1$(延续)$<B_2$(量减)$<A_2$(增量补充)$<D_1$(祈使)$<A_3$(比较程度)$<B_3$(量级程度)/C_1(不合理)/C_2(基本满意)$<D_2$(反问)/D_3(肯定),指出"还"的习得顺序与其语法化顺序大体一致。

高顺全(2015)还分别根据使用正确率,构拟了多义虚词"在""和""因为""只是""不过""可""可是""尽管""就是""还是""同时""甚至""那么"等各义项或用法的习得顺序。

2.4 其他

田然(2005)通过考察偏误率,发现留学生习得 NP 省略时表现出与中国儿童的相似性,呈如下难度等级:句法位置相同的省略(初级)→顶针省略(中级)→句法位置不同的省略(高级)。

何清强(2014)通过产出性和可接受性测试,构拟了汉语动宾结构的习得顺序:受事—处所—工具—施事。

三、分级、排序存在的问题

纵观前文可以看出,语法项目难度分级目前学界看法不一致,有的学者认为频率标准很重要,有的认为语言的结构特点很重要,还有的认为跨语言的对比很重要。那么到底哪些标准决定了语法项目的等级?这些标准有没有主次之分?除了这些与语法项目密切相关的因素外,还有没有其他因素?这些问题还没有现成的答案,需要做进一步的探索。

确定语法项目难度的原则有六个:结构越复杂,难度越大;语义越复杂,难度越大;跨语言的差距越大,难度越大;有语用功能的,难度更大;越不容易类化的,难度越大;语法化程度越高的,难度越大。这些原则在确定某一语法点时很多时候是一致的,像"把"字句,结构复杂,语义复杂,跨语言的差距大,具有语用功能,因此难度大。但也有不一致的情况,像介词"对",语义复杂,跨语言的差距大,但结构不复杂,没有语用功能等,那么"对"到底是难度大还是难度不大呢?说到底,以上六个原则,到底哪个原则或哪些原则最重要?如果这些原则都重要,它们是平均起作用呢,还是存在着不同的权重?这些权重又怎么确定呢?凡此等等,也都有待做进一步的回答。

语法项目习得顺序也存在着类似的问题。现有的语法项目的习得排序主要采用两种标准:单一标准、多项标准。采用单一标准的,也不一样。有的依据偏误率的高低来进行排序,有的则根据正确率来排序。采用多项标准的也不一致,有的采用正确率和使用率来排序,有的采用使用率和偏误率来排序,也有学者根据使用率、阶段积分法等来进行排序,还有的学者根据正确率和蕴含量表法来进行排序。即便是同一位学者,有时采用这几种方法,有时却采用那几种方法。总之,"仁者见仁,智者见智"。由于采用不同的标准,语料规模的大小不一,加上考察的语料性质不同(有的语料是分国别的,有的语料是不分国别的),有时就出现同一种句式构拟的习得顺序不完全相同的情况。像趋向补语,杨德峰(2003a,2003b)根据偏误率,认为英语母语者和朝鲜语母语者,"VC(本义)"都最容易习得,"VC(本义)"带宾语的很难或非常难习得;但肖奚强、周文华(2009)通过对不分国别的语料进行考察,根据汉语母语者的使用频率、外国学生的使用频率和外国学生三个学习阶段正确率均值,认为"VC(本义)"带宾语的最容易习得,而"VC(本义)"却排在其后,即"VC(本义)"带宾语的并非很难习得。那么,到底哪个习得顺序是真实的呢?是依据单一标准构拟习得顺序科学,还是依据多种标准科学呢?如果依据单一标准,到底依据哪一种构拟的习得顺序反映出了学习者的真实习得情况呢?如果依据多种标准,这些标准有没有主次之分呢?这些问题目前也都没有现成答案,同样需要进一步加以研究,特别是需要一些实证方面的研究。

第五讲　语法教学的原则

一、研究现状

关于对外汉语语法教学的原则,赵金铭(1994)早有详论,他提出了对外汉语语法教学应该"是教学语法而不是理论语法","是教外国人语法,而不是教本族人语法","是从意义到形式而不是从形式到意义","不仅是分析的语法,更是组装的语法","不仅是描写的语法,更是讲条件的语法","不是孤立地讲汉语语法,而是在语际对比中讲汉语语法"等原则,这些原则非常有见地,道出了对外汉语语法教学的本质和特点,对对外汉语语法教学具有重要的指导意义。

不过,这些原则都是大的原则,只有这些原则是不够的,而且有的原则还有重新思考的必要。

二、教学原则

我们认为语法教学的原则主要有教学语法原则、针对性原则、急用先学原则、"三个平面"相结合原则、量少原则、组装为主原则、从形式到意义原则、对比原则、循序渐进原则、精讲多练原则。下面分别加以阐述。

(一) 教学语法原则

教学语法和理论语法是不同的。王力(1956)指出:"学校语法重在实践,科学语法重在理论的提高。"玉柱(1988)进一步指出:"教学语法也叫规范语法,它是为在学校里,特别是在中学里进行语法教学而制定的语法体系和实际内容。""理论语法也叫专家语法,它是语法学家根据自己的理论观点对语法现象的描写、分析和解释,其根本的目的在于建立语法的理论体系。"

许国璋(1986)对理论语法①和教学语法从目标、分类、举例和对象四个方面做了详细的区分：

表1 理论语法和教学语法的区别

	理论语法	教学语法
目标	明语法的理	致语法的用
分类	分类要求有概括性和排他性	分类不要求十分严格，以说明用途为主
举例	以例子说明类别	力求翔实；例子本身就是学习材料
对象	语言的研究者，他们具有比较一致的学术兴趣	语言的学习者，他们的学习条件不尽相同

张志公(1991)认为教学语法有以下特点。1.科学性。教学语法的体系应该反映汉语的实际，能把汉语的规律比较准确地表述出来。2.时代性。教学语法要考虑语言同现代化科学结合，考虑语法同有关学科的联系，使教学语法适应时代的要求。3.教学性。语法内容、表达方式容易为教者和学者所接受。4.实用性。把语法讲得尽可能平易近人些，并且尽可能地对培养语文能力起点作用，要把语法讲得精要、好懂、有用。5.群众性。建立教学语法体系，心目中要有群众，要为群众着想，要使建立的体系为群众所用。6.规范性。要使学的人知道某种语言结构怎样运用是正确的，怎样是不正确的。

赵金铭(1994)阐述了理论语法和教学语法的关系，指出理论语法"是把语言作为一种规律的体系来研究，目的在于揭示通则，对语法的系统和语法的规律做出理论上的概括和说明"；而教学语法"是利用理论语法科学研究的成果，专为教学目的服务的语法"，研究的重点在"用法"上。他认为，理论语法研究一个语法形式在语句结构里的地位：是哪种语法单位，是句子还是短语里的哪种成分，跟它的前面或后面的别的成分是什么关系等。用法研究则研究一个语法形式出现的条件：什么情况下能用或非用不可，什么情况下不能用，必得用在某一别的成分之前或之后等。

实际情况如何呢？我们不妨来看看两种语法对"把"字句的处理情况。

---

① 许国璋(1986)称为"语言学语法"。

朱德熙的《语法讲义》(1982)是一本理论语法著作,该书第十三章13.7节介绍了"把"字句,讲授的主要内容包括以下几方面。1."把"的作用:引出受事;2."把"字句的性质:连谓结构;3."把"字句的谓语动词:可以是重叠式、动词前有"一"和介词结构、动词后有补语或宾语以及"着"或"了";4."把"字句的宾语:一般是受事,在意念上总是有定的;5."把"字句与其他句式的关系:与受事主语句关系最密切,不是"主－动－宾"的变式,不能把"把"的作用看作是"提宾"。不难看出,《语法讲义》虽然介绍了与"把"字句的使用密切相关的结构特点,但落脚在"把"字句的定性以及"把"字句与其他句式的关系上,即主要在明"理"上。

刘月华、潘文娱、故韡的《实用现代汉语语法》(增订本)(2001)是一部对外汉语教学语法,该书在"前言"中指出,"在阐述各项语法规则时,除了指出结构上的特点以外,还特别注重语义和用法上的说明,以便使读者了解在什么情况下使用什么样的表达方式以及在使用某种表达方式时应该注意什么样的限制条件等"。《实用现代汉语语法》(增订本)对"把"字句的处理,很好地体现了这一原则。该书第四编第二章第六节专门拿出大量的篇幅对"把"字句做了详细的介绍,内容包括:

1."把"字句的定义。

2."把"字句的结构:把"把"字句公式化为"(主语)＋'把'＋'把'字的宾语＋谓语动词＋其他成分"。

3."把"的宾语:宾语多是名词性的,也可以是动词或动词短语,大多是已知的。

4."把"的谓语:不能是一个简单的动词,可以带补语、"着"、"了",可以是动词重叠式,也可以是动词后带宾语、动词前有状语"一",介词结构等。

5."把"字句中的补语:可以是结果补语、趋向补语、情态补语、数量补语、介词短语补语。

6."把"字句谓语动词的宾语:可以是表示"把"的宾语的接受者,"把"的宾语变化的结果,"把"的宾语经过动作后所在的处所,"把"的宾语经过动作后产生的结果,处置"把"的宾语所用的工具,"把"的宾语的一部分,也可以是动作的受事,还可以复指"把"的宾语。

7."把"字句状语的次序:"便""就""才"等起关联作用的位于"把"前;

"不""没"一般位于"把"前;表示重复的"再""又"等可在"把"前,也可在宾语后;描写性的有的必须位于"把"前,有的可在"把"前,也可在宾语后,有的位于"把"的宾语后;介词短语与描写性的状语类似。

8.不能做"把"字句谓语的动词:表示判断、存在、领有的动词以及能愿动词、趋向动词等。

9.使用"把"字句的条件:语义条件是,针对一种事物,命令、叙述、说明对它进行什么动作,并期望它产生或叙述、说明已产生什么变化或有什么结果,同时又指明动作者、责任者,应用"把"字句;结构条件中详细列举了哪些句子结构下应该使用"把"字句。

可见,《实用现代汉语语法》(增订本)把主要的内容放在了"把"字句的构成成分、构成成分的限制条件、使用条件等这些关乎"用"的方面,而没有放在探究"把"字句的性质、"把"的作用等这些"理"上。

再如"定语"和"状语",《语法讲义》在第十章10.2节中介绍了以下内容:1.定语和状语的定义;2.定语和状语的区分方法;3.充当定语和状语的成分等。即重点放在定性和明理上。作为理论语法,介绍"定语""状语"的这些情况也就足够了,能够把"定语"和"状语"区分开。但是这些内容应用到教学中去却远远不够,因为让学习者了解的只是"理",学习者学习了以后,仍然不会使用,或使用时会出现这样那样的问题。

杨德峰的《对外汉语教学核心语法》是一部教学语法,该书第四章第一节和第二节分别对"定语"和"状语"专门做了介绍,主要内容是:1.定语和状语的定义;2.充当定语和状语的成分;3.定语和状语的类别;4.定语带"的"和状语带"地"的规律;5.多项定语和状语的语序规律。显而易见,作为教学语法的《对外汉语教学核心语法》,重点不在"定语""状语"的定性、明理上,而在使用上,紧紧围绕学习者使用时可能遇到的问题,特别是难点来展开。

针对不同的教学对象,所讲的语法应该是不同的。对外汉语教学的对象是外国人,他们的学习目的是利用汉语进行交际,而不是进行研究,因此对他们所讲的语法应该是教学语法,而不是理论语法,更不是对一些语法现象进行描写和分析。

(二)针对性原则

赵金铭(1994)指出,对国人的语法是一般性的、粗线条的;对外国人的语法是细密的、管辖范围窄的。教本族人语法,只需要一些最一般的规律,其余的可以自己去体味、去处理。一般情况下,本族人不会造出不符合规则的句子来,因为说话人有语感,能够凭借母语的语感对句子的正确与否做出感性、直观的判断。

教外国人语法则不同,只有几条一般规律是远远不够的,必须细化,必须列出具体的使用条件或规律。比如,动态助词"了"是外国学习者学习的难点之一,一般语法书指出,"了"用在动词或形容词后,表示动作或性质的完成或实现。这条规则虽然说得很清楚,但是概括得很不全面,正因为如此,外国学习者常常出现"了"类推泛化的情况,即不该使用时却使用了。例如:

(1) ＊老师说了:"明天有考试。"
(2) ＊大家讨论了半天,最后决定了去长城。

例(1)的"说"、例(2)的"决定"后都有"了",也符合"了"的使用条件,但却是错误的。

实际上动态助词"了"有时候必须使用,有时候不能使用。刘月华、潘文娱、故桦(2001)指出,以下两种情况一般要使用"了":1.当叙述一个动作行为或状态在某一时刻已经发生或出现时,要在表示这个动作的动词或表示状态的动词、形容词后用"了";2.当叙述在一个动作发生或完成后出现了另一个动作或情况,第一个动词表示的动作发生,成为第二个动作发生的时间或条件时,第一个动词后一般要用"了"。不能使用动态助词"了"的主要有以下几种情况:1.直接引语前或后的动词后不能使用"了";2.兼语句、连动句的第一个动词后一般不用"了";3.宾语为动词、动词短语、主谓短语等谓词性词语时,谓语动词后不能用"了"。教外国学习者,只有告诉了他们这些细则,他们才会少出现该用而不用、不该用却用了的情况。

再如,"动词＋复合趋向补语"带宾语,位置很复杂。吕叔湘(1984)指出,动趋式所带宾语有三种位置:在整个动趋式之后、在趋$_1$和趋$_2$之间、在趋向动词之前。对国人来说,这些规则就够用了,但对外国学习者来说,就太粗疏,他们会造出各种各样的病句:

(3) ＊我们走回去北大。
(4) ＊你拿起来书。

(5) ＊咱们骑过去颐和园。

刘月华、潘文娱、故韡(2001)对宾语的位置和条件做了详细的描写:宾语为处所时,位于复合趋向补语之间;宾语为表示人或事物的名词时,可以位于复合趋向补语中间,也可位于复合趋向补语后,还可位于复合趋向补语前。有了这些细则,就能避免出现以上的问题,外国学习者就能根据规则造出合格的句子来。

《汉语初级教程》有一个语法点是"一＋量＋名"中"一"的省略,教材指出"一＋量＋名"中的"一"可以省略,这条规则太宽泛,教学时,学习者就造出了这样的病句:

(6) ＊我去过趟上海。

(7) ＊我学习了个月汉语。

据杨德峰(1996)考察,能够省略"一"的主要有以下几种情况:1. 不能是强调数量;2. 动词不能带"着"或"过";3. 动词一般不能是双音节的。有了这些详细的规则,外国学习者就不会造出以上句子。

(三)急用先学原则

不论是语法教学,还是词汇教学,都应该遵循急用先学的原则。所谓急用先学,就是外国学习者急需使用的,要用来解决生活、学习中的语言交际的语法,应该优先学习。要把这一原则贯彻到教学中去,就必须对外国学习者的需求有充分的了解。具体来说,必须对外国学习者的生活圈子比较熟悉,要了解他们经常和哪些人交流,经常使用汉语做哪些事情,完成哪些任务。比如说,外国学习者首先遇到的问题就是课堂上要听懂老师说的话,因此,一些与课堂用语有关的语法,像主谓句"你好""我们听写",以及"把书打开""把书合上"等"把"字句就得先学习,否则,课堂教学就会遇到障碍。

我们常常听到学生抱怨:学了很长时间,但是到了外面还是听不懂中国人说话。这里面反映的问题很多,其中一个主要的问题就是所学的词语、语法等与学习者的生活对接不上,也就是说学习者急需的词语、语法没有学习到,而学过的词语、语法又不是学习者日常生活所急需的,因此出去跟中国人进行交际时自然就听不懂。

(四)"三个平面"相结合原则

对外汉语教学中,不仅要对各种语法本身的结构特点做出科学的客观的描述和分析,更重要的是要讲明它的使用条件,即必须知道什么时候、什么场合和要表达什么意思才能使用这种格式,也就是说句法、语义、语用"三个平面"必须很好地结合起来。"三个平面"中,句法是基础,语义是关键,语用是目的。只有保证说出的句子是正确的,才能表达正确的意思,也才能让对方明白。但只有句法、语义还远远不够,只有明白什么情况下使用某个语法形式,才能用得正确而得体。因此,学习汉语的外国人,必须了解语法点的使用条件,才能正确地、得体地使用。但是不同的学习阶段,"三个平面"应该有所侧重。赵金铭(1996)指出,初级阶段只需教最基本的语法形式,掌握汉语的句型、词序;中级阶段所讲语法侧重语义语法,注意句中成分的语义关系及语义搭配;高级阶段侧重语用功能语法,着重语用的选择和词语的应用,使得习得者具备区别语言形式高下的能力。

目前,给外国人讲的语法,受到传统教学方法以及我国汉语语法学界的研究取向的影响,对语法点的描写往往很精细,但对语法语用条件的研究则比较薄弱或很薄弱。比如说"着",有的教科书指出"着"用在动词后表示动作进行或持续,带"着"的动词前不能加副词"在""正在""正",有的句末可以加语气词"呢";带"着"的动词常与其他动词短语组成连动式,表示某种状态或方式;有时也可以出现在述补式后面;带"着"的动词前可加"早就""已经",表示过去进行,动词前也可加"永远""多少年来"等词语,表示从过去到现在一直进行的动作;动词带"着"还可以重叠,表示在动作进行中出现另一动作;等等。(房玉清 2001)尽管如此,学习者还会出现这样的偏误:

(8) A:老师在干什么?
　　B:＊老师上着课。
(9) A:昨天晚上十点你在干什么?
　　B:＊我做着作业。

就单个句子来看,以上两例的答句都没有问题,都符合"着"的使用规则,但是放在语境中都不行,这说明"着"除了结构条件外,还有语用条件。

怎样才能做到"三个平面"相结合呢?比如说"把"字句,教科书一般都认为表示"处置",其结构是"S＋把＋O＋V＋其他",它的句法组成成分有严格的限制:1."把"字句中的动词不能是单个动词,必须是一个比较复杂的动词结构;2."把"字的宾语在语义关系上是后面动词的受事,而不是一般的宾语;3."把"字的宾语是有定的,是听说双方都知道的。这样指出"把"字句的意义和"把"字句的句法结构限制以后,外国学习者基本上就能够造出结构上正确的句子。但是他们还会说出"我把饺子吃在食堂里""老师把门关上"这样符合句法条件、不符合语感或语用的句子来。刘月华、潘文娱、故韡(2001)指出,当要针对一种事物,命令、叙述、说明对它进行什么动作,并期望它产生或叙述、说明已产生什么变化或有什么结果,同时又指明动作者、责任者时,就应该用"把"字句。这个语用条件的发现,就能比较好地解释"我把饺子吃在食堂里""老师把门关上"这样的句子为什么不符合语感。因为前者的"饺子在食堂"这种结果不是动作者对"饺子"施加的动作"吃"的结果;后者的学生对老师说"老师把门关上",有命令的口吻,不符合礼貌原则。如果教学时把"把"字句的这个语用条件告诉学习者,他们就会不出现或少出现以上的偏误。

再如"V+了+C_1C_2"和"V+C_1C_2+了",这两个结构的组成成分完全相同,所不同的是前者"了"在动词后,后者"了"在趋向补语后,它们都表示动作完成或结束。如果只告诉学习者这两个结构的句法和语义特点,显然不够,其结果是他们会把二者等同起来、混用起来。杨德峰(2001b)发现,"V+了+C_1C_2"和"V+C_1C_2+了"不仅句法功能不同,而且语义和语用也不同,具体情况如下表:

表2 "V+了+C_1C_2"和"V+C_1C_2+了"的异同

结构	句法特点					语义特点	语用特点
	主语	谓语	宾语	定语	补语		
V+了+C_1C_2	−	+	−	−	−	强调动作	用于描写
V+C_1C_2+了	+	+	+	+	+	强调结果	用于陈述

有了以上句法、语义和语用方面的详细说明,外国学习者就不会把它们混同起来。

(五) 量少原则

《高等学校外国留学生汉语教学大纲(长期进修)》中的初等语法项目一共185项,中等83项,高等108项。这么多语法项目在有限的时间内都学完,是不现实的。因此语法教学不能贪多。俗话说"贪多嚼不烂",这话同样适合汉语语法教学。杨德峰(2001a)指出,初级教材以每课两到三个语言点为宜,中级教材以四到五个为宜,高级教材以五到六个为宜。这虽然是针对教材来说的,但也同样适合于语法教学。课堂教学一节课一般只有四五十分钟,两节课加起来不超过一百分钟,在这么短的时间里,要让学习者学习和掌握很多语法点是不现实的。况且,语法的讲授不是目的,目的在于让学习者掌握和应用,而这就离不开大量的练习。大量的练习必然占用很多时间,因此这就决定了每次课不可能教授很多的语法点,"量少"也就成了必然。

那么每节课到底几个语法点合适呢？目前还缺乏相关的研究。根据我们的教学经验,在五十分钟的一节课中,初级水平的学习者一个比较合适,中级水平的学习者两个,高级水平的学习者,也不能超过三个。如果考虑到语法点的复杂性,中、高级水平学习者的语法教学数量还得适当地减少。

（六）组装为主原则

赵金铭(1994)指出:"给外国人讲语法,可以用分析的方式,更应该用组装的方法。"我们认为给外国人讲语法,应该是以组装为主,不应把重点放在句子的分析上,尤其是初级阶段。徐枢(1991)指出:"对外汉语教学主要不是为了分析,而是为了组装。"我们非常认同这一观点。教外国学习者学习汉语,就是要让他们能够根据汉语的语法规则,用所学的词语组装成句子,来进行交流,这就决定了对外国学习者的语法教学不是为了分析,而是为了组装。郑懿德、陈亚川(1991)有一个非常贴切的比喻:如果把对汉族学生讲语法比作引导学生看一座楼哪是卧室哪是客厅的话,那么对外国学习者讲语法就好比是教他们如何用零件摆积木,用砖瓦盖房子。这个比喻生动地告诉了我们汉语语法教学要坚持组装的原则。

要组装,必须了解组装的规则。规则说得越清楚,组装的时候就越容易,越不会出问题。目前汉语很多语法的组合规则,我们弄得很清楚,或是比较清楚,像表示概数的"多"和"来",吕叔湘(1984)归纳出了如下的格式:

1. …0,…00,…000,…0000＋来/多＋类别词/度量单位＋名
2. 1,2,3,4,…10＋度量单位＋来/多＋名
3. …1,…2,…,…9＋度量单位＋(来)/多＋名
4. …0,…00,…000,…0000＋来/多＋度量单位＋"重、长、大、厚"

5. (…)1,(…)2,…,(…)9,10＋度量单位＋来/多＋"重、长、大、厚"

这个"多"和"来"的使用规则,非常细,外国学习者按照这个规则组装的句子应该没有太大的问题。

再如"把"字句,它的组装规则也比较清楚:"把"的宾语是有定的,谓语动词必须是及物动词,而且必须带有其他成分,不能是光杆动词等,因此外国学习者按照这个规则一般能造出结构上正确的句子。

但是,还有很多语法的组装规则不清楚,或是不是很清楚,像动态助词"了",有些情况下必须使用,但有时可用可不用,有时却不能使用,哪些情况下必须使用,哪些情况下可用可不用,哪些情况下不能使用,目前搞得不是很清楚。正因为如此,在教授"了"的时候,我们不是能够说得很清楚,导致学习者用"了"时经常出现这样或那样的问题。

汉语还有大量的近义词,如"能"和"可以"、"还""又"和"再"、"正在""在"和"正"、"毕竟"和"到底"、"别"和"甭"、"不管""不论"和"无论"、"哪怕"和"即使"等,它们之间的异同大体上是清楚的,但是也存在一些说不清的地方,因此学生使用的时候有时也会出现问题。

总之,要想组装不出错,组装规则不仅要清楚,更要细,否则就会管不住,学习者就会造出各种各样的病句。

(七) 从形式到意义原则

徐枢(1991)指出"在对外汉语教学方面,则比较重视意念语义方面的内容,讲课时一般不是从形式到意义,而是从意义到形式"。赵金铭(1994)也指出,对母语为汉语的人讲语法,往往是先拿一个语法形式,然后说明它的语法意义。像汉语中一部分动词可以重叠,这是一个形式,重叠后表示一种轻微、尝试意义。然而对于一个想要用汉语来表达思想的外国人来说,情形往往相反,一般是先产生要表达的意义,然后选择适当的语法形式。比如要表达"动作、行为或性质、状态持续多长时间",在汉语中要选择时量补语的格式,句中要有表示时段的词,如"喝了两个小时""走了半个小时"等。他还指出:"外国人学汉语,类似说话人要把头脑中的意义转换成语言代码,这是一个由意义到形式的过程。"

我们认为,对外汉语语法教学主要是从形式到意义,特别是对于初学汉语或者非学历教育的学习者来说,更是如此。主要理由有以下几点。一是这些学习者的汉语水平很低或不高,语言能力非常有限,常常是听不懂,也说不好。从形式到意义,能够避免语言交流上的障碍,学习者通过对语法公式的观察,能够了解所学语法点的结构特点,从而造出正确的句子。二是语法教学是一个输入过程,而不是一个输出的过程。输出时是把头脑中的意义转换成语言代码,正如赵金铭所说,是一个由意义到形式的过程;但输入时,学习者头脑中并没有所学的语法方面的意念或概念,更不知道所学的语法形式,因此从意义到形式也就无从谈起。三是同一个意义往往可以有多种语法表达形式,比如说汉语的被动表达,既可以用受事主语句,也可以用"被"字句,还可以用"叫""让""给"等,如果从意义到形式,那么就会让初学者或水平低的学习者有无所适从之感,他们不知道到底用哪种形式,更不知道各形式之间的区别。对教师来说,同样面临着选择的问题,这么多表达形式,到底先教授哪个,后教授哪个?采用从形式到意义就能很好地解决这一问题。比如"被"字句,给出"S+被+O+V+其他"这种形式,并告诉学习者该句式表示"被动"的意思,学习者能够一下子抓住"被"字句的结构特点,再给出一些适当的例子,他们就能说出一些合格的句子来。再如"比"字句的否定,给出"A+没有+B+这么/那么+形容词"形式,告诉他们这个句式表示的意思,并给出几个相应的例句,就能让学习者了解和抓住这一句式的特点,通过一些操练,能够较好地掌握这一句式。

实际上,从形式到意义,差不多成了学界的共识。从1958年的《汉语教科书》,到现在的很多汉语教材,都或多或少地采用了句型教学方法,就是一个很好的证明。

(八) 对比原则

赵金铭(1994)指出:"给外国人讲语法,不能就事论事,只讲汉语本身。因为外国学习者的头脑中早已先入为主地有了其母语或所学外语的语法规律,他们会时时拿来比附。如果通过语际对比来讲,就会更加显露汉语语法的特点。只有突出汉语语法特点并讲透了,外国学习者才易于理解。"诚哉斯言!汉语语法的特点,就是语法规律的特异之处,而特异之处,必须通过比较才能显现出来。

汉语语法的特点是什么?学者们的看法不一。胡裕树(1979)认为有两个特点:缺乏严格意义的形态变化,单双音节对语法结构有影响。朱德熙

(1985)也认为有两个特点:一是汉语词类跟语法成分之间不存在简单的一一对应关系;二是汉语句子的构造原则跟词组的构造原则基本上是一致的。邵敬敏(2001)指出,汉语的特点是不依赖于严格意义的形态变化,而主要借助于语序、虚词等其他的语法手段来表示语法关系和语法意义。刘丹青(2010)认为汉语是动词型语言,英语是名词型语言,这在话语层面、小句层面、从属句层面、短语层面、词法层面和儿童语言习得的表现等方面都有具体的表现,例如:①

1. 话语层面

欢呼语:奥巴马! 毛主席万岁! 首长好!

请愿或号召的标语口号:Shorter working time!(缩短工时!)   Higher wage!(提高工资!)   Low tax!(降低税赋!)

指示牌禁止语:No photos(禁止照相)   No smoking(禁止抽烟)   No swimming(不准游泳)

自我介绍:A:John.(我是/叫约翰。)   B:Bill.(我是/叫比尔。)

2. 小句层面

I ate noddles, and he rice.(我吃了面条,他吃了米饭。)

Mr. Johnson is a famous doctor, and Mrs. Johnson his assistant.(Johnson 先生是一位名医,他太太是他的助理。)

3. 从属句层面

the voice against his plan(反对他计划的呼声)

guests from Hong Kong(来自香港的客人/从香港来的客人)

4. 短语层面

(to marry) a wrong man(嫁错了人)

(to eat) two more apples(再吃两个苹果)

5. 词法层面

英语核心基本名词大多有动词义项,而汉语名词绝大多数没有。例如:

He sheltered his study.(他给书房配上了书架。)

---

① 以下各例引自刘丹青(2010)。

Ruth Buzzi guesthoused with Bill Dodge.（Ruth Buzzi 跟 Bill Dodge 同住一家宾馆。）

连淑能（2010）也持类似观点，他指出，英语倾向于多用名词，常常通过动词的派生、转化、弱化和虚化等手段，采用非动词形式（如名词、介词、形容词、副词等）表达动词的意思，因而叙述呈静态，表现在名词化是英语的常见现象、用名词表示实施者代替动词（a hard worker = someone who works hard〔工作勤奋的人〕）、用名词代替形容词（Figure Control Problem〔保持优美身材的问题〕）、用形容词或副词表达动词的意义（Down with the old and up with the new〔破旧立新〕）等。汉语倾向于多用动词，表现在动词连用是汉语的常见现象，动词词组可以充当句子的各种成分，动词常常重复、重叠，因而叙述呈动态。

汉语的主语和谓语之间关系非常松散，主语和谓语之间不仅可以停顿，而且主语后头可以加上"啊""吧""呢"等语气词跟谓语分开。不仅如此，主语还可以易位，放在句子的末尾。英语有形式主语，汉语没有。英语句子有严谨的主谓结构，主语不可或缺，像 A friend has come here（来朋友了），It's eleven o'clock（十一点了）；汉语却常常没有主语，只要不引起误会，主语常常可以省略，如"（我们）周末去长城""（我）国庆节回国"。王力（1944）指出："西洋的语法通则是需要每一个句子有一个主语，没有主语就是例外，是省略。中国的语法通则是，凡主语显然可知时，以不用为常，故没有主语却是常例，是隐去，不是省略。"正因为如此，外国学习者受母语的影响，学习汉语时常常使用主谓完备的句子。

王力（1944）指出："西洋语的结构好像连环，虽则环与环都联络起来，毕竟有联络的痕迹；中国语的结构好像无缝天衣，只是一块一块的硬凑，凑起来还不让它有痕迹。"连淑能（2010）则进一步指出，英语是形合语言，造句时常用各种形式手段连接词、语、分句和从句，注重句子形式，注重结构完整和显性衔接，因此句子中常常使用关系词和连接词、介词等。汉语是意合语言，造句时少用或不用形式连接手段，注重隐性连贯。比如"吃食堂""吃大碗"等，译成英语一般都是"动词+介词+名词"。正因为如此，汉语的冗余度小，英语的冗余度较高。汉语说"他做作业""在下雨"，英语分别说成 He does his homework 和 It's raining，前者必须有 his，后者必须有 it。受此影响,英美学习者就会说出"他做他的作业""天在下雨"这样的不符合汉语习惯的句子。

对外汉语语法教学不仅要加强汉外对比,也要加强汉语内部语法形式的对比。随着外国学习者汉语水平的提高,他们掌握的语法点也越来越多,其中不乏大量的形近、义近的语法点,这些语法点外国学习者使用时常常容易混淆。因此,对外汉语语法教学也应加强语内对比。像"对"和"对于",外国学习者常常混用,主要是这两个词不仅词性相同,都是介词,而且语法意义也相同,都表示引介动作的对象。实际上这两个词有很大的不同,吕叔湘(1984)认为它们的不同主要如下:

表3 "对""对于"的不同之处

	用于人和人的关系	位于句中	与副词和能愿动词共现
对	＋	＋	＋
对于	－	－	－

可以看出,"对"和"对于"使用时还是有很大的差别的,只有通过对比,才能让外国学习者弄清楚它们的差别在什么地方,也才能保证在使用的时候不出现问题。

"差不多"和"几乎"是近义副词,辞书中多用它们互释,但杨德峰(2015)发现它们在语义、句法功能和语用上异大于同:

表4 "差不多""几乎"的异同

	语义		句法功能	语用
差不多	程度低	单用	修饰带可能补语的结构	用于口语
几乎	程度高	不单用	不修饰带可能补语的结构	用于口语、书面语

通过以上对比,能够让学习者真正明白"差不多"和"几乎"的异同,避免由于辞书等的误导出现混用情况。

汉语不但存在大量的近义词,也存在着不少近义结构。像"形容词＋动词"(如"认真学习")和"形容词＋地＋动词"(如"认真地学习"),就是两个近义结构,外国学习者也常常混用,实际上它们的功能有些区别,"认真地学习"有凸显"认真"的作用,而"认真学习"却没有这种作用。

汉语中的近义句式也不少，譬如"上海我去过"和"我上海去过"，都是主谓谓语句，组成成分完全相同，句意也大体相同，属于近义句子，但实际上它们是有区别的。杨德峰(2012b)指出，"上海我去过"是无标记句子，"我上海去过"是有标记句子，后面要有对比句。如果不对它们进行比较，学习者就很容易把它们混同起来，出现使用不当等问题。

（九）循序渐进原则

汉语的习得是有一定顺序的，赵德麟(1985)对32位不同母语的汉语学习者研究以后发现，有13个句法结构或语法词的习得顺序几乎完全相同。杨德峰(2001a)指出，教材编排语法点时应该尽可能做到循序渐进，即哪些语法点应该先出现，哪些语法点应该后出现，要大体体现出语言习得规律。语法教学同样应该如此。比如说"是"字句和"把"字句，毫无疑问应先教前者，后教后者，因为从教学实践来看，前者要比后者容易得多。单句和复句相比，单句容易，而复句要复杂，它牵涉到两个或两个以上分句的配合，而且还有关联词语的使用等问题，因此，前者比后者容易，而且前者是后者的基础，所以应先教前者，后教后者。即使是组成成分相同的单句，它们也有难易之分，例如：

1. AVO　我去上海。
2. OAV　上海我去。
3. AOV　我上海去。

沈家煊(1999)指出，1是无标记句，3是有标记句，从1到3标记程度越来越高。实际上，第一个句式是常规句，使用没有什么条件的限制；第二个句式是主谓谓语句，它的使用有条件的限制；第三个句式也是主谓谓语句，使用限制更多。从使用频率上来看，以上三个句式由上到下，是递减的；但从难度上来看，由上到下，则是递增的。因此应先教第一个句式，后教第二个、第三个句式。

即便是同一个句式，也有难易程度的区别，如"把"字句，高小平(1999)把它分成12个句式：

a. 主＋把＋名词＋介宾补语

b. 主＋把＋名词$_1$＋动词＋名词$_2$（名词$_1$、名词$_2$是双宾语，或者名词$_2$是与事宾语）

c. 主＋把＋名词＋动词＋数量补语

d. 主＋把＋名词$_1$＋动词＋名词$_2$（名词$_2$是名词$_1$的结果，或者名词$_2$是系事宾语）

e. 主＋把＋名词＋动词＋了

f. 主＋把＋名词＋动词＋趋向补语

g. 主＋把＋名词＋动词＋结果补语

h. 主＋把＋名词＋状语＋动词

i. 主＋把＋名词＋动词＋情态补语

j. 主＋把＋名词＋动词＋(了/一)动词

k. 主＋把＋名词＋动词＋着

l. 主＋把＋名词$_1$＋动词＋名词$_2$(补语)

她发现，这些句式从上到下，难度越来越大，也就是说 a 最容易，l 最难，因此教学中应先教 a，后教 l。

（十）精讲多练原则

第二语言的获得是"规则的学习"（认知主义心理学所强调的）与"习惯的养成"（行为主义心理学所强调的）两方面的结合。反映在语法教学中需要正确地处理讲和练、知识和技能的关系。

"精讲"是对教师而言的，语法知识不能不讲，适当的语法规则的介绍，对成年人学习第二语言是必不可少的，但要讲得少而精。能够一句话讲解明白的，就不要用两句话；学习者能够通过例句弄明白的，就不一定非得讲。讲解的方法我们提倡归纳法，但也不排除演绎法。"多练"是指学习者在课上、课下要进行大量的练习。众所周知，语法不是教会的，而是练会的。美国教育心理学家 Thorndike(1898)曾提出三条著名的学习律，第二条就是练习律，他非常强调大量练习的重要性。练习方法提倡综合性、交际性练习，但也不排除单项练习。

三、各原则的作用

以上各原则并不是处于同等的地位，也就是说有主次之分，它们所起的作用也不一样。教学语法原则规定了对外汉语语法教学的内容和性质，针对性原则突出了教学的主体,它们都是宏观性的原则,是大原则或总原则。坚持了这些原则,语法教学就不至于迷失方向。

急用先学原则、"三个平面"相结合原则、量少原则是针对语法教学内容的选取、教学的具体内容以及教学内容的数量的原则,它们明确了语法教学的具体对象、内容和数量。坚持了这些原则,就能使针对性原则得到很好的落实,是针对性原则的进一步细化。

组装为主原则、从形式到意义原则、对比原则、循序渐进原则、精讲多练原则是针对语法教学的方法的,它们规定了语法教学的一些方法。有了这些原则,语法教学的内容才能得到很好的落实,学习者也才能很好地掌握所学的语法点,提高语法水平和汉语水平。

总之,只有把这些原则都贯彻到位了,语法教学才能真正落到实处,也才能取得很好的教学效率和效果。

第六讲　汉语语法教学方法

一、教学方法的重要性

任何教学都离不开教学方法[①],好的教学方法不仅能够提高教学效果,更能够提升学习者的学习兴趣。周健(2009)指出:"外国学生本来具有'汉语难学'的看法,如果再一味地强调刻板严肃、满堂灌输、死气沉沉、缺乏幽默感的课堂教学,他们就会产生难上加难的感觉了。但如果教师能够采用有趣性的教学技巧和课堂游戏,沉闷乏味的教学是完全可以改变的。"

目前,语言教学虽然进入了"后方法"时代,但正如库玛(2013)所指出的,"后方法"不是"没有方法",而是教学方法更趋多元化。从这个意义上来说,了解汉语语法教学的方法还是非常必要的,对于新手教师来说,更是不可或缺。

二、语法教学主要方法

对外汉语教学从 1950 年开始到现在,已经走过了 70 个春秋。70 年来,对外汉语教学已由当初的语言培训,发展成为一门独立的学科。经过半个多世纪的摸索、借鉴、吸收和积累,汉语语法教学已形成了丰富、实用、独特的教学方法体系,正如赵金铭(2002)指出的:"说到语法教学方法,在长期的教学实践中,我们积累了丰富的经验……"汉语语法教学主要有如下方法:

(一) 公式法

所谓公式法,是把一些语法现象用公式进行表示,使这些语法项目的使用情况,特别是结构特点,变得直观、简洁、明了。这种方法20世纪50年代

---

① 本书的"教学方法"既包括"教"的方法,也包括"练"的方法。

的《汉语教科书》就使用了,这本教材在讲授"兼语句"时,采用的就是这种方法:

```
主语—动词—兼语—兼语的谓语
        └——谓语————┘
```

后来的很多教材都或多或少地使用了这种方法,像"被"字句,《汉语教科书》(1974)采用的公式是:

$$主语—\begin{matrix}被\\让\\叫\end{matrix}—宾语—动词结构$$

《汉语初级教程》"把"字句也采用了公式法:

主—"把"—宾—动—其他成分

早期的公式,主要还是用文字来表述一些关键词,而且常常使用一些专业术语,虽然比较简洁,但是也"节外生枝",给学习者制造了专业术语理解上的困难,因而不可避免地会影响教学效果。

《初级汉语课本》是第一本大量采用公式法进行教学的教材。该教材一共总结了83个句式,像"把"字句,其公式是:

$$S\,|\overline{\,\,\,\,\,\,\,\,\,\,\,\,\,\,\,\,P\,\,\,\,\,\,\,\,\,\,\,\,\,\,\,\,}\\把+O_V+V-RC+O_{RC}$$

《初级汉语课本》使用的公式中都用了字母代码,如主语用 S,谓语用 P,宾语用 O,结果补语用 RC 等。这种公式显然要比用文字表述前进了一步,具有很强的针对性,但也有另外一个问题,就是字母太多、太复杂,而且受结构主义的影响,还体现了层次分析的思想,把问题搞得有些复杂化了。

还有一种公式法,相对要简洁一些,《新实用汉语课本》的"把"字句采用下面的公式:

$S+把+O_{把}+V+到/在/成+O$

这种公式,使用的字母比较少,把句子的典型特征提炼了出来,不仅直观,而且简洁、明了。

公式法适用面非常广,任何语法点,都可以采用公式法进行概括。下面这些公式都是常见的公式:

$S+有点儿+A$

$S+A+一点儿$

S＋Adv.＋A(她很漂亮。)

S＋A＋是＋A(今天热是热,但是风很大。)

S＋把＋O＋V＋……(我把书还给图书馆了。)

S＋被(＋O)＋V＋……(苹果被弟弟吃完了。)

S＋在＋N＋V＋O(我们在食堂吃饭。)

S＋V＋O＋V＋得＋……(姚明打篮球打得很好。)

S＋太＋A＋了(烤鸭太好吃了!)

S＋V_1＋O_1＋V_2＋O_2(我们去超市买东西。)

S＋V＋O_1＋O_2(我给他一本书。)

S＋比＋O＋A(我比他高。)

使用公式法进行教学,一般是先给出一个公式,然后给出几个例句,例如"把"字句,教学过程如下:

公式展示:S＋把＋O＋V＋……

例　　句:(1)你把书放在桌子上。

(2)他把笔还给我了。

(3)老师把作业发给我们了。

(4)我把车开到学校门口。

之后老师领读句子,或者让学生读句子,让学习者体会"把"字句的用法,从而掌握"把"字句,并为运用"把"字句打下基础。

使用公式法应该注意以下问题:一是所用字母应该是通用的;二是同一个句法成分或词语使用的字母要有一贯性,不能时而使用这个字母,时而使用那个字母,否则容易造成混乱;三是用字母提取的成分要有代表性,应该是一些关键词或标记词;四是公式要尽量简洁,不能太复杂,否则就失去了公式的意义。

公式法是从形式到意义的语法教学原则的具体体现。这种教学方法虽然很简洁,能够让学习者比较容易地抓住所讲语法现象的特点,但是其不足之处也是显而易见的:只重形式,脱离了语法项目或语法点使用的语境,学习者常常不知道在什么情况下使用。

(二)语境法

所谓语境法就是把语法学习放在语境中进行,这实际上是为了弥补公式法这种教学法的不足。公式法尽管很清楚地展示了某一语法项目的结构特点,但是该语法项目或句子在什么语境中使用,其前文、后文各是什么,不得而知,因此具体到篇章中时,学生还会出现问题。结合语境教学就可以避免这一点,因为它是把某一语法项目放在一定的语言环境中进行学习,比如说,在讲授"这是……""那是……"时,就可以充分利用课堂环境:

老师(拿起笔):这是什么?

学生:那是笔。

老师(指着大卫的书):那是什么?

学生:那是大卫的书。

通过在这样的语境中的学习,学习者不但知道了"这是……""那是……"语法结构的特点,更重要的是知道了这些句子使用的具体语境。

再如"S+有点儿+A",同样可以让学生在语境中学习、掌握。教学时可以用PPT展示一张卡通画(也可以画一个卡通画),让学生用"S+有点儿+A"挑毛病,学生就会根据情景自然说出很多诸如"……有点儿大""……有点儿小""……有点儿胖""……有点儿瘦""……有点儿长""……有点儿短"之类的句子。

"动词+趋向补语"也同样可以用语境法进行教学。《不见不散》电影中就展示了这种教学方法,上课的时候老师扮演成警察,然后发出口令,让学生听口令做动作:

老师:站起来! (学生从座椅上站起来。)

老师:举起手来! (学生把手举起来。)

老师:趴下! (学生趴在地上。)

老师:拿出你的护照来! (学生拿出护照。)

语境法可以充分利用课堂或课堂周围的环境来进行语法教学,这种教学具有直观性、真实性,而且具有交际性,能够起到事半功倍的效果。如,学生上课的时候都喜欢带矿泉水或软包装饮料,我们就可以利用这一"景点"大做文章。在学习"与其……不如"这一句法格式时,就可以提出"你为什么老喝矿泉水?为什么不喝别的饮料?"这样的问题,学生自然会说"与其喝软包装饮料,不如喝矿泉水,因为矿泉水对身体更好"之类的句子。

利用课堂环境进行语法教学是一个行之有效的办法,不过在实施的时候也有一些局限性,即环境太小,景物太少。要充分利用好课堂这一环境,要求授课前必须做好充分准备,把可能利用的情景都尽量预想到。另外,还要求授课老师有一定的应变能力,即要善于利用课堂上出现的一些新情况来组织课堂教学,使课堂中的一景一物都能成为教具。

(三) 归纳法

库玛(2013)指出,语法教学的本质是为了帮助学习者发现语法规则是什么,这是归纳法的立足点。他还指出,归纳法教学很适合激活学习者的直觉启发。在归纳法教学中,学习者有机会在语境中多次接触到同一个语法结构或语言表达。Rivers(1964)认为:"在这些语境中,我们可以观察到它与语言布局的关系,而它的意义(结构上的、词上的和社会文化上的)也可以从不同情景中的使用上归纳出来。"(库玛 2013)在讲语法的时候,教师不必什么都告诉学生,因为我们面对的毕竟是成年人,他们思维发达,有丰富的相关语言的语法知识等,有的还有较好的语法基础,应该充分利用这些优势,来提高学习汉语语法的效率。

归纳法具有广泛的适应性,无论是词语,还是句子、复句,都可以利用归纳法进行教学。从教学对象来看,不仅适合于初级水平的语法教学,更适合于中高级阶段的语法教学。例如"各"和"每",学生常常搞不清楚,我们可以设计下面的例句来进行教学:

(5) 各国都有留学生。——每个国家都有留学生。

(6) 各省都有留学生。——每个省都有留学生。

(7) 各校都有留学生。——每个学校都有留学生。

(8) 各班都有留学生。——每个班都有留学生。

通过这些例句,学习者就很容易发现以下语法规则:"各+名词""每+量词+名词"。

再如形容词重叠式,也可以用归纳法进行教学。教学时,可用 PPT 或在黑板上展示这样的例句,重叠式都加线标出来:

(9) 这个孩子的眼睛大大的,很漂亮。

(10) 他的个子高高的,很帅。

(11) 这个菜甜甜的,很好吃。

(12) 教室里暖暖和和的,外边很冷。

（13）这个房间干干净净的，那个不干净。

然后让学生朗读句子，之后让他们指出形容词的重叠式有几种形式，他们自然就会发现有两种：一个汉字的是 AA 式，两个汉字的是 AABB 式。

为了让学生明白哪些形容词可以重叠，哪些不能重叠，同样可以用归纳的方法。教学时，可用 PPT 或在黑板上展示下面几组例句：

（14）a. 桔子甜甜的，很好吃。

　　　b. *药苦苦的，不好吃。

（15）a. 他的眼睛大大的，很好看。

　　　b. *他的眼睛小小的，不好看。

（16）a. 这件衣服干干净净的，不用洗了。

　　　b. *做饭麻麻烦烦的，我不做饭。

（17）a. 教室里暖暖和和的，在这儿学习吧。

　　　b. *刚来中国，我孤孤独独的。

让学生朗读正确的句子，然后让他们讨论为什么句子 a 都可以说，句子 b 都不能说，他们就很容易发现句子 a 中的形容词都是好的，句子 b 中的都是不好的。

归纳法不但教学时可以使用，教材中同样可以使用，《汉语初级教程》就大量采用这种方法。像"把"字句，教材首先给出下面的例句：

（18）她把门和窗户都开着。

（19）她把这件事忘了。

（20）我要把这个桌子搬走。

（21）他想把每本书都看一遍。

（22）他没有把相片送给我。

（23）他不愿意把椅子放在这儿。

（24）他把字典带来了吗？

（25）他把宿舍收拾得干干净净的。

（26）他要给我们把情况介绍介绍。

通过上面的例句，教材对"把"字句的用法进行了归纳：

"把"字句的语序是：

主—"把"—宾—动—其他成分

"把"字句有以下几点应注意:

① 谓语动词是及物的,并能在意义上支配、影响"把"后边的宾语。宾语一般是有定的人或事物。

② 谓语动词后带其他成分:助词[例(18)(19)][①]、各种补语[例(20)(21)(22)(23)(24)(25)]等,至少动词本身重叠一下[例(26)]……

③ 能愿动词放在"把"前,不能放在动词前[例(20)(21)]。

④ 否定副词"不"或"没有"放在"把"前,不是动词之前[例(22)];若有能愿动词,放在能愿动词前[例(23)]。

归纳法虽然能够充分调动学生积极思考,发挥学生的主观能动性,但是要使用得当,必须注意以下问题:一是例句中不能出现新词语,更不能出现新的语法点,否则就会为新的语法点的学习设置不必要的障碍,分散学生的注意力;二是例句应该具有代表性,能够充分体现该语法点的特点,特别是结构特点;三是例句最好有上下文,能够清楚地显示该句子的意思。

(四) 演绎法

库玛(2013)指出,在典型的演绎式语法教学中,教师往往先向学习者展示一套语法规则,并做清晰的解释,然后给学习者机会练习熟悉这些规则。在充分训练后,学习者需要在口头和书面上运用这些规则。它长期以来一直是教师和学习者所追求的方法。这个方法有某些优点,许多成年的二语学习者,特别是那些常常喜欢用分析的思路学习语言的人,欢迎对语法规则做详尽的描述和说明,这样就能有意识地去分析规则,理解语言系统的运作方式。比如说句末"了",可告诉学生"了"用在句子的末尾,表示变化,并给出下面的例句:

(27) 下雨了。

(28) 刮风了。

(29) 下课了。

(30) 吃饭了。

领读这些例句之后,可让学习者进行口头或书面的练习。

教材中也常采用演绎法进行教学,如"数量词重叠",《汉语教科书》

---

① 本书对原书的例子进行了重新排序。

(1974)采用的就是演绎法:

数词可以和量词一起重叠,有三种方式。

1. 数词"一"加量词重叠,表示人或物排列整齐。例如:

(31) 体育馆里坐满了一排排的观众。

(32) 大白楼大队盖起了一座座新房。

有时还表示"全部"毫无例外的意思。例如:

(33) 村里的青年一个个参加了八路军。

(34) 他们把王老汉的梨树一棵棵都砍了。

2. 数词和量词一起重叠,表示按顺序进行,最常见的数词是"一"。例如:

(35) 哥哥帮助弟弟一课一课地复习了课文。

(36) 我们两个两个地走进教室。

3. 数量词和后边的名词一起重叠,也表示按顺序进行。例如:

(37) 姐姐一个字一个字地教妹妹写汉字。

演绎法在语法教学中被广泛地应用,是一种最常见的语法教学方法。杨德峰(2019a)统计发现,11 部国内非常有影响的教材都使用了这种方法。不过演绎法语法教学的实用性同时受到理论语言学家和应用语言学家的质疑。乔姆斯基(1970)坚信一个人是无法超越最基本要素,只通过"解释和说明"就能学习第二语言的语法结构的。因为没有人对这个结构拥有可以提供解释和说明所需要的充分而清晰的知识。它极少鼓励师生之间的互动,几乎不支持学生间的交流。另外,一旦一条语法按规则被清晰地描述出来,学习者就会很自然地不去思考它潜在的基本原理,这会导致知识肤浅,而不去对规则做彻底的理解。(库玛 2013)

(五) 对比法

对比法就是把所学的语法项目与某一类似的语法项目加以比较,指出其相同或不同的地方,以避免混淆。根据比较对象的不同,对比分为语际对比和语内对比两种。

语际对比就是在语法教学中,有意识地把汉语的某一个语法项目与学习者母语中类似的语法项目进行比较,指出它们的异同,从而避免学习者因母语的负迁移而出现语法偏误。比如说在教授"形容词谓语句"的时候,应该明确告诉学生,汉语的形容词做谓语,形容词前面不加"是",一般不用相当于英语 is,am,are 一类的系动词,也没有相当于日语"です"之类的断定助动词。

再如在教授"在+地点名词"的时候,应该告诉学生汉语的"在+地点名词"可以在动词前面,也可以在动词后面,不像英语一定在动词后面。

汉语的"一点儿"相当于英语的 a bit,教材的词汇表中一般也是这么翻译的,因此学习者常常把它们等同起来,出现以下偏误:

(38) *饺子一点儿好吃。

(39) *今天一点儿热。

如果在教学时采用对比的方法,告诉学习者汉语的"一点儿"与英语的 a bit 用法上的异同,学习者就会少出现或不出现这样的偏误。

通过比较,学习者能够搞清目的语的某一语法项目与母语的某一语法项目到底什么地方不同,什么地方相同,从而在使用的时候能够有意识地避免用母语的语法规则去替代目的语的语法规则。

语内对比是指在教学时要有意识地把所学的语法项目与已经学习过的相似的语法项目进行对比分析,指出它们的异同,从而避免学习者混用、误用。比如说"常常"和"往往",学习者常常混用,出现这样的偏误:

(40) *她往往说谎。

(41) *玛莎往往去香港购物。

如果我们在教授"往往"的时候告诉学习者,"常常"和"往往"都表示某种事情或行为动作经常出现或发生,但"往往"前面一定得先说出某种前提条件,说明在某种条件下,某种事情或行为动作经常出现或发生,而"常常"则没有这个限制(陆俭明 2018),学习者就会避免出现上面的问题。

再如"以后"和"后来",学习者也常常相混,例如:

(42)(明天我们先去故宫,)*后来再去天坛。

(43)(下周六我们毕业)*后来回国。

要解决这一问题,必须把这两个词进行对比,指出它们的相同点和不同点。

相同点:

1."以后""后来"都表示某一时间点以后的一段时间。

2. 都可以单用：

(44) 以后，不许再迟到了。

(45) 我们两年前见过一次面，后来，就再也没见过面了。

不同点：

1. "以后"可用于名词、动词后面；"后来"不行。例如：

(46) 春节以后，就开学了。

(47) 吃饭以后，我们出去散步。

2. "以后"可以用于过去、现在、将来，"后来"只能用于过去。例如：

(48) 大学毕业的时候我去过一次天安门，后来(以后)再也没去过。

(49) 明天先去长城，参观完长城以后再去颐和园。

通过这种对比，学习者就能搞清楚"以后""后来"的区别，避免出现混用情况。

对比的时候，切忌采用罗列的办法来说明两个语法项目的异同，否则学生觉得很繁杂，也不容易记忆、复习。最好通过表格来进行展示，如"以后""后来"，就可以使用下面的表格：

表1 "以后""后来"的异同

	某一时间点之后的一段时间	单用	用在名词、动词后	现在、将来	过去
以后	＋	＋	＋	＋	＋
后来	＋	＋	－	－	＋

表格简单、明了、直观，便于清楚地了解它们的异同，也更有利于记忆、复习。

(六) 变换法

陆俭明、沈阳(2004)指出，变换法是一种语言分析方法，这种分析方法的客观依据是句法结构的相关性。变换分析的最直接的作用是可以有效地分化歧义句式。变换法同样可以用到语法教学中去，利用结构之间的转换关系来教授新的语法。采用这种方法有两个好处：一是可以以旧带新，降低难度和门槛；二是可以建立新旧语法点之间的联系，使得所学习的语法构成一个系统，以加强记忆。像在讲授"可能补语"的时候，就可以以趋向补语和结果补语为基础。其步骤如下：

复习趋向补语和结果补语：

(50) 拿出来

(51) 放进去

(52) 听懂

(53) 学会

之后告诉学习者新的语法点是"可能补语"，它们是在趋向补语和结果补语的前面加上"得"或"不"，并做如下的变换：

(54) 拿出来→拿得出来/拿不出来

(55) 放进去→放得进去/放不进去

(56) 听懂→听得懂/听不懂

(57) 学会→学得会/学不会

然后进行一些练习，学习者就很容易掌握可能补语的结构，并非常清楚它与趋向补语和结果补语的异同。

再如"把"字句，可以用主谓句进行变换。具体步骤如下：

复习主谓句：

(58) 我吃完了饭。

(59) 他写完了作业。

(60) 她洗完了衣服。

然后告诉学习者，新的语法点是"把"字句，它和已经学过的句子的关系如下：

(61) 我吃完了饭。

我把饭吃完了。

(62) 他写完了作业。

他把作业写完了。

(63) 她洗完了衣服。

她把衣服洗完了。

通过这种变换，学习者也很容易明白"把"字句与主谓句之间的关系，而且能够知道"把"字句是怎么来的，之后通过大量的练习，就比较容易掌握"把"字句了。

也可以用受事主语句变换出"把"字句:
首先复习已经学习过的受事主语句:

(64) 作业写完了。

(65) 饺子卖完了。

(66) 衣服洗干净了。

之后,告诉学习者新的语法点"把"字句是在原来学习的句子的主语前加上"把"即可:

(67) 作业写完了。→把作业写完了。

(68) 饺子卖完了。→把饺子卖完了。

(69) 衣服洗干净了。→把衣服洗干净了。

然后通过练习,也比较容易掌握"把"字句的结构。

"被"字句也可以运用这种方法。先复习主谓句:

(70) 我吃了苹果。

(71) 他拿走了包子。

然后告诉学习者,新学的"被"字句是把"苹果""包子"放在句子前面,"我""他"前面加上"被":

(72) 我吃了苹果。
    苹果被我吃了。

(73) 他拿走了包子。
    包子被他拿走了。

最后,通过大量的变换练习,就能让学习者掌握"被"字句的结构特点。

变换法应用比较广,除了以上语法点之外,"主谓谓语句""S+是+adj.""是……的"等也可以使用这种方法。

(七) 翻译法

语法翻译法是古老的教学法流派,盛行于18世纪末,代表人物是奥伦多夫(H. G. Ollendoff)。这种流派主张教授语法学家确定的"规范"的语言,注重书面语,语法的讲解不但注重规则的东西,也注重不规则的东西,教学方法以翻译为主,通过大量的笔头翻译和写作练习来检验语法规则的掌握情况。汉语语法教学也可以采用这种翻译的方法来进行。钟梫(1985)指出:"过去我们使用的是翻译法,教员讲,翻译同志在旁边翻译。"50年代的语法教学,在入门阶段的前7周时间内,采用的是边讲边翻译的方法。(李培元1987)翻译法可以有两种做法,一种是从母语出发,通过把母语翻译成汉语来学习汉语语法。像"形容词谓语句",可以先给出下面的例句:

Today is hot. →

今天 很 热。

然后教师做适当的讲解,指出汉语和英语的词语的对应关系:today 相当于汉语的"今天",is hot 相当于"很热",并特别指出,英语的 is 在汉语中不翻译,但"热"之前要有"很""非常"之类的程度副词。

之后,让学习者据此翻译下面的句子:

(74) She is beautiful. →

(75) This classroom is big. →

(76) The apples are small. →

(77) We are tired. →

学生翻译后,教师可根据学生翻译中存在的问题,进行有针对性的讲解,或者纠正,或者提醒,最后再对翻译时或使用时要注意的问题进行总结、归纳。

再如"连……都"句,同样可以采用翻译的方法,首先给出一个示范句:

(78) My mother can cook many national dishes, even Chinese food.

妈妈 会 做 很多 国家的 菜, 连 中国菜 都会。

教师通过这个例句,做一些讲解:even 相当于汉语的"连",Chinese food 是"中国菜",can cook 相当于"都会",并要着重指出,英语的后一个 can cook 要省略掉,汉语中必须说出来,不能省略。

然后给出一些例子,让学习者进行模仿翻译:

(79) He has eaten a lot of Chinese food, even Sichuan food. →

(80) I have been to many places, even Tibet. →

(81) I can speak many languages, even Chinese. →

翻译后,同样要对翻译中存在的问题进行讲解,提醒学习者要注意翻译和使用中的问题。

也可以反其道而行之,从目的语出发,通过把目的语翻译成母语,来学习目的语的语法,其程序与前一种大体相同。像"比"字句,就可以用这种方法进行教学。首先给出一个示范句：

(82) 今天比昨天热。→
　　　Today is hotter than yesterday.

之后,教师对该示范句进行讲解,并特别提醒"比昨天"要放在形容词前面,而不是像英语那样放在后面。

然后给出一些例句,让学习者去翻译：

(83) 今天比昨天冷。→

(84) 他比我高。→

(85) 这本书比那本贵。→

最后,教师对翻译中出现的问题进行总结和分析,提醒学习者应该注意的问题等。

翻译法能够让学习者了解目的语和母语语法上的异同,能够最大限度地利用母语的正迁移,减少母语的负迁移,从而避免出现由于母语负迁移出现的语法偏误。但这种方法也有很大的局限性。首先受到学习者母语的影响,如果一个班学习者的母语是单一的,那么教学才能进行,否则就没法进行。其次,对教师的外语要求比较高,教师必须精通某一门外语,才能胜任。最后,这种方法最大的问题是把学习者的注意力放在语言的结构上,而不注重语言的交际运用。

(八) 示范法

所谓示范法,就是教师通过动作演示,让学习者了解汉语语法的特点,从而掌握汉语的语法。比如说"把"字句,学习者很难理解和掌握它的用法,为了让学习者直观地了解"把"字句的使用特点,可以通过示范的办法来进行教学。教学前,教师可准备一些教具:杯子、钱包、银行卡、手机等。教学时,告诉学生要学习的"把"字句中"把"本来的意思是"抓""握",之后让学生观察老师的动作和老师怎么说：

教师一边抓住杯子,并把杯子拿起来,一边说"老师把杯子拿起来了"。

然后教师一边拿起钱包,把银行卡从钱包里拿出来,一边说"老师把银行卡拿出来了"。

之后,再一边拿起手机,放进书包里,一边说"老师把手机放进书包里了"。

通过这样的示范,一方面让学习者明白了"把"的意义,另一方面也明白了"把"字句的意义:通过"抓住""握住"某一东西,使之发生位移上的变化或出现某种结果,而这正是"把"字句的功能。(张旺熹 2001)

趋向补语教学时,学习者常常搞不清楚"来""去"的趋向意义的区别,采用示范法,就能较好地解决这一问题。教学前可准备一根长绳子,教学时先在黑板上或 PPT 上展示要学习的趋向动词"进来、进去、出来、出去"等,让学习者熟读这些词语,并了解它们的意思。之后,教师让学生都到教室前面来,教师把带来的绳子首尾相接,在教室前面的地上摆成一个圆圈,并让学生围站在圈外。一切准备就绪后,教师开始示范:

教师走进圈里,并说"老师进去了",同时让学生也说"老师进去了"。之后,教师出来,要求每位学生都重复老师的动作,并说出"我进去了",别的同学则说"某某进去了"。

这一过程结束后,教师再重复这一动作,并重复"老师进去了"。之后,教师一边从圈里出来,一边说"我出去了",并告诉学生他们应该说"老师出来了"。然后,让每个同学重复老师的动作和"我出去了"这个句子,而圈外的同学则重复说"某某出来了"。

通过这样的示范、演示,学生能够直观地体会到趋向动词的方向意义,并能较好地掌握它们的用法。

示范法虽然很直观,能够实现师生互动、生生互动,也有一定的语境,但是适用面比较窄,只有动作性强的语法项目才可以使用,而这样的语法项目非常少。

(九) 替换法

替换法是语言学里最基本的一种分析方法。它是指一个语言组合里一个成分替代另一个成分的过程。(陆俭明、沈阳 2004)这种分析方法同样可以运用到语法教学中去。譬如"动词谓语句",就可以采用替换的方法。在黑板上板书或在 PPT 上准备下面的例句:

(86) 我　　吃　　饭。
　　　他　　　　　苹果
　　　弟弟　　　　饺子
　　　妹妹　　　　包子
　　　妈妈　　　　面条

之后让学习者朗读这些句子,并领会这些句子的意思,从而达到掌握动词谓语句的目的。

再如"有点儿",同样可以采用替换的方法。事先在黑板上板书或在PPT上准备如下例句:

(87)今天　　有点儿　　热。
　　我　　　　　　　　累
　　教室　　　　　　　脏
　　这个菜　　　　　　辣

然后让学生朗读这些句子,并领会"有点儿"的用法,从而掌握它。

替换法适用范围很广,操作起来也很方便,它注重语法知识的了解和掌握,能够强化某一语法的特点,但是比较机械,不能充分发挥学习者的主观能动性,更重要的是缺乏交际运用。这种方法比较适合于思维不够发达、理解力比较低的儿童、小学生等。

(十)游戏法

语法学习比较枯燥,对年龄较小的中小学生,如果大讲特讲语法,久而久之就会使他们对语法产生厌烦情绪,甚至对汉语学习失去兴趣。即便是成年人,也会感到很乏味。因此,应针对人们好玩儿的特点,利用一些有趣的方法进行教学,以便让学生在"玩儿中学",寓教于乐,从而取得较好的学习效果。下面就介绍一些常见的游戏教学法。

1. 比大小

教师准备一副扑克牌(分成若干摞),课堂上把学生四个四个地分成几个组。每组中两两自由配对,同一对学生坐在各自的对面,之后,轮流抓牌,比一比谁的最大,要求每个学生出牌的时候都用"……比……大/小"说话,如:

(88)我的比你的大。
(89)我的比大卫的大。
(90)你的比我的小。

谁的最大,别人的牌就归谁,最后看谁赢的多。谁赢的多,谁就是胜利者,给予奖励。

2. 掷色子比赛

学习数字时,可准备一个色子,学习完数字后,让同学们围在一起,进行掷色子比赛,轮流掷色子。每个学生掷完色子后报出数字,看谁掷的数字大。谁的大,谁就赢了。

3. 大家一起排队

教师把学生全部叫到教室前面来,让学生按高矮排队。老师先叫一个学生站在最前面,然后让第二个学生走到他/她跟前,跟他/她比一下,并问"谁高",让学生用"……比……高/矮"来回答。如果第二个学生比第一个高,就站在第一个的后面,否则就站在前面。依次进行,直到排好队为止。

4. 布置房间

教师把各种家具(包括电器)做成图片,让每个学生抽出一张。之后,教师再把一套房子的平面图画在黑板上,接着问一个学生"你拿的是什么家具",并告诉学生"请把……放在卧室里",学生则按照老师的指令,把图片粘在相应的地方,依次进行,直到每个学生手里的卡片都粘上黑板为止。为增加趣味性,也可以教师先示范,之后让学生发出指令。通过这种方法,让学生学习、练习"把"字句的用法。

5. 老鹰抓小鸡

全班同学玩老鹰抓小鸡游戏,通过这个游戏,让学生学习、练习"动词+结果补语"以及"被"字句(抓住、放开、被……)。做游戏时,被抓住的同学不能再参加游戏了,老师问同学们"他为什么不能跟我们一起玩儿",要求学生用"他被老鹰抓住了"来回答。每抓住一个学生,就问一次,直到游戏结束。

6. 一起画画

学习了"AA的"以后,可把学生分成男女两组,进行画画比赛。每组选出一个画画基础较好的学生到黑板上去画,该组的其他学生轮流用"AA的"发出指令。比如说,一个学生说"她的脸圆圆的",画的学生就在黑板上画一张圆圆的脸;下一个学生说"她的眼睛大大的",画的学生就画两只大大的眼睛。直到一幅完整的人物肖像画完整为止,看哪组学生画得好。画完后,再请画画的同学对自己画的画用"AA的"描述一遍。

7. 一起改画

在学习"有点儿＋A"和"A＋一点儿"时,教师故意在黑板上画一张毛病很多的画,让大家用"A＋一点儿"提出修改意见,并让一个画画较好的学生去修改。比如说,一个学生说"头有点儿大,小一点儿",画的学生就把头改小一点儿。为达到充分练习的目的,教师应要求每个学生都要提意见,直到把画改好为止。

8. 拼凑句子

复句教学时,可采用这种方法学习、练习复句的两个分句意义上的内在联系。具体做法是:教师事先准备一些小纸条,学习完某一个复句后,如"因为……所以……",把纸条发给每一个学生(一人一张),要求一半的学生(可按男女分,也可按左右、前后分)在纸条上写出"因为……"句,另一半的学生写出"所以……"句,之后任意挑选两个学生,让写上半句的学生先念自己写的句子,再让写下半句的学生念自己写的句子,然后问学生们是否成立。如果不成立,让出现错误的学生再说一个句子,直到完全匹配为止。如果该生不能迅速说出一个新句子,也可让其他学生帮他/她说出一个新的正确的句子。

9. 拼句子比赛

事先把含有学习过的语法点的句子写在纸条上,然后用剪刀把句子以词语为单位剪成一张张小纸条。上课时把学生分成两个组,每组一起拼句子,拼完后,让每组念一下自己拼的句子。哪组先拼完,并且拼对了,就算哪组赢。

三、教学法使用时应注意的问题

语法教学方法虽然很重要,但是如果运用不当,或者盲目追求教学方法,也会适得其反,达不到好的教学效果。教学中我们经常发现,同一种教学方法,有的教师使用起来效果很好,但是有的教师使用时效果却并不好;这门课使用时教学效果比较好,而那门课的教学效果则不太好。这种情况的出现并不意味着某种教学方法不好,而是教学方法使用不当。

使用语法教学方法时应注意以下问题。

(一) 教学对象的特点

教学对象不同,采用的教学方法也应该有所区别,即要"因人施教"。在语法教学中,教学方法的使用同样要考虑教学对象的特点,要根据教学对象的特点来选择教学方法。像欧美学生,生性活泼,比较外向,善于表现自己,在教学中使用一些游戏教学方法,效果就非常好,能够调动他们的积极性和参与性。但日韩学生,特别是日本学生,比较内向、腼腆,不喜欢抛头露面,使用游戏教学方法,效果往往不尽如人意。相对于成年学生,未成年学生,像中小学生,使用游戏法能够更好地调动他们的学习积极性,也能够提升他们学习汉语语法的兴趣。

(二) 课程的特点

不同的课程,教学方法的使用也要有所区别。比如精读课,语法教学是其主要任务之一,语法的讲解和练习是其重要内容,因此可采用公式法、语境法、变换法、翻译法、归纳法、演绎法等。口语课则不同,主要目的不是语法的讲解,而是语言的口头运用,因而可更多采用游戏法,组织学生进行活动,通过活动、完成任务达到练习语法、提高口头表达能力的目的。

(三) 人数的多少

有些教学法不受人数的限制,像公式法、归纳法、演绎法、变换法等,学习者少,可以使用;学习者多,同样可以使用。但有些教学方法,像示范法、游戏法就很容易受到人数的限制,班级太大、人数太多的话,很难组织教学,更难监控,教学效果未必就好。

(四) 语法的特点

不同的语法点,采取的教学方法也往往不同。比如表示一些抽象意义的语法点,像助词、副词、语气词等,没法使用示范法、语境法,使用归纳法、演绎法、翻译法、替换法等则比较方便;而动作性较强的语法点,像"把"字句、"被"字句、"给"字句、连动句、兼语句以及趋向动词等,采用示范法、语境法能够直观地展示语法的特点,收到比使用其他方法更好的教学效果。

第七讲　汉语教材中的语法教学模式

一、研究现状

关于汉语语法教学模式,已有一些探索,这些研究主要集中在三个方面,一是语法教学模式构建或设想,主要有崔永华(1989)、李晓琪(2004)、张宝林(2008)、李先银(2014)、聂鸿英(2012)等。崔文提出了"展示－讲解－练习－归纳"语法教学模式。李晓琪倡议建立以虚词为核心的词汇－语法教学模式,她指出,要以虚词为轴,向外辐射,把汉语的重要语法点和留学生学习的难点有机地结合起来,构建一个可行的科学语法教学模式。张宝林通过反思语法教学存在的问题,主张"用法主导的教学模式"。他认为教学的根本目的是教用法;教学内容由词类和句法、虚词、语段三分天下;教学方法以归纳法为主,并与演绎法恰当结合;强调精讲多练,学以致用;教材则要简明扼要,通俗易懂,便于使用;以结构形式、语义、语用三方面的正确表现作为考核与评价的基本依据。李先银提出了表达导向的语法教学模式,该模式的活动程序包括两个方面:1.在什么场景下用什么形式,即用什么;2.该形式使用上有什么限制,即怎么用。"在什么场景下"是表达项目,是交际需要;"用什么形式"是输出。前者是核心问题,后者是附加问题。聂鸿英提出在传统语法教学中要引进配价理论,并提出要建立基于配价的语法教学模式,但没有提出一个具有可操作性的程序或步骤,因此不能算是一种语法教学模式。

二是不少学者对初级汉语课堂语法教学模式提出了一些看法。周小兵、李海鸥(2004),吴中伟(2007),李珠、姜丽萍(2008),李先银(2011),苏英霞(2014),刘玉屏(2017)提出了"导入－说明－练习"模式,崔永华(1989)、翟艳、苏英霞(2010)主张"导入－说明－练习－总结"模式,姜丽萍(2011)、韩玉国(2014)提倡"导入－练习－总结"模式,卢福波(2010)则主张"说明－

练习"模式。(郑艳群、袁萍 2019)袁萍(2017)对课堂教学模式进行了建模分析,发现初级汉语课堂句型和语块式语法点有"理解+练习+运用""理解+练习"两种教学模式,句型以前一种模式为主,语块式语法点后一种模式占了绝大多数。

三是实际课堂教学模式和理论上的教学模式的对比。郑艳群、袁萍(2019)对初级汉语课堂语法教学的过程进行了"应然"和"实然"的对比分析,指出"应然"的"导入—解释—练习"是原型结构,"实然"的"导入—说明—练习—总结"是原型结构。

不难看出,尽管对外汉语语法教学模式研究已有一些成果,但总的来看,研究还太少,关注的范围也非常窄,而且除崔永华外,其他学者提出的都是语法教学模式的构想,并未构建具体的、程序化的模式。虽然课堂语法教学模式已有探索,但汉语教材中的语法教学模式还没有人论及。

二、初级汉语综合教材中的语法教学模式

初级阶段汉语教学最重要的任务之一就是语法教学,因此初级汉语综合教材中都有"语法"或"语言点""语法点"之类的板块。这些板块中的语法教学都有一定的模式,通过对这些模式的梳理,能够了解初级教材语法教学模式乃至对外汉语语法教学模式的现状。我们选取了不同时期影响比较大或有代表性的 11 部教材(30 本),这些教材的具体情况如下:

表 1　11 部初级汉语综合教材一览表

名称	简称	编者/主编	出版社	出版年
《汉语教科书》(上、下)	《教科书》	北京大学外国留学生中国语文专修班	时代出版社	1958
《汉语教科书》(1—3)	《教科》	北京大学外国留学生汉语教材编写组	北京大学出版社	1973、1974
《基础汉语课本》(1—3)	《基础》	北京语言学院	外文出版社	1980

续表

名称	简称	编者/主编	出版社	出版年
《实用汉语课本》（Ⅰ、Ⅱ）	《实用》	刘珣等	商务印书馆	1985、1986
《初级汉语课本》（1—3）	《初级》	北京语言学院来华留学生三系	北京语言学院出版社 华语教学出版社	1986—1988
《汉语初级教程》（1—3）	《教程》	邓懿	北京大学出版社	1987
《现代汉语教程读写课本》（1、2）	《读写》	李德津、李更新	北京语言学院出版社	1988、1989
《新实用汉语课本》（1—4）	《新实用》	刘珣	北京语言文化大学出版社	2002—2004
《拾级汉语·综合课本》（1—4）	《拾级》	吴中伟等	北京语言大学出版社	2007—2009
《发展汉语·初级综合》（Ⅰ、Ⅱ）	《发展》	李泉	北京语言大学出版社	2011、2012
《博雅汉语·初级起步篇》（Ⅰ、Ⅱ）	《起步》	李晓琪	北京大学出版社	2013

通过对它们分别进行统计，梳理出它们的教学模式。

初级汉语综合教材语法教学主要有三大模式："讲－展""展－讲"和"展－归"。

2.1 "讲－展"类

所谓"讲"，就是对语法点的意义、用法等进行解释、说明；所谓"展"，就是通过列举一些例句来展示该语法点的意义或用法。该类模式主要有三种：

1. 讲－展－练
2. 讲－展－练、用
3. 讲－展

（一）讲－展－练

该模式是传统语法教学模式之一，以往的教材，像《教科书》《基础》《实用》《读写》《新实用》《拾级》《发展》,使用最多的就是这种模式。该模式的最大特点是,先对语法点进行解释、说明,之后用例句对语法点进行展示,最后练的部分设计一些练习对所讲的语法点进行操练。如"'的'字结构",《读写》第一册第十八课采用的就是这种模式:

讲:

名词、代词、形容词等可以和结构助词"的"组成"的"字结构,在句子中起名词作用。如:

展:

(1)这个书架是我的。(2)那是谁的?(3)那些画报是王老师的。

练:

把下列句子改写成"的"字结构做宾语的句子。

该模式还有不少变式,常见的有"讲$_1$—展$_1$—讲$_2$—展$_2$—练""讲$_1$—展$_1$—讲$_2$—展$_2$—讲$_3$—展$_3$—练"等,它们都是通过多个不同侧面的"讲—展"后,再对所讲授的语法点进行操练。这些模式常用于复杂语法点的教学,因为复杂的语法点有多种意思或用法,所以需要分别进行讲解和展示。像"特殊疑问句",是《读写》第一册第二十三课的语法点,采用的就是"讲$_1$—展$_1$—讲$_2$—展$_2$—练"模式:

讲$_1$:

在陈述句后面,根据这个句子所表述的内容,相应地加上"好吗""行吗""可以吗""是吗"或"好不好""行不行""可以不可以""是不是"等词语也能构成疑问句。这种疑问句叫"特殊疑问句",语气比较委婉。例如:

展$_1$:

(1)我们一起去,好吗?(2)老师,我问你一个问题,可以吗?(3)玛丽学习汉语,是不是?

讲$_2$:

回答这种疑问句,肯定的答复可以用相对应的"好""行""可以"和"是";否定的答复,除对"是吗"和"是不是"要用"不"(或者"不是"外),一般只用"不行"。例如:

展$_2$:

(4)我问你一个问题,可以吗?

可以。
不行。
……

练：

把下列句子改写成特殊疑问句，根据上下文完成对话后朗读。

"讲₁"对特殊疑问句的构成做了解释和说明，"展₁"中的例句是"讲₁"的实例；之后，"讲₂"对特殊疑问句的答句做了介绍，"展₂"中的例句是"讲₂"的实例。最后，"练"部分要求对特殊疑问句进行操练。

显而易见，这些变式中"讲"占了相当大的比重，通过大量、详细的讲，来介绍语法点的各种意义或用法，让学习者对该语法点有一个全面、系统的了解，它突出了语法知识的讲授和语法知识的系统性，但不重视语法的交际运用。

（二）讲－展－练、用

这种模式是在"讲－展－练"的基础上增加了"用"，即交际性的"练"。像"连……也/都……"，是《起步》Ⅱ第22课的语言点，其模式如下：

讲：

"连……也/都……" Even

展：

①他很有可能连初中都毕不了业。②这个汉字太难了，连老师也不认识。

……

练、用：

用"连……也/都……"造句。

学生两人一组，谈谈对中国菜的印象。要求使用下面的语言点："连……也/都……"……

"连……也/都……"教学模式中，"讲"部分解释"连……也/都……"表示的意思；"展"中有课文中的句子（例①），还有其他的例子，通过这些例句来展示"连……也/都……"的用法；最后，"练"中要求用"连……也/都……"造句，"用"部分设定一个任务，要求用"连……也/都……"等语言点来完成。

该模式表面上看与"讲－展－练"区别不大，实际上有着很大的差别。

"讲—展—练"的不足之处是不注重语法点的交际性运用,而"讲—展—练、用"则弥补了这一不足,突出了语法点的交际性运用,体现了任务型教学法的理念,注重"用中学",即在使用中学习语言。(吴中伟、郭鹏 2009)因此,是一种很好的模式。

不过,采用该模式的教材比较少。考察的教材中,《起步》《新实用》和《拾级》这些 21 世纪编写的教材用得比较多,《读写》《实用》偶有涉及。

该模式同样有一些变式,主要有"讲$_1$—展$_1$—讲$_2$—展$_2$—练、用""讲$_1$—展$_1$—讲$_2$—展$_2$—讲$_3$—展$_3$—练、用"等。"讲$_1$—展$_1$—讲$_2$—展$_2$—练、用"是"讲—展"循环一次后,再进行练习和交际性练习。如"该……了",是《起步》Ⅱ第 7 课的语言点,采用的就是这种模式:

讲$_1$:
"该……了" It's time to…
展$_1$:
看来该换个大冰箱了。
讲$_2$:
表示应该做某事了。
展$_2$:
①时间不早了,我该回去了。
……
练、用:

"练"部分要求用"该……了"完成对话,"用"部分有任务型练习,要求使用"该……了"讨论熊猫等。

该模式《初级》《新实用》和《拾级》使用得比较多,用来讲授复杂语法点。"讲$_1$—展$_1$—讲$_2$—展$_2$—讲$_3$—展$_3$—练、用"是"讲—展"两次循环后,再进行练习和交际练习。如"几种特殊的'把'字句",《实用》采用的就是这种模式:

讲$_1$:
主要动词后有结果补语"在"或"到"以及表示处所的宾语,说明受到处置的事物或人通过动作处于某地或达到某地时,必须用"把"字句。例如:

展₁:
你把枣儿放在哪儿了?
……

讲₂:
主要动词后有结果补语"成"或"作"和表示结果的宾语,说明受处置的事物或人通过动作而成为什么时,必须用"把"字句。例如:

展₂:
他把"丈夫"两个字念成了 dàfu。
……

讲₃:
主要动词后有结果补语"给"和表示对象的宾语,说明受处置的事物通过动作交给某一对象时,在一定条件下也要用"把"字句。例如:

展₃:
我把钱交给了售货员。
……

练、用:
"练"部分有"用适当的词组完成下列'把'字句""用所给的词造'把'字句"练习。此外,还有一个交际性练习,要求用"把"字句。

该模式是《实用》和《新实用》的主要模式之一,用于讲授复杂的语法点。

不难看出,"讲一展一练、用"的两个变式虽然吸收了任务型教学法的理念,但都是对语法点进行多次"讲一展"后,再对语法点进行练习和运用,说明这些变式也非常注重语法知识的讲解和语法知识的系统性。

(三) 讲一展

该模式是先对语法点进行讲解,然后利用例句进行展示,但却没有相应的练习。譬如"SP 谓语句的结构",是《初级》第 2 册第三十六课的语法点,其模式如下:

讲:
SP 谓语句的结构是:S S'P

展:
这双鞋样子很好看。
……

《初级》在讲授"SP 谓语句的结构"时,先讲解该结构的构成特点,即 SS'P,然后给出几个例句对这种结构进行展示,但没有相应的练习,显然是"讲—展"模式。虽然考察的教材除了《初级》外,《教科书》《基础》《实用》《读写》《起步》也都使用了该模式,但使用得都非常少,因此不是主要的教学模式。

众所周知,语言不是教会的,是练会的,讲得再多,讲得再好,如果不进行练习,学习者照样不会使用。在国外教育史上,历来都很重视练习的作用。美国教育心理学家 Thorndike(1898)曾提出三条著名的学习律,第二条就是练习律。吕必松(1993)指出,练习是第二语言教材最重要的组成部分之一,一部教材练习的好坏,对课堂教学质量有直接的影响。Laufer 和 Rozovski Roitblat(2011)的研究表明,用"回忆测试"成绩来衡量,只做 1 次词汇练习的效果和仅在课文中遇到生词(2~7 次)的差别不显著,做 3~4 次词汇练习的效果优于做 1~2 次,做 5~6 次词汇练习的效果优于做 3~4 次。(刘颂浩 2017)可见,词语不但要进行练习,而且要反复进行练习,这样才能真正地掌握。语法点也不例外。这种只讲展不练习的教学模式,只解决了语法点的认知、理解问题,而没有解决输出即使用问题,学习者的学习过程是不完整的,有悖于语言学习规律。因此,应该加以摒弃。

2.2 "展—讲"类

"展—讲"是先通过具体的例子,让学习者直观地了解某一语法点,对某一语法点有一个感性的认识,然后,再对语法点进行解释、说明,指出该语法点的使用特点、表达的意思以及使用时应该注意的问题等。该类模式主要有两种:

1. 展$_1$—讲—展$_2$—练
2. 展$_1$—讲—展$_2$—练、用

(一)展$_1$—讲—展$_2$—练

该模式首先展示课文中含有某一语法点的例句,让学习者对该语法点有一个初步的印象;然后,对该语法点表示的意义或用法进行说明、解释;之后,再给出一些例句,对该语法点表示的意义或使用特点做较全面的展示;最后进行练习。譬如"又……又",是《起步》Ⅱ第 11 课的语言点,采用的就

是这种模式：

展$_1$：

西红柿炒鸡蛋，又好吃又好学。（课文中的句子）

讲：

连接形容词或动词，表示两种性质状态或动作行为同时存在。例如：

展$_2$：

①他长得又高又大，他的女朋友又聪明又漂亮。

……

练：

用"又……又"回答问题。

该模式注重语法知识的了解和掌握，不重视语法的交际性运用。现有的初级汉语综合教材除了《起步》《发展》外，其他的都没有使用这种模式。

"展$_1$—讲—展$_2$—练"也有不少变式，主要有"展$_1$—讲$_1$—展$_2$—讲$_2$—展$_3$—练""展$_1$—讲$_1$—展$_2$—讲$_2$—展$_3$—讲$_3$—展$_4$—练"等，它们都是对语法点进行多次"展—讲"后，再进行练。由于使用得都很少，不再赘述。

（二）展$_1$—讲—展$_2$—练、用

该模式是在前一个模式的基础上增加了交际运用，使用这种模式的教材非常少，主要是《起步》。像"V来V去"，是《起步》Ⅱ第9课的语言点，其模式如下：

展$_1$：

夜里，有只蚊子飞来飞去。（课文中的例句）

讲：

"V来V去"表示相同的动作行为多次重复。

展$_2$：

①孩子们在房间里跑来跑去。

……

练、用：

用"V来V去"完成句子。

你近视吗？跟你的两位同学谈谈近视的苦恼和故事。（该活动明确要求学生使用"V来V去"等语法点。）

"展₁"中的例句是课文中的句子,"讲"部分解释"V 来 V 去"表示的意思,"展₂"部分通过一些例句来展示"V 来 V 去"的用法,最后,"练"中要求用"V 来 V 去"完成句子,"用"部分设定一个任务,要求用"V 来 V 去"等语法点来完成。

表面上看该模式与前一种模式大同小异,只是增加了运用,即交际性练习,实际上与前一模式有着很大的区别。如果说前一种模式是传统教学模式,那么该模式则是一种比较新的教学模式,它体现了新的教学方法,即任务型教学法,也体现了新的教学理念——语法教学不是为了教语法知识,而是要运用语法进行交际,完成任务。

"展₁—讲—展₂—练、用"也有一些变式,主要有"展₁—讲₁—展₂—讲₂—展₃—练、用""展₁—讲₁—展₂—讲₂—展₃—讲₃—展₄—练、用"等,即"展—讲"多次循环以后,再进行练习和运用。这些模式都用于复杂的语法点,而且使用得不太多,因而也不再赘述。

"展—讲"模式表面上看与第一大类"讲—展"有很大的不同,实际上大同小异,因为该模式的第一个"展"都是课文中包含有该语法点的例句,只是一个引子,起着导入的作用,之后仍然是先"讲",然后再"展"。从这一点来看,与第一大类模式并没有实质性的差别。

2.3 "展—归"类

该模式也有一些变式,但主要是"展—归—练"。"展—归—练"是先用例句对要讲授的语法点进行展示,然后通过例句对语法点的用法进行归纳,最后进行练习。考察的教材中只有《教程》采用了这种模式,而且全书90%以上的语法点采用的都是这种模式。譬如"单音节和双音节形容词的重叠",是《教程》第二册第三十三课的语言点,其模式如下:

展:

14. 苹果大大的,真好。
15. 我喜欢湖边上的高高的塔。
16. 他写得清清楚楚(的),你怎么没看懂?
17. 留学生都高高兴兴地去香山了。
18. 因为要去香山,他早早儿地来了。

归：

有些形容词可以重叠起来加强描写性。双音节形容词按 AABB 形式，最后的音节重读。重叠形容词可以作谓语（例 14，注意"的"的用法），可以作定语（例 15）或补语（例 16）。作状语的时候，双音节形容词重叠一般加助词"地"（例 17）；单音节形容词重叠除第二个音节转化为第一声并儿化外，也常常带助词"地"（例 18）。

练：

读下列重叠形容词，给下列句子填上适当的重叠形容词。

该模式"展"部分通过一些例句展示形容词重叠的不同形式和不同用法；"归"部分对"展"的例句按照重叠形式或用法上的特点逐一进行归类、总结，指出各例句对应的用法或特点，让学习者能够了解该语法点的每种用法的具体特点；"练"部分对重叠式进行操练。

该模式把归纳法运用到语法教学中去，通过一些例句让学习者认知、领悟语法点的用法及特点，充分发挥学习者的主观能动性，减少了讲所占的比例和环节，因此是以学生为中心的教学理念的一种体现，也是一种进步。不仅如此，该模式还注重讲后就练，练都放在讲的后面，即"讲"即"练"，趁热打铁，课堂教学时操作起来非常方便。不过，该模式同样重视语法知识的传授和掌握，不注重语法的交际性运用。

综观前文可以看出，初级汉语综合教材的教学模式主要有三大类："讲－展""展－讲"和"展－归"，"讲－展"类主要有"讲－展－练""讲－展－练、用""讲－展"三种模式，"展－讲"类主要有"展$_1$－讲－展$_2$－练""展$_1$－讲－展$_2$－练、用"模式，"展－归"类主要有"展－归－练"模式，而且不同的模式下还有一些变式。这些模式中，"讲－展－练"和"展$_1$－讲－展$_2$－练"使用得比较多，是初级汉语综合教材的主要模式，其他模式使用得都很少或使用率都很低。

三、中级汉语综合教材中的语法教学模式

中级阶段语法教学仍然是重要的任务，中级汉语综合教材中不少都有"语言点""语法点"之类的板块，有些还有"词语例释""词语例解""词语辨析""词

语选讲""重点词语学习"之类。赵金铭(2004)指出:"一般来说,汉语语法教学的基本内容,应当是语素、词、词组、句子和语篇这五级语法单位。这其中,词、词组和句子是语法教学最基本和最核心的内容。"因此,无论是"语言点""语法点",还是"词语",都属于"大语法"范畴,通过对它们的教学模式的梳理,能够了解中级汉语综合教材中语法教学模式的现状。为此,我们选取了20世纪80年代至今不同时期影响比较大或有代表性的10部中级汉语综合教材(共21本),对它们分别进行统计,梳理出它们的语法教学模式,并对这些模式进行分析。这些教材的具体情况如下:

表2 10部中级汉语综合教材一览表

名称	简称	编者/主编	出版社	出版年
《实用汉语课本》(Ⅲ、Ⅳ)	《实用》	刘珣等	商务印书馆	1985、1986
《汉语中级教程》(1、2)	《汉语》	杜荣	北京大学出版社	1987
《中级汉语教程》(上、下)	《中级》	北京语言学院来华留学生二系	北京语言学院出版社	1987、1988
《汉语新教程》(第三册)	《教程》	殷焕先	山东大学出版社	1991
《标准汉语教程》(中级3、4)	《标准》	王国安	上海教育出版社	1998
《阶梯汉语·中级精读》(1—4)	《阶梯》	徐霄鹰等	华语教学出版社	2004
《新实用汉语课本》(5、6)	《新实用》	刘珣	北京语言大学出版社	2005、2009
《综合教程》(3、4)	《综合》	钟英华、温象羽	上海外语教育出版社	2010
《发展汉语·中级综合》(Ⅰ、Ⅱ)	《发展》	李泉	北京语言大学出版社	2011、2012
《博雅汉语·中级冲刺篇》(Ⅰ、Ⅱ)	《冲刺》	李晓琪	北京大学出版社	2013

统计发现,中级汉语综合教材中的语法点主要有三类教学模式:"讲—

展""展－讲""展"。每类模式下都有一些具体的模式。

3.1 "讲－展"类

该类主要有四种模式:

1. 讲－展－练
2. 讲－展－(练、)用
3. 讲$_1$－展－讲$_2$－练
4. 讲－展

(一) 讲－展－练

该模式也是先对语法点的意思或用法等进行解释、说明,之后用例句进行展示,最后设计一些练习对所讲语法点进行操练。如"哪怕……,也/都……",是《新实用》第 5 册第五十六课"句子结构"中的语法点,其模式如下:

讲:

前一个分句用"哪怕"表示假设某种条件成立,后一个分句用"也"或"都"连接,表示其结果或结论不会改变。多用于口语。例如:

展:

(1)哪怕只让水稻增产一成,那也是非常困难的。

……

练:

复句练习:将左右两个部分连起来,组成一个完整的让步转折复句,并把左边的序号填在右边的括号里。

《新实用》首先对"哪怕"表示的意义、与之搭配的关联词语以及语体特征做了讲解,"展"部分通过几个例句对"哪怕"构成的复句进行展示,练习部分要求把分句连接起来,组成一个复句。

该模式是中级汉语综合教材的主要模式,《实用》《汉语》《中级》《标准》《阶梯》《新实用》《综合》《冲刺》都使用了,而且使用率都很高。

这种模式还有"讲$_1$－展－讲$_2$－展－练""讲$_1$－展－讲$_2$－展－讲$_3$－展$_3$－练"等变式,前一种变式是对语法点进行两次"讲－展"后,再进行练习;后一种是对语法点进行三次讲解、展示以后,再进行练习。这些变式也用于比较复杂的语法点,通过大量、详细的讲解,介绍语法点的各种意义或用法，让学习者对该语法点有一个全面、系统的了解。它突出了语法知识的讲授和语法知识的系统性，但忽视了语法的交际性运用。限于篇幅，不再举例说明。

（二）讲—展—（练、）用

该模式与初级的一样，同样是先对语法点进行讲解，然后用例句进行展示，最后有的在练习后，再设定一个话题，要求学习者运用该语法点进行会话；有的没有练习，只要求运用该语法点进行会话。如"品"，是《实用》Ⅲ第十三课的"词语例释"中的词语，采用的就是这种模式：

讲：

"品"是物品、东西的意思，动词或名词加"品"，表示某类东西。

展：

市中心很热闹吗？

非常热闹。那里有很多大商店，商品也非常丰富。

我想买一些生活用品，方便吗？

……

用：

根据所给的话题选择以下词语进行会话：

临摹　艺术品　创作……

1.有一个画展，里面的展品很多。有老画家的作品，也有青年画家的作品，各有特色。请你和你的朋友谈一下这个画展的情况，并谈谈你对一些作品的看法。

……

该模式《实用》《教程》《标准》《阶梯》《冲刺》都使用了，但使用率都很低。

（三）讲$_1$—展—讲$_2$—练

该模式也是对语法点进行讲解、展示后，再对语法点进行一些补充说明，或者进行辨析等，然后再进行练习。如"看望"，是《阶梯》第1册第9课"重点词语学习"中的语法点，其模式是：

讲$_1$：

动词。指拜访问候亲友、老师或年纪大的人。

展：

1. 他一直和我保持着密切的联系，经常来看望我。

……

讲₂：

"拜访"与"看望"意思相近，有时可互换。但"看望"的可以是亲人、病人，也可以是老师、朋友或者不太熟悉的人，而"拜访"的不能是亲人和病人。

练：

同义词填空、用括号里的词语回答问题。

该模式显而易见重点在"讲"上，是"讲一展一练"模式的强化版，"讲"在该模式中占据了非常重要的位置。赵金铭（2004）指出，20世纪50到60年代，教学指导思想具有明显的语言学倾向，侧重从语言规律出发，强调系统语法知识的讲授。该模式明显体现了这一传统教学理念。与"讲一展一练"模式一样，该模式也存在着缺少词语的交际性运用的不足。

这种模式《汉语》《阶梯》《新实用》《综合》《冲刺》都使用了，不过使用率都极低。

（四）讲一展

该模式与初级教材一样，对语法点进行讲解后，只举例展示，没有相应的练习。像"让步句群"，是《新实用》第5册第五十六课"句法结构"中的语法点，模式如下：

讲：

总分句群："总"是合在一起，概括起来说，"分"是一个一个具体地说。其结构形式可以是先总后分，也可以是先分后总，还可以是先总、后分、再总，但不能是先分、后总、再分。例如：

展：

（1）他们是参加这次会议唯一的一对夫妇。丈夫是我国著名的经济学家，妻子则是一位妇女问题的理论家。（先总后分）

（2）南方人喜欢吃大米以及用米粉做的东西，比如米饭、年糕等。北方人喜欢吃面食，比如馒头、馅饼、包子、面条、饺子等。中国人的主食总是以大米和面粉为主。（先分后总）

……

这一模式《实用》《汉语》《中级》《教程》《标准》《阶梯》《新实用》《综合》都使用了,除个别教材使用率很高外,其他的使用率都很低。

3.2 "展—讲"类

该类模式跟初级教材一样,先通过一个或一些例子,对所学的语法点进行展示,然后再对语法点的意义和用法等进行讲解。这类主要有六种模式:

1. 展—讲—练
2. 展—讲—(练、)用
3. 展$_1$—讲—展$_2$—练
4. 展$_1$—讲—展$_2$—练、用
5. 展$_1$—讲—展$_2$
6. 展—讲

(一) 展—讲—练

该模式是对语法点进行展示后,再对语法点的意义、用法等进行讲解,最后进行练习。像"关于",是《实用》Ⅲ第三课"词语例释"中的词语,模式如下:

展:

(1)关于中国的书法艺术,我了解得不多。

……

讲:

"关于……"可以做定语或状语。做状语时,要放在主语前,后面也常用上逗号。

练:

掌握"关于神话传说"等词语、用"关于"填空。

《实用》先展示了"关于"的几个例句,然后对"关于……"的语法功能及使用特点进行了讲解,最后要求用"关于"填空。该模式注重词语的"展示""讲解"和"练习",但却没有词语的交际性运用,也是一个缺憾。

使用这一模式的教材有《实用》《中级》《阶梯》《新实用》和《综合》,但使用率都很低或极低。

(二) 展—讲—(练)、用

该模式是对语法点进行展示、讲解后,进行练习和交际性运用;有的没有练习,要求用所讲语法点完成一个对话或任务。如"是啊",是《实用》Ⅲ第十课"词语例释"中的词语,其模式是:

展:

(1)——布朗先生非常爱好中国武术。
　　——是啊,我看,他都有点入迷了。

……

讲:

"是啊"在对话中,表示同意对方的观点,而且往往要对此观点加以补充或印证。

用:

要求用"是啊"等词语进行会话,会话的题目是:(1)你和朋友谈你们喜欢的体育运动,(2)介绍一下你们学校的体育运动,(3)向你的朋友介绍一场足球比赛。

这一模式只有《实用》使用,且使用率极低。该模式与前一种不同,不仅注重词语的练习,而且注重词语的交际性运用,也体现了任务型教学法的思想,注重"用中学",即在使用中学习语言。因此是一种很好的模式。

(三) $展_1$—讲—$展_2$—练

该模式与初级教材的这种模式一样,先通过课文中出现的句子对语法点进行一个初步的展示,之后对该语法点的意思、用法等进行讲解,然后再通过若干例句,对该语法点进行进一步展示,最后再进行练习。如"居然",是《阶梯》第1册第9课"语法注释"中的语法点,模式如下:

$展_1$:

期中考试他的数学成绩居然得了15分。

讲:

"居然",副词。表示没想到或事实与所想的相反,相当于"竟然":

$展_2$:

1.只不过受到一点挫折,没想到他居然要自杀。

2. 他平时学习不怎么样,这次考试居然名列前茅,真令人吃惊。

……

练:

用括号里的词语完成句子(有一个要求用"居然"完成的句子)。

"展$_1$"是课文中的句子,"讲"部分讲解了"居然"的词性和意思,然后通过例句进一步展示它的用法,最后通过完成句子来进行练习。

该模式表面上看与第一类的"讲—展—练"不一样,实际上并没有多大的区别,因为"展$_1$"中的例句只是课文中的句子,是一个引子,实际上重点还在后面的"讲—展—练"上,其不足之处也是缺少交际性运用。

该模式《实用》《中级》《标准》《阶梯》《发展》《新实用》《综合》《冲刺》都使用了,且使用率很高,是中级教材的主要模式。

(四)展$_1$—讲—展$_2$—练、用

该模式也和初级教材的模式相同,是在前一种模式的基础上增加了交际性运用。如"让/叫你 V 你就 V",是《发展》Ⅱ第 8 课的语法点,用的就是这一模式:

展$_1$:

叫你听我的,你就听我的。(课文中的例句)

讲:

"让/叫你 V 你就 V"是一个固定格式,表示说话人坚持让某人做某事,带有不能商量的命令口气。前后两个"V"可以是相同的动词或动词词组,也可以是不同的"V"的肯定、否定形式。在"让/叫你 V 你就 V"前后,经常出现解释性的上下文。例如:

展$_2$:

叫你干什么你就干什么,现在没时间跟你讨论。

……

练、用:

用"让/叫你 V 你就 V"完成对话,并说明理由;用给定的词语或格式改写句子。

用下面给出的词语或结构介绍燕子买房子的经历。(指定的结构中有"让/叫你 V 你就 V")

该模式与第一种模式有着非常大的区别,第一种是一种传统的讲练模式,而这种模式是任务型教学模式,强调在"用中学"。

这一模式《实用》《冲刺》《发展》使用了,但使用率都很低。

(五)展$_1$—讲—展$_2$

该模式是用课文中包含有某一语法点的句子对语法点进行初步的展示,然后对语法点进行讲解,之后再用多个例子对语法点做进一步的展示,但却没有相应的练习。如"管……叫……"是《阶梯》第 1 册第 11 课"语法注释"中的语法点,模式如下:

展$_1$:

广东人管胖子叫"肥佬",严格地讲是用词不当。

讲:

"管……叫……",口语句式,意思与"把……叫作(称为)……"相同。

展$_2$:

1. 他长得挺胖,大家管他叫胖子。

2. 北方人管妈妈的妈妈叫姥姥,南方人管妈妈的妈妈叫外婆。

3. 她比我大几岁,我管她叫大姐。

这种只"展""讲"、不进行练习的模式与"讲—展"模式类似,只解决了语法点的认知、理解,没有解决语法点的输出,不能把语法知识转化为语法使用能力,因而也是一种不好的模式,也应该加以摒弃。

该模式《实用》《汉语》《中级》《标准》《阶梯》《新实用》《综合》都使用了,但使用率都很低。

(六)展—讲

该模式举例对语法点进行展示,之后进行讲解,即没有"练习"这一环节。如"免得",是《实用》Ⅳ第二十九课"词语例释"中的语法点,模式是:

展:

(1)梅对觉新说:"我不愿意提起过去的事情,免得又引起你难过。"

……

讲:

用"免得"连接两个分句,表示这样做(第一个分句),就可以不发生那种不好的结果(第二分句)。

该模式《实用》《中级》《新实用》《冲刺》使用了,但使用率都极低。

这种只展示、讲解,不练习的模式,与"展$_1$—讲—展$_2$"一样,也很难把语法知识转化为语法使用能力,同样是不好的模式,应该淘汰。

3.3 "展"类

"展"类主要有两种模式:

1. 展—练
2. 展

(一) 展—练

该模式主要通过课文中的例句,对所学的语法点进行展示,然后进行练习或应用,即没有"讲"这一环节。譬如"不可思议",是《综合》第四册第十八课"词语例释"中的语法点,使用的就是这种模式:

展:

她小小年纪就夺得了那次比赛的冠军,真是不可思议。

练:

熟读词语:不可思议……

这一模式只用例句对语法点进行展示,不对语法点的用法等进行讲解,而且有的教材只有一个例句,显然不利于学习者了解语法点的各种用法,更不利于他们模仿、使用,因此也是一种不好的模式,应该淘汰。

该模式是《综合》的主要模式之一,《实用》《汉语》虽然使用了,但使用率都非常低。

(二) 展

该模式是只对所学语法点进行展示,没有讲解,更没有相应的练习或交际性运用。如"组织",是《实用》Ⅳ第二十二课"词语例释"中的语法点,模式如下:

展:

(1)暑假期间,学校每个星期为学生组织一次参观游览或者看文艺节目。

(2)我们班的同学今年寒假到南方去旅游了十天,这是一次有组织有计划的旅游活动。

……

该模式《实用》《汉语》《教程》《综合》都使用了,除《综合》使用率较高外,其他的都极低。

这种只展示,不讲解,更不练习的模式,更不利于学习者学习和掌握,因此也是一种不好的模式。编写者使用这种模式,可能认为这些词语不太难,只给出几个例子,学习者就能明白;也许在他们看来,这些词语并不重要。实际上,这些想法未必正确,因为我们认为比较容易的词语,学习者不一定就觉得容易,此其一。其二,既然编写者把这些词语放在"词语例释"等中进行重点学习,说明这些词语很重要,也说明这些词语比较难,否则放在"生词表"中就行了。因此,该模式也是不好的模式。

中级汉语综合教材语法点的教学主要有"讲－展""展－讲"和"展"三大类模式,"讲－展"类主要有"讲－展－练""讲－展－(练、)用""讲$_1$－展－讲$_2$－练"和"讲－展"四种模式,"展－讲"类有"展－讲－练""展－讲－(练、)用""展$_1$－讲－展$_2$－练""展$_1$－讲－展$_2$－练、用""展$_1$－讲－展$_2$"和"展－讲"六种模式,"展"类有"展－练""展"两种模式。虽然有这么多模式,但只有"讲－展－练"和"展$_1$－讲－展$_2$－练"是主要模式,其他模式使用得都不多或很少。

四、教学模式思考

通过对 11 部初级和 10 部中级汉语综合教材中语法点的教学模式进行梳理,不难发现,初级教材和中级教材虽然都有三大类语法教学模式,但是有同有异,相同之处是都有"讲－展""展－讲"两大类,但前者有"展－归"类,后者没有;后者有"展"类,前者没有。从模式的数量来看,中级有 12 种,初级有 6 种,初级的模式远远少于中级。

尽管如此,我们不难发现它们的以下特点:

(一)种类较多

初级教材使用的语法教学模式有三大类,有 6 种模式;中级教材使用的语法教学模式也有三大类，有 12 种模式。虽然各教材中使用的模式多寡不一，但是从模式总量上看，种类比较多，特别是中级教材。

(二) 实用性较强

教材中使用的语法教学模式大多实用性强，像"讲－展－练""讲$_1$－展－讲$_2$－练""展－讲－练""展$_1$－讲－展$_2$－练"等，讲解、展示后，都有练习，能够让学习者较好地掌握语法知识；"讲－展－(练)用""展－讲－(练)用""展$_1$－讲－展$_2$－练、用"等，讲解、展示后不但有练习，而且还有交际性运用，能够让学习者很好地掌握语法知识，并且能够把语法知识较好地转化为语法能力或语言能力，从而提高学习者的语言水平。

(三) 基于结构主义理论

初级和中级教材中的语法教学模式都主要基于传统的结构主义理论，主要对语法点的词性、搭配及句法特点等做一些讲解，初级教材语用学、功能语言学、篇章语言学、构式语法等极少涉及或没有涉及，中级教材虽然有所涉及或体现，但非常少。赵金铭(1996)指出，不同阶段语法教学的侧重点不同，初级阶段只需教最基本的形式语法，讲究句法结构，掌握汉语的句型、词序；中级阶段所讲语法侧重语义语法，注意句中成分的语义关系及语义搭配；高级阶段侧重语用功能语法，着重语用的选择和词语的应用，使得习得者具备区别语言形式高下的能力。如果说初级教材不涉及其他语言学理论情有可原，那中级教材就有些不合适，因为与中级阶段语法教学的任务或特点不完全符合。

(四) 注意吸收外语的模式

英语作为第二语言的语法教学提出了很多教学模式：Byrne(1976)的交际法语法教学模式"present(呈现)－practice(练习)－produce(运用)"和"produce－present－practice"、Harmer(1983)的交互式语法教学模式"introduce(介绍)－practice(controlled)(控制性练习)－produce(communicate)(交际性言语产出)"、Brumfit(1984)的语境交际模式"present－practice－practice in context(结合语境练习)"、Downing & Locke(1992)的语篇语法教学等。考察发现，综合汉语教材中的语法教学模式吸收了不少英语语法的教学模式，"展－讲－练、用""展$_1$－讲－展$_2$－练、用"与 Byrne(1976)的交际法语法教学模式和 Harmer(1983)的交互式语法教学模式很相似,"展—练"模式类似于 Brumfit(1984)的语境交际模式,这些非常难能可贵。

毋庸讳言,综合教材中的语法教学模式也存在一些不足或需要改进的地方,主要如下:

(一) 主要模式太少

虽然初级和中级综合教材语法教学模式总体上来看种类很多,但是初级教材主要使用的"讲—展—练"和"展$_1$—讲—展$_2$—练"模式,"讲—展—练、用""展$_1$—讲—展$_2$—练、用"等使用得很少;中级教材主要使用的模式只有"讲—展—练"和"展$_1$—讲—展$_2$—练"两种,"讲—展—(练、)用""展—讲—(练、)用""展$_1$—讲—展$_2$—练、用"等模式都很少或极少使用。因此,需要发掘更多适合于初级和中级综合教材语法点的教学模式,以提高教材的质量和教学的效果。

(二) 有的有悖于学习规律

现有的模式尽管大部分很实用,但有的不符合语言学习规律,如"讲—展""展$_1$—讲—展$_2$""展—讲""展"等,只有"讲""展"或"展",缺乏"练习"这一重要的强化、转化环节,很难把所学的语法知识转化为语法能力,与语言学习规律不符,都应该淘汰。

(三) 注重讲解

受传统教学理念的影响,初级和中级汉语综合教材采用的语法教学模式大多注重"讲解",无论是"讲—展"类,还是"展—讲"类,都体现了以教师为中心、以语法知识的传授为重点的理念,"讲"在大多数模式中占据着非常重要的位置或比重,不仅如此,还出现了一些只讲、展的模式。

(四) 教学法比较单一

初级综合教材的语法教学模式采用的教学法主要是演绎法,只有个别教材使用了归纳法,交际法、任务型教学法只是有所涉及。中级综合教材与初级综合教材没有什么区别,大部分教材采用演绎法,归纳法、交际法采用得也非常少。"讲—展"类是典型的演绎类,讲解语法点的意思、用法后,再用具体的例句对语法点的意思和用法进行展示,这是典型的从一般到特殊,使用的是演绎法。"展－讲"类有两种情况,"展$_1$－讲－展$_2$－练""展$_1$－讲－展$_2$－(练、)用""展$_1$－讲－展$_2$",大部分教材"展$_1$"中都是课文的例句,它们只是一个引子,主要的展示集中在"讲"后的"展$_2$"上,从这个角度来看,与"讲－展"类并没有多大的区别,也属于演绎法。但是"展－讲－练""展－讲－(练、)用""展－讲"中的"展"展示的并不是课文中的例子,"讲"部分是结合这些例句对语法点的意思、用法做一些解释或说明,因此是典型的从特殊到一般,使用的是归纳法。但这种方法只有个别初级教材使用,中级虽有一些教材使用,但使用率都极低,不能不说是一个缺憾。

库玛(2013)指出,归纳法教学很适合激活学习者的直觉启发,并刺激他们对某个语法子系统乃至第二语言整体系统做出假设。学习者有机会在语境中多次接触同一个语法结构或语言表达,可以帮他们推断出那些支配语法结构交际运用的隐性规则和原理。鉴于中级水平的学习者汉语水平比较高,汉语语法知识比较丰富,中级汉语综合教材应该更多地使用归纳法,让学习者自己去发现语法点的使用规律。这样,不但可以丰富语法点的教学模式,也能够提高教学效率和教学效果。

(五)隐性语法教学欠缺

语法教学有显性语法教学和隐性语法教学的区别,前者强调对语法规则进行有目的的学习,以便高效、准确地使用,往往采用演绎法、翻译法等教学法;后者强调学生学习语法时必须置身于有意义、可理解的语言环境中,采用的是归纳法、直接法和交际法等教学法。无论是初级汉语综合教材,还是中级汉语综合教材,语法教学模式采用的基本是显性语法教学,多采用演绎法来进行语法教学,采用隐性语法教学的教材非常少。虽然 Fathman & Whalley(1990)、Fotos & Ellis(1991)、White(1991)等研究表明,接受显性语法教学的学生语言使用更准确,成绩明显提高,但 Carroll(1967)和 Saegert et al.(1974)的研究表明,自然状态下学习目的语的学生成绩优于非自然状态下学习的学生。因此从这个角度来看,汉语综合教材,尤其是中级汉语综合教材,应该更多地尝试采用隐性语法教学,以丰富语法教学模式。

(六)交际性练习太少

尽管大部分教材都很注意语法点的练习,但多数教材忽视了语法点的交际性练习。语言是交际的工具,学习语言的目的是为了交际。语法教学不是为了让学习者掌握语法知识,而是为了让学习者运用语法进行交际,因此语法教学的落脚点应该在交际性练习上。只有通过大量交际性练习,让学习者在真实或半真实的语境中进行操练,才能实现与现实交际的对接,也才能真正提高学习者的汉语水平。

要改变汉语综合教材语法教学模式的现状,丰富汉语语法教学的模式,提高教学效率和效果,首先要对现有的语法教学模式进行总结、分析。不但要总结、分析初级、中级汉语综合教材的语法教学模式,也要总结、分析初级、中级口语教材中的语法教学模式,乃至于高级汉语综合教材和高级汉语口语教材中的语法教学模式;初级、中级、高级班课堂教学中的语法教学模式同样要进行总结、分析。好的模式,像"讲-展-练、用"和"展-讲-练"等,要加以推广,不好的模式要加以淘汰。

其次,要加强对外汉语语法教学模式的研究。汉语综合教材主要语法教学模式比较少,显然与对外汉语语法教学模式的研究现状有着密切的关系。从前文可以看出,有关对外汉语语法教学模式方面的研究非常少,对外汉语语法教学模式方面的实验研究更是阙如。要改变这一现状,必须加强汉语语法教学模式的研究,创建出适合不同水平的汉语综合教材或口语教材以及不同水平的班级课堂教学的语法教学模式。对这些模式不仅要有理论上的探讨,更要有实验对比分析,通过实验对比,对它们进行教学效果评估,从而找出得失,并进一步优化,供教材编写和课堂教学时参考和选择。

最后,应加强作为第二语言的其他语言的语法教学模式的学习和借鉴。要做到这一点,必须了解国外其他语言作为第二语言的语法教学模式的研究情况,更要了解这些语言作为第二语言的教材,特别是英语作为第二语言的经典教材和最新教材的语法教学模式,以便把好的语法教学模式借鉴过来,为我所用。

只有以上工作落到了实处,汉语综合教材的语法教学模式才能有所突破,也才能适应教学的需要,跟上时代的步伐。

第八讲　语言学理论、语法分析方法与汉语语法教学

一、语言学理论与汉语语法教学

语言学理论非常多，主要有结构主义、功能主义、配价语法、构式语法、认知语言学理论等，这些理论都与对外汉语语法教学有着密切的关系。

1.1　结构主义与语法教学

结构主义理论的创始人是瑞士语言学家斐迪南·德·索绪尔，他把语言区分为语言和言语，认为语言是一个符号系统，语言学是研究符号组合规律的学问。结构主义语言学主要有三大学派。一是特鲁别茨柯依、雅各布森为代表的布拉格学派，即功能语言学派。他们的语言观是结构主义和功能主义的结合，提出语言是多功能的结构体系，由多个相互依存的次系统构成。该学派以音位研究著称，主要贡献是首次系统地阐明了音位学的任务、原理和研究方法。二是布隆达尔、叶尔姆斯列夫为代表的丹麦哥本哈根学派。该学派以语言结构关系的研究和这种研究的数学性质而著称。三是以布龙菲尔德为代表的描写语言学派。布龙菲尔德在其《语言论》中制定了语言结构描写的基本原则和方法，提出了"语素""向心结构""离心结构"等概念，注重语言形式分析，创造了直接成分分析法，采用分布和替代的方式分析语言结构。

不管是欧洲结构主义语言学派，还是北美结构主义语言学派，他们都接受索绪尔的基本观点和理论，都区分语言和言语、共时研究和历时研究，认为语言是形式而不是实体，研究语言是研究语言系统中各种成分之间的关系。

结构主义理论认为语言是一个结构体系，是由大大小小的语言单位按

照一定的规则组织起来的,因此,可以对语言的结构进行描写和分析。这种理论在对外汉语语法教学中占据着非常重要的地位,因为习得汉语就是习得汉语的语法规则,而汉语的语法规则是通过描写发现的。要对汉语的语法规则进行描写,必须运用结构主义的理论。如"有点儿",其用法是"有点儿+形容词/动词",修饰的形容词多是贬义的,动词主要是表示心理活动方面的。通过这种描写,能够清楚地显示"有点儿"的使用规则,外国学习者学习了以后,就可以生成合格的句子来。

再如"把"字句,研究发现"把"字句的结构是"主语+把+宾语+动词+其他",其中的宾语一般是有定的,谓语动词为及物动词,而且不能是光杆动词。通过对"把"字句规则的这种描写,能够让外国学习者知道"把"字句的结构特点,他们可以根据这些特点,造出结构上正确的"把"字句。

因此,从这个角度来看,结构主义理论是对外汉语语法教学的基础理论。

但是只有描写还不够,因为描写只重视形式,忽视意义、功能等。众所周知,"把"字句是外国学习者使用时最容易出错的句子,容易出错的原因,不是我们对"把"字句的描写不够清楚,到目前为止,"把"字句的结构规则可以说描写得相当清楚。但是不管是中级水平的外国学习者,还是高级水平的外国学习者,"把"字句的使用问题仍然没有得到很好的解决,其中最突出的问题是外国学习者不知道什么时候应该用"把"字句,什么时候不能用"把"字句。学界一般认为"把"字句表示处置,因此外国学习者遇到"处置"的情况就用"把"字句,例如:

(1) *我把排球打了半个小时。

(2) *他把那件不愉快的事知道了。

例(1)、(2)显然都是错误的。因为"把"字句虽然表示处置,但冯胜利、施春宏(2015)认为"把"字句用来表达物体的位移或行为引发的结果,而上面两例显然都不符合这一特点。

"被"字句也有同样的问题,在教授"被"字句时,一般都说"被"字句用于"被动",引进动作的施动者,其结构为"主语+被+(宾语)+动词+……"。正因为如此,外国学习者遇到这种情况就用"被"字句,例如:

(3) *这个星期他被老师表扬了好几次。

(4) *这个月的房租还没被交呢。

例(3)、例(4)都不合适,因为冯胜利、施春宏(2015)指出,"被"字句常常表达承受某种结果,这种结果常常是不如意的、不希望发生的。

汉语 VC_1C_2 带宾语主要有两种位置:

A. VC_1C_2O(拿出来一本书)

B. VC_1OC_2(拿出一本书来)

描写语法只告诉我们这两个句子的结构规则是不一样的,前者是 VC_1C_2O,其中的宾语一般为数量名;后者是 VC_1OC_2,其中的宾语可以是名词,也可以是数量名等。外国学习者虽然能够按照这些规则造出句子,却不知道这两类句子的区别在什么地方。在他们看来,这两类句子只是结构形式不同,意义完全相同,因此常常混用。

其实不然,这两种结构形式在功能上有很大的不同。据张伯江、方梅(1996)考察,A 式表示无指的能力强于 B 式(有指成分表现的是话语中的某一个实体,有明确的外延,无指成分只是强调该成分的内涵);B 式可以引入新信息,也可以引入旧信息,但 A 式只能引入新信息;A 式只能理解为叙述句,B 式可以用于叙述句,也可以用于祈使句。可见,只告诉外国学习者"动词+复合趋向补语"带宾语的结构规则是不够的,必须把这些格式功能上的差异告诉他们。只有这样,才能使他们不但说出或造出正确的句子来,而且使用得得体恰当。

以上情况说明,只给出一些句子的结构规则是远远不够的,必须把这些句子功能上的特点告诉学习者,这样,学习者学到的东西才是完整的。这也说明结构主义理论在对外汉语语法教学中存在一定的局限性。

1.2 功能主义与语法教学

功能主义也有很多派别,如以 Greenberg 为代表的语言类型学、Chafe 和 Thompson 的话语语法、以 Halliday 为代表的系统功能语法等。功能主义主要着眼于语言构造中的功能因素,注重自然、实际的语料,重视语义、语用和话语分析。功能语言学追求的是对语言现象的解释,这种解释主张从语言结构的外部去寻找,这个"外部",沈家煊(1996a)归纳为三个方面。一是语言的功能。语言是交际工具,因此语言的功能就是实现人和人之间的信息交流,语言的结构是为满足信息交流的需要而不断自我调适的结果。二是从认知上解释。功能主义认为人的语言能力属于认知能力,各种语言在结构上的异同是不同的民族不同认知方式的反映。三是从语言的历时演变来解释语言的共时结构。

功能主义在对外汉语语法教学中的作用也是显而易见的。一是这种理论可以用来指导对外汉语教学中的语法研究。前面说过,结构主义理论是对外汉语语法教学的基础理论,但是结构主义理论只重形式,忽视意义,特别是功能,而探究语言形式的功能才是语言教学的真正目的,才能告诉学习者某一个句法形式和另一个句法形式意义上、功能上的异同,也才能保证他们使用的时候不但形式正确,而且功能正确,用得得体。因此,从对外汉语语法教学的角度看,汉语语法的功能研究应该也必须加强。

二是汉语功能语法方面的研究成果可以用于对外汉语语法教学。汉语语法功能方面的研究成果目前不多,专著更是少之又少,主要有张伯江、方梅的《汉语功能语法研究》(1996)和屈承熹的《汉语认知功能语法》(2005)。汉语功能语法方面的研究成果很多都可以直接或间接地运用到对外汉语语法教学中去。如现代汉语中有主位后置情况:

(5) 不去了,我。

(6) 干什么呢,这儿?

张伯江、方梅(1996)指出,主位后置是对话体的特有现象,多出现于疑问句、祈使句、感叹句和否定句中,从功能的角度看,这些句子都是含有强化焦点手段的非常规句。这一研究成果不仅能够让外国学习者知道汉语的主位可以移位,更能让他们知道什么时候、哪些情况下可以使用。

再如:

(7) 张刚是谁?

(8) 谁是张刚?

这两个句子的组成成分完全相同,但它们的功能却不同。张伯江、方梅(1996)指出,这两个句子的预设和焦点都不同。前者的预设是说话人不知道"张刚"这个人,后者的预设是说话人知道"张刚"这个人,也知道他在场,但是辨认不出来。"谁"在动词后,等于问"张刚是什么人",它要求说明性的句子与之相配;"谁"在动词前,等于问"哪个人是张刚",要求指别性的句子与之相配。显而易见,这些都是学习者需要掌握的内容,如果不掌握这些内容,他们就会把二者等同起来,出现混用的情况。

汉语的"动词+数量"带宾语有两种位置:

A. 动词+名词+数量(找老师一下)

B. 动词+数量+名词(找一下老师)

这两种结构的组成成分完全相同,表示的意义也基本相同,但功能上有所不同。张伯江、方梅(1996)指出,A 式中的名词总是表示旧信息,而 B 中的名词常常表示新信息;前者名词表示定指性成分的能力要大于后者。学习者了解了这些功能上的特点后,就会知道什么情况下用 A 式,什么情况下用 B 式,减少 A、B 混用的情况。

1.3 配价语法与语法教学

配价语法是 20 世纪 50 年代法国语言学家 Tesnière 提出来的,他用这个概念说明一个动词能够支配多少种不同性质的名词。(陆俭明、沈阳 2004)实际上,吕叔湘(1955)就有类似的看法,他指出汉语的句式基本上可归入四群:

1. 甲 V 乙

2. 甲乙 V

3. 甲 V

4. V 甲

这种以动词为中心,说明动词能够支配的成分的看法显然就是一种配价思想。

配价语法 90 年代引入我国,从那时候开始,出现了一阵用配价理论来研究汉语语法的热潮,涌现了一批研究成果,而且出版了一些会议论文集和专著,像沈阳、郑定欧主编的《现代汉语配价语法研究》(1995),袁毓林、郭锐主编的《现代汉语配价语法研究》第二辑(1998),袁毓林的《汉语动词的配价研究》(1998)和《汉语配价语法研究》(2010),周国光的《现代汉语配价语法研究》(2011)等。

配价语法强调的是句子的必有成分,一个动词能支配多少个不同性质的名词性成分,那么这个动词就是几价动词。例如:

(9) 我买书。

(10) 他给小王一本书。

前者的"买"有两个必有成分,即"我"和"书",因此是二价动词;后者的"给"有三个必有成分,即"他""小王"和"一本书",因此是三价动词。

不但动词有价,名词、形容词也有价,像"意见""兴趣"就是二价动词,因为涉及两个必有成分。例如:

(11) 他对我有意见。

(12) 我对汉语感兴趣。

"意见"涉及的两个必有成分是"他"和"我","兴趣"涉及的两个必有成分是"我"和"汉语"。

形容词也有价,如"热情""友好",这些形容词都是二价的。例如:

(13) 他们对我很热情。

(14) 中国人对外国人很友好。

"热情"必然涉及一个主体和一个客体,即是二价形容词,"友好"也一样。

关于配价理论与对外汉语语法教学的关系,陆俭明(1997)已有论述,他指出配价理论可以用来武装教师,是教师教学、研究的一种理论储备。不仅如此,配价语法还能发掘一些语法问题。例如:

(15) 老师对我们很好。

(16) 哥哥对电脑很内行。

表面上看,这两个句子中的形容词都是二价的,但是实际上是不同的,因为前者的与事必须用介词引入,而后者的与事可以不用介词引入,试比较:

(17) 老师对我们很好。——*老师我们很好。

(18) 哥哥对电脑很内行。——哥哥电脑很内行。

再如,"辅导"和"指导"都是三价动词,例如:

(19) 我辅导他汉语。

(20) 王老师指导我写毕业论文。

但是"辅导"的三个支配成分可以在一个句子中共现,与事和受事可以以双宾语形式出现,但"指导"的与事和受事不能以双宾语的形式出现(*王老师指导我毕业论文)。这说明二者还存在着不同,这种不同是描写语法很难发现的。

1.4 构式语法与语法教学

构式语法是 Adele E. Goldberg 和 Paul Kay 等在 20 世纪 90 年代提出来的。该语法理论源于 C. J. Fillmore 的"框架语义学",是以认知语言学为理论背景的,符合认知语言学的"整体大于部分之和"的完形原则,强调一个句式就是一个完整的认知图式,是一个完形,整体大于部分之和,整体意义不等于各组成部分意义的简单相加。

在语法教学中,借鉴构式语法的思想来处理某些语言现象,能起到较好的效果。有很多语言形式,在理解时注重组成成分意义不如注重整体的构式义有效,例如:

(21) 好的$_1$(好的留着。)

好的$_2$(A:吃饺子吧。B:好的。)

(22) 算了$_1$(这道题你算了吗?)

算了$_2$(算了,一块钱要什么呀!)

按照句子成分分析法,一般把"好的$_1$""好的$_2$""算了$_1$""算了$_2$"分析成"好+的"和"算+了",所以把它们分开教,结果导致外国学习者不明白每组第二句中的"好的$_2$"和"算了$_2$"的意思。

再如:

(23) 太好了。

(24) 质量没的说。

以上二例教学中一般采取结构主义的方法,分别解释"太""好"和"了"以及"质量""没""的"和"说"的意义,弄得很烦琐。从构式的角度,可以直接教给外国学习者"太+A+了""名词+没的说"格式,告诉学习者"太+A+了"表示程度非常高,"名词+没的说"也表示程度非常高,且是正面的评价。这样处理的好处是避免了对虚词等的烦琐解说,也真实地反映了格式所具有的整体意义,达到了以简驭繁的效果。

1.5 认知语言学与语法教学

认知语言学强调以身体经验和认知为出发点,以概念结构和意义研究为中心,探求语言的认知方式,并通过认知方式和知识结构等对语言做出统一解释。例如：

(25) 我去上海。

这个句子为什么不是"上海我去""去我上海""去上海我"，可以从认知的角度加以解释，因为任何事件都必须有一个动作者，即动作者在先，行为在后，因此"我"应该在"去"的前面；"上海"是"去"的目的地，因此动作在前，目的地在后。

认知语言学有很多理论，像范畴化的原型理论、标记理论、时间顺序原则、距离象似动因等，这些理论在对外汉语语法教学中都具有很好的应用前景。

(一) 原型理论与语法教学

范畴化有三种理论：经典范畴理论、家族相似性和原型理论。经典范畴理论认为，范畴有明确的界限，任何一个事物都会属于某一个范畴，不会出现模糊的情况，范畴中的成员的地位是平等的。Lakoff(1987)把经典范畴理论形象地比喻为"容器"，具备定义性特征的个体在里边，不具备的在外边。

Wittgenstein(1953)发现有的概念范畴是以家族相似性的方式组织起来的，范畴内部成员之间没有共同的特征，只是一个成员和另一个成员共有一个或多个特征，另一个成员又与某一个成员共有一个或多个特征，它们环环相连，构成一个范畴。(沈家煊 1999)

原型理论认为范畴化中起关键作用的是认知上显著的"原型"，类别和类别间没有明确的边界，不同的类别存在着交叉。类别中的成员的地位是不平等的，有典型成员和边缘成员的分别，类别中的边缘成员常常很难判断归属于哪种类别或范畴。原型理论得到了心理学家 Rosch 和语言学家 Labov 实验研究的证明。Rosch 对"鸟"范畴做了一个实验，列出了"鸟"的(a)生蛋、(b)有喙、(c)有双翼和双腿等十三种属性，结果发现"鸟"这一范畴具有原型性：知更鸟是典型成员，具有最多的"鸟"的属性，"鸵鸟""鸭子""母鸡"等与其他成员的共有属性很少，是边缘成员。Labov 对"杯子"也进行了一个实验，让被试辨认一组大小、高矮不同的杯子，结果表明，"杯子"这一范畴也存在着原型性，存在着典型和边缘的区别。(张敏 1998，赵艳芳 2001)

原型理论在对外汉语语法教学中具有以下两个指导作用：1. 在教材编写中，语法项目的选取不能是盲目的，应该抓典型；2. 语法教学中应选择典型性的、有代表性的成分进行讲授,不典型或边缘性的内容可以缓讲或不讲。

"把"字句有很多句式,到底应该先教哪些句式,后教哪些句式,过去不是很清楚。像《实用汉语课本》第二册第46课的语法点中出了"名词/代词＋把＋名词/代词＋动词＋其他成分"这样的句式:

(26) 我把这件事忘了。

(27) 你把门开开。

(28) 他把书整理得很好。

而第47课中却出了一些"特殊"的"把"字句:"把＋O＋V＋到/在＋处所宾语",例如:

(29) 你把枣儿放在哪儿了?

(30) 他们把我送到车站才跟我说"再见"。

但据张旺熹(2001)对1996年第一季度《人民日报》的统计,2160个"把"字句,其中表示空间位移的1121个,占51.8%。这1121个表示空间位移的"把"字句,各个空间层面的"把"字句所占比例如下:

表1 "把"字句各空间层面的分布情况

空间层面	物理	时间	人体	社会	心理	范围	泛方向
数量	263	41	141	124	326	41	185
比例(%)	23.4	3.7	12.6	11	29	3.7	16.5

据此,他把由方位介词短语和趋向动词充当补语且表示物体发生位移的"把"字句当作"把"字句系统中的典型形式,指出"把"字句表现一个物体在外力作用下从甲点转移到乙点的位移过程,"把"字句是用来凸显一个物体在外力作用下发生空间位移的典型句法形式。也就是说,《实用汉语课本》把"把＋O＋V＋到/在＋处所宾语"这种典型的"把"字句当作了"特殊"句式,安排在教材的后面进行教学,而把非典型的"把"字句安排在教材的前面进行教学,这显然不符合原型理论,说明《实用汉语课本》在安排语法项目时存在着很大的盲目性。

VC_1C_2带宾语有四种位置:

A. VC_1C_2O(走出来一个人)

B. VC_1OC_2(拿出一本书来)

C. VOC_1C_2(带一把伞过来)

D. 把OVC_1C_2(把头抬起来)

杨德峰(2005a)利用CCL现代汉语语料库对王朔、汪曾祺、邓友梅、老舍等作家的近三百万字的小说、散文、话剧作品进行了检索,统计出以上四种句式的使用情况:

表2 四种句式的分布情况

格式	A	B	C	D
数量	197	803	15	759
百分比(%)	11.1	45.3	0.8	42.8

从表中可以看出,1774个例句中,B式803例,约占总数的45.3%,将近一半;D式759例,约占总数的42.8%;A式只有197例,约占总数的11.1%;C式最少,只有15例,约占总数的0.8%。这四种句式从使用频率上来看,呈现如下序列:

B>D>A>C

从宾语的角度来看,B式的宾语可以是名词性成分、代词、数量(名)结构,还可以是谓词性成分,即能够进入的词语最多;D式的宾语可以是数量名,但名词性成分和代词比较多。

从使用频率来看,B式的使用频率最高,D式次之。四种句式的使用频率如下表:

表3 四种句式的使用频率

句式	A	B	C	D
使用频率(%)	0.0066	0.0268	0.0005	0.0253

从句类的角度看,B式、D式都可以用于陈述句和祈使句。例如:

(31)他走过去,拿起一本书来,翻了翻又放下了。

(32)弟弟把书扔下去了。

(33)拿出一张纸来,我们听写!

(34)把腿抬起来!

前二例是陈述句,后二例是祈使句。

但A式只能用于陈述句,C式只能用于祈使句(张伯江、方梅1996),而且C式的使用频率很低。另外,C式在认知上还有一个缺陷,即很容易与连动句或兼语句混同起来。例如:

(35) 拿一张纸出来

(36) 打一个电话过去

以上两个句子都有歧义,"拿一张纸出来"既可以是"拿出来一张纸",也可以是"拿一张纸,然后出来";"打一个电话过去"既可以是"打过去一个电话",也可以是"打一个电话以后再过去"。关于这一点,范继淹(1963)早就做了论述。

综合以上情况,可以得出结论说,B式、D式是典型句式,A式、C式是边缘句式,教学时应该先教B式、D式,后教A式、C式。

副词在句中的位置十分复杂,杨德峰(2008c)指出,主语为名词性成分时,时间副词、情态副词、范围副词、否定副词、重复副词、关联副词都半数以上只能出现在主语后面,特别是情态副词和重复副词,前者90%以上只能位于主语后面,后者只能出现在主语后面的超过80%。虽然各类副词也有不少既可以出现在主语前面,也可以出现在主语后面,但是与只出现在主语后面的相比,数量要少得多。主语为数量(名)时,时间副词、情态副词、语气副词、范围副词、否定副词、重复副词和关联副词有的能出现在主语前面,也能出现在主语后面,有的只能出现在主语后面。主语为疑问代词时,时间副词、否定副词、关联副词一般出现在主语后面,而语气副词则相反,多出现在主语前面。也就是说,副词是出现在主语前面,还是出现在主语后面,跟主语有直接的关系,主语不同,副词的位置常常有所不同。尽管副词位于主语前还是后的情况非常复杂,但是总的来看,仍以出现在主语后面为常见。

以上情况表明,副词的句法分布存在着范畴化现象,出现在主语后面是副词的原型句法分布,出现在主语前面是副词的边缘句法分布。应该先教典型分布,后教边缘分布。

杨德峰(2012b)发现主谓谓语句也存在着典型句子和非典型句子之分:

典型句子	边缘句子
处所+施事+VP	施事+处所+VP

处所＋受事＋VP	受事＋处所＋VP
受事＋施事＋VP	施事＋受事＋VP
对象＋施事＋VP	施事＋对象＋VP
工具＋受事＋VP	受事＋工具＋VP
材料＋施事＋VP	施事＋材料＋VP

对外汉语语法教学中应该先教典型的主谓谓语句,即"处所＋施事＋VP""处所＋受事＋VP""受事＋施事＋VP""对象＋施事＋VP"等,边缘的主谓谓语句"施事＋处所＋VP""受事＋处所＋VP"等应该缓教或不教。

（二）标记理论与语法教学

标记理论是布拉格学派的 N. Trubetzkoy 和 R. Jakobson 创立的。Trubetzkoy(1931,1939)认为音位有三种对立：

缺值对立:甲有,乙无。如[t'][t],前者送气,后者不送气。

级差对立:几个音位只是在某一特征的程度上形成对立。如[i][e][a],它们的对立只是开口度不同。

等值对立:对立的音位各有各的特征。如[b][f],发音部位完全不同。

以上三种对立中的第一种是有无标记的对立。（沈家煊 1999）

沈家煊(1999)把判断有标记项和无标记项归纳为六个标准：

1. 组合标准

一个语法范畴中,用来组合成有标记项的语素数比无标记项的多,至少一样多。如英语的单数是无标记项,复数是有标记项,复数要加-s,单数不加。

2. 聚合标准

聚合成一个无标记范畴的成员比聚合成一个有标记范畴的成员多,至少一样多。像英语的第三人称单数是无标记项,它有 he,she,it 三个成员；复数是有标记项,只有 they。

3. 分布标准

无标记项的分布范围比有标记项的广,至少一样。如主谓谓语句相对于主动宾句来说,主谓谓语句是有标记项,主动宾句是无标记项,后者的分布范围要比前者广。

4. 频率标准

无标记项的使用频率比有标记项的高,至少一样高。如"大"和"小"、"多"和"少","大"和"多"是无标记项,"小"和"少"是有标记项。《现代汉语频率词典》中"大"的频率是 0.40277%,而"小"的则为 0.29070%,前者是后者的一倍多;"多"的频率为 0.16274%,"少"的频率为 0.04321%,前者是后者的三倍多。

5. 意义标准

无标记项的意义比有标记项的宽泛,或者说有标记项的意义包含在无标记项中。如"来"和"去","来"是无标记项,"去"是有标记项,"来"既可以表示朝着说话人运动,也可以是离开说话人运动,而"去"只能是离开说话人运动。

6. 历时标准

如果有标记项和无标记项都有标志,有标记项的标志早于无标记项的标志出现,晚于无标记项的标志消失。

由于无标记项具有认知上的显著性,它们最容易引起人的注意,在信息处理中最容易被储存和提取,因此也就最容易被人们认知。

标记理论与范畴化理论相似,能为对外汉语语法教学提供一个教学内容选择的标准:在教材编写和教学中,应该先安排或先教无标记项,后安排或后教有标记项,使得我们的教学更符合认知规律,减少教学中的盲目性,提高教学效率。

沈家煊(1999)发现,名词做主、宾语是无标记的,动词做谓语是无标记的,形容词做定语是无标记的。形容词存在着性质形容词和状态形容词的区别,它们的语法功能的标记情况如下:

	无标记	有标记
性质形容词	定语	谓语
状态形容词	谓语	定语

因此,在教授名词、动词、形容词的语法功能时,应该先教它们的无标记功能,后教有标记功能。

沈家煊(1999)指出,汉语的语序有如下几种:

甲．AVO　　（我吃饺子）

乙．OAV　　（饺子我吃）

丙．AOV　　（我饺子吃）

丁．VO，A　（吃饺子，我）

甲是无标记句,乙、丙、丁都是有标记句,只是存在着程度的不同。在教材编写和教学中,应该先安排或先教甲句,后安排或后教其他三种句式。

"VP 的"称代"VP 的 NP"中 NP 的规则,不少学者都做过探索。朱德熙(1978)指出,汉语的"VP 的 NP"有两种不同的类型,例如:

（37）开车的人

（38）他讲的故事

（39）开车的技术

（40）走路的样子

朱先生认为前二例的中心语"人"和"故事"因为是潜主语和潜宾语,所以都可以省去,也就是说"开车的""他讲的"可以指代"开车的人"和"他讲的故事"。后二例的中心语"技术"和"样子"因为既不是潜主语,也不是潜宾语,所以不能省略。

朱先生对"VP 的"称代"VP 的 NP"中 NP 的概括还是十分中肯的,但是也有人指出朱先生的规则存在着不足(黄国营 1982,郭锐 2000,沈阳 2003),因为 VP 中无句法空位时,"VP 的"也可以转指:

（41）孩子考上大学的请留下来。

（42）没有小偷不偷东西的。

前一例的"孩子考上大学的"是指"孩子考上大学的家长","孩子考上大学"中没有句法空位,后一例的"小偷不偷东西的"是指"小偷不偷东西的事","小偷不偷东西"中也没有句法空位,但 NP 却可以省略。

袁毓林(1995)认为提取施事、受事、当事或结果的"VP 的"是自由的,既能做定语,也能称代中心语独立做主宾语;提取时间、处所、工具、与事的"VP 的"是黏着形式,通常只能做定语,不能称代中心语独立做主宾语。袁毓林的结论要比朱先生的全面,但还是有一些问题。

郭锐(2000)对"的"的性质重新进行了界定,他认为"的"是饰词标记,它可以把一个谓词性成分或体词性成分转化为饰词性成分,并指出"VP 的"转指的条件是：

① "VP 的 NP"中的 NP 不与 VP 中的有形论元成分（包括代词）同指时，"VP 的"才有转指（即 NP 隐去成为 Pro）的可能。

② 在条件①规定的可能情况下，如果没有语境提供的信息，NP 与 VP 的宾语同指时，"VP 的"转指最容易，与主语同指时次之；NP 与 VP 的非论员成分同指时，极不容易转指。

他还补充说，在满足条件①的情况下，具体使用中能否转指，指哪一个对象，主要由语境决定。郭锐采取了比较宽泛的办法，这种办法比较灵活，但是由于太宽泛，所以规律性就比较差，不容易操作，此其一；其二，他指出 NP 与 VP 的宾语同指时，"VP 的"转指最容易，与主语同指时次之，这种说法也缺乏足够的证据。

杨德峰（2004）发现，有些提取时间的"VP 的"同样可以称代中心语，即 NP，例如：

(43) 没有他不回家的时候。→没有他不回家的。

(44) 没有你不说我的时候。→没有你不说我的。

(45) 没有你不插嘴的时候。→没有你不插嘴的。

以上三例中的"VP 的 NP"的 NP 表示的都是时间，但都可以省略，即"VP 的"可以称代 NP。

因此，杨德峰（2008b）指出，尽管过去对"VP 的"称代"VP 的 NP"中 NP 的规则从不同的角度做了一些探索，尽管对"VP 的"称代 NP 的规则在做不断的修正，"VP 的"的称代规则也越来越严密，但是总能找出一些疏漏或例外。实际上，称代"VP 的 NP"中 NP 的"VP 的"也存在着范畴化现象，"VP 的"中也存在着原型成员和边缘成员的区别。NP 为施事、受事、结果时，称代"VP 的 NP"中 NP 的"VP 的"分布范围很广，既可以做定语，也可以做主语、宾语。此外，"VP 的"还可以做谓语，例如：

(46) 瓦特呀，发明蒸汽机的。

(47) 压岁钱奶奶给的。

(48) 蒸汽机瓦特发明的。

但 NP 为领事、与事、工具、处所、时间、原因时，称代"VP 的 NP"中 NP 的"VP 的"分布范围比较窄，一般做定语，虽然可以做主语、宾语，但有严格

的条件限制。特别应该注意的是,它们都不能做谓语,例如:

(49) *那些家长孩子考上大学的。
(50) *那个学生我借给他一本书的。
(51) *刀我切菜的。
(52) *地方同学们住的。
(53) *时间呀,你们走的。

以上各例的"那些家长""那个学生""刀""地方""时间"分别表示领事、与事、工具、处所、时间,"VP 的"做谓语句子都不成立。

因此,NP 为施事、受事、结果时,称代 NP 的"VP 的"是无标记的,是原型成员;NP 为领事、与事、工具、处所、时间、原因时,称代 NP 的"VP 的"是有标记的,是边缘成员。在教材编写或教学中,应该先介绍或先教 NP 为施事、受事、结果时"VP 的"称代 NP 的,其他情况可以缓安排或缓教。

(三) 时间顺序原则与语法教学

戴浩一(1985)提出了"时间顺序原则"(PTS,the principle of temporal sequence),即两个句法单位的相对次序决定于它们表示的概念领域里的状态的时间顺序,例如:

(54) 他比我高。
(55) 他在厨房做饭。
(56) 猴子跳在马背上。
(57) 猴子在马背上跳。
(58) 我吃了饭,你再打电话给我。

例(54)—(57)各句中的成分的线性排列遵循着时间顺序原则,例(58)的两个分句的先后顺序也遵循着时间顺序原则。

戴浩一(1985)还提出了时间范围原则:如果句法单位 A 表示的观念状态处在句法单位 B 表示的观念状态的时间范围之内,语序则是 BA,例如:

(59) 他昨天来了。

按照戴浩一的解释,"昨天"限定了事件发生的时间范围,所以放在"来"之前。

但是对以上原则,也有学者提出了质疑。袁毓林(1994)指出,时间顺序原则对两个分句的语序具有较大的解释力,但对短语之间的语序的解释力

就大为降低了,例如:①

(60) a. 他在这儿做饭,在那儿炒菜。

　　　b. 他做饭在这儿,炒菜在那儿。

(61) a. 勇士们向山顶冲去。

　　　b. 勇士们冲向山顶。

(62) a. 他用钢笔抄字,用铅笔做题。

　　　b. 他抄字用钢笔,做题用铅笔。

例(60)的 a 符合时间顺序原则,而 b 则不符合,但也成立。例(61)的 a 符合时间顺序原则,b 不符合,句子也成立。例(62)情况类似。

对于时间范围原则,袁毓林(1994)也提出了一些异议,例如:②

(63) 他出生在新中国成立前。

(64) 他哭了整整一天。

例(63)的"新中国成立前"限定了事件"出生"发生的时间,按照时间范围原则应该在"出生"前,但却放在了"出生"后;例(64)的"整整一天"限定了"哭"的时间,应该放在"哭"前面,但却放在它的后面了。

语序是外国学习者学习汉语的一大难点,外国学习者受母语语序的影响,使用汉语时常常出现语序问题。时间顺序原则可直接运用到对外汉语语法教学中去,用来解释汉语的一些语序现象,使外国学习者知其然,而且知其所以然,例如:

(65) 我在北大学习汉语。

(66) 他们在食堂吃饭。

(67) 妈妈在医院工作。

这些句子的介宾结构"在……"都要放在谓语动词前,原因是介宾结构"在……"表示的动作发生在谓语动词表示的行为动作之前。

时间顺序原则主要可以用来解释以下语序现象:

1. 介宾短语和谓语动词的语序。例如:

(68) 衣服穿在身上。

---

① 以下各例引自袁毓林(1994)。

② 以下二例引自袁毓林(1994)。

(69) 手表戴在手上。

(70) 我给你上课。

(71) 他送给我一本书。

2. 连动句和兼语句。例如：

(72) 我去学校上课。

(73) 父母让我去中国学汉语。

3. 动补句。例如：

(74) 吃干净！

(75) 写清楚！

(76) 饺子吃不完。

4. 复句。例如：

(77) 因为今天下雨了，所以我没去上课。

(78) 如果明天不下雨，我就去长城。

以上各种语序现象，都可以用时间顺序原则进行解释，在教学中能够让外国学习者知道其中的道理，加深对这些句子中各组成成分的先后顺序或复句中各分句的先后顺序的认识，收到很好的教学效果。

（四）距离象似动因与语法教学

张敏(1998)指出，语言学家很早就发现了"距离象似动因"，Behaghel 20 世纪 30 年代初就提出了"概念接近原则"，Jespersen 20 世纪 40 年代末提出过"黏合原则"，Haiman(1983)指出语言成分之间的距离反映了所表达的概念成分之间的距离，Givón(1990)提出了"相邻原则"，认为功能上、概念上或认知上更接近的实体，语码的层面上放得更近。两个语言成分 X 和 Y 之间的形式距离在以下序列中依次减小：

a. X♯A♯B♯Y

b. X♯A♯Y

c. X＋A♯Y

d. X♯Y

e. X＋Y

f. Z

"♯"代表独立的词之间的界限，"＋"代表语素之间的界限，Z 代表 X 和

Y 融合成的单个语素,可以是一个新的语素,也可以是 X 或 Y。

a 中的 X 和 Y 之间插入了 A、B 两个词,因此 X 和 Y 之间的距离最大;b 中的 X 和 Y 之间插入了一个词 A,与 a 相比,X 和 Y 之间的距离显然要小一些;c 中的 X 后带有语素 A,然后与 Y 组合,与 b 相比,其中的 X 和 Y 的距离又要小一些;d 中的 X 和 Y 直接组合,之间没有插入其他成分,相对于 a、b、c 来说,X 和 Y 的距离最小;e 中的 X 虽然也是和 Y 组合,但是 Y 是一个语素而非一个词,也就是说 Y 和 X 都是语素,它们共同组成一个词或一个语素,因此它们之间的距离又小于 d 中的 X 和 Y;f 中的 Z 是由 X 和 Y 融合产生的单个语素,也就是说 X 和 Y 不能切分开,所以 X 和 Y 距离最小。

张敏(1998)还指出,距离象似动因是人类语言结构的一种主要的象似动因,形态学和句法领域有大量的研究都证实了这一点。Greenberg(1963)提出的语言普遍特征中的第 28 条特征是:如果派生词缀和曲折词缀都出现在词根的同一侧,派生词缀一定是在词根和曲折词缀之间。如 makers,是动词 make 加上派生词缀 er 后变成了名词,复数形式 s 只能放在 er 后面,是因为派生词缀 er 和词根的距离比曲折词缀 s 和词根的距离近。他还指出,任何语言中,X 和 Y 在表达不可让渡的领属关系时,语言距离都不会比表达可让渡的领属关系时大。Seiler,Haiman 等 20 世纪 80 年代发现不同语系的多种语言中存在着大量这样的证据(张敏 1998):

可让渡	不可让渡	语言
① X♯Y	X+Y	南岛语系的 Nananai,Hua,Mekeo 语,班图语系的 Kpelle 语
② X+A♯Y	X♯Y	澳洲 Warrgamay 语,班图语系的 Kinyarwanda 语等
③ X♯A♯Y	X+Y	Maung 语
④ A+X♯Y	Y+X	南岛语系的 Puluwat,Aroma 语等
⑤ X♯A♯Y	X♯Y	摩洛哥阿拉伯语,Acooli 语等
⑥ X+A+Y	X+Y	摩洛哥阿拉伯语,美洲印第安语

X 为表示领属者的成分,Y 为表示领属物的成分,A 为表示领属的语缀、助词、介词或量词等。

在对外汉语教学特别是语法教学中,可以借助距离象似动因对一些语法现象做出解释,以提高教学效果和效率。

副词做状语带不带"地",学界有过不少探讨,但主要都是描写,外国学习者往往知其然,不知其所以然,经常出现错误。杨德峰(2008c)发现,副词做状语带不带"地"与副词的构成方式有关,副词的重叠式大多数都能带"地",例如:

(79) 他偷偷地出去了。

(80) 哥哥微微地动了动身。

侯学超的《现代汉语虚词词典》(2000)一共有32个重叠式副词,其中21个后面可以带"地",约占总数的66%,即大多数重叠式副词做状语后面都可以带"地"。这些副词是"白白、常常、匆匆、大大、单单、渐渐、连连、略略、每每、明明、默默、偏偏、频频、悄悄、稍稍、时时、死死、偷偷、远远、早早、足足"。

重叠式副词做状语大多数后面可带"地",从认知的角度可以解释。汉语中重叠式副词很多是由单音节形容词或动词重叠、虚化而来的,张谊生(2000)列举的53个常用重叠式副词,其中有39个由动词或形容词重叠、虚化而来。《现代汉语虚词词典》收录的32个重叠式副词,有21个由动词或形容词重叠、虚化而来,例如:

(81) 白—白白　早—早早　远—远远　明—明明
　　 偷—偷偷　连—连连　默—默默　死—死死

张敏(1998)认为,汉语形容词的重叠式更具有描写性,主观色彩更多一些,它们不是事物的根本属性。重叠式副词同样更具有描写性,主观色彩也更多一些。这些单音节形容词或动词修饰动词后,都可以对动作进行分类,但重叠式副词修饰动词(有的甚至不能修饰单个动词)后却不能对动作进行分类。试比较:

(82) a.　白吃　　　早走　　　远看　　　明说
　　　 a'. 白白地吃　早早地走　远远地看　?明明地说
　　　 b.　偷看　　　连演　　　默看　　　死守
　　　 b'. 偷偷地看　?连连地演　默默地看　?死死地守

a "白吃"中的"白"是"吃"的属性,是对"吃"的分类;"早走"中的"早"是"走"的属性,是对"走"的分类;"远看""明说"情况类似。b 中"偷看"的"偷"是"看"的属性,是对"看"的分类;"连演"的"连"是"演"的属性,是对"演"的分类;"默看""死守"情况类似。

这些看法不是臆测,可以从形式上得到验证。这些结构一般可以出现在"这是……"中:

(83) 这是白吃　　这是早走　　这是远看　　这是明说
　　　这是偷看　　这是连演　　这是默看　　这是死守

而"这是……"是对事物的一种归类。这说明"白吃""早走""远看""明说""偷看""连演""默看""死守"确实构成一种类别,"白、早、远、明、偷、连、默、死"是对动作的分类,而"分类属性和事物的概念距离比情状或一般属性更近"(张敏 1998),因此"白、早、远、明"等与动词的概念距离最近。实际上这些词与动词结合在一起已经具有熟语性,人们是把这些词修饰动词形成的结构看作了一个整体,因此,它们做状语时后面就不能带"地"。

a'、b'中的"白白地吃""早早地走""远远地看""明明地说"以及"偷偷地看""连连地演""默默地看""死死地守"中的"白白""早早""远远""明明""偷偷""连连""默默""死死"不是动作的属性,只是一种主观认识。正因为这样,不能根据它们对动作进行分类。这些副词修饰动词形成的结构都不能出现在"这是……"中,就是一个很好的证明:

(84)　*这是白白地吃　　*这是早早地走
　　　*这是远远地看　　*这是明明地说
　　　*这是偷偷地看　　*这是连连地演
　　　*这是默默地看　　*这是死死地守

以上情况充分说明"白白地吃""早早地走""远远地看"等都不具有指称性,不能用来指称事物,也说明这些结构中的重叠式副词都不是动词的属性,不能对动词进行分类,它们与被修饰的动词之间的概念距离比较远,与动词结合得比较松。

还能证明这一点的是,"白吃""早走""远看""明说""偷看""连演""默看""死守"一般可以加上"的",形成"的"字结构,用来指称事物:

(85) 白吃的　　早走的　　远看的　　明说的
　　　偷看的　　连演的　　默看的　　死守的

然而,"白白地吃""早早地走""远远地看"等都不能加上"的"形成"的"字结构,即不能用来指称事物:

(86) *白白地吃的　*早早地走的　*远远地看的　*明明地说的
　　　*偷偷地看的　*连连地演的　*默默地看的　*死死地守的

即便是以上结构中的副词后不带"地",一般也不能加上"的":

(87) *白白吃的　*早早走的　*远远看的　*明明说的
　　　*偷偷看的　*连连演的　*默默看的　*死死守的

这进一步表明,"白吃""早走""远看"等中的"白""早""远"等因为是"吃""走""看"等的属性,二者结合带上"的"后可以用来指称事物;"白白地吃""早早地走""远远地看"等中的"白白""早早""远远"等因为不是"吃""走""看"等的属性,二者组合带上"的"后就不能指称事物。

以上从另一个角度证明重叠式副词和动词之间的概念距离比较远,所以修饰动词时后面常带上"地"。

多项副词做状语的语序也是外国学习者学习的难点之一,他们搞不清楚哪个副词应该放在前面,哪个副词应该放在后面。黄河(1990)认为影响多项状语语序的因素很多,既有语音上的,也有语义、句法上的,还有语用上的。张谊生(2000)指出兼类同形、结构层次、否定辖域、句法功能和强调重点是副词发生变序的动因。袁毓林(2002)从句法、语义、语用和认知的角度概括出了三项原则:语篇原则、范围原则、接近原则,并指出多项副词的共现顺序必须依次遵循以上三个原则。三位学者的概括各有特色,也都有一定的解释力,比较而言,袁毓林的三个原则概括性比较高,解释力也更强一些。

杨德峰(2008c)通过考察两项副词的共现顺序,指出决定副词语序的主要因素是距离象似动因。时间副词放在情态副词、程度副词、范围副词、否定副词、重复副词之前;情态副词放在语气副词、范围副词、否定副词、重复副词、关联副词之后;语气副词放在程度副词、范围副词、否定副词、重复副词、关联副词、处所副词之前;程度副词放在范围副词、重复副词、关联副词、处所副词之后;范围副词放在否定副词、重复副词之前,关联副词、处所副词之后;否定副词放在关联副词之后;重复副词放在关联副词之后。这都是距离象似动因起作用的结果。拿时间副词和情态副词来说,从反映的概念来看,时间副词与谓语动词的概念距离比较远,而情态副词与谓语动词的概念距离近。因为凡是动作就必然包含着情态,"情态"是动作的一个要素,二者密不可分;而动作并不一定包含"时间"。正因为如此,当时间副词和情态副词同时出现时,情态副词紧挨着动词,时间副词在情态副词的前面。利用距离象似动因能够让外国学习者明白两个副词同时出现时,哪个副词应该在前,哪个副词应该在后,减少他们语序上的错误。

杨德峰(2012b)发现,主谓谓语句的大小主语的位置有的可以互换,有的不能。

"施事+受事+VP"一般能变换为"受事+施事+VP":

(88) 他烤鸡吃过。→烤鸡他吃过。

(89) 我衣服洗了。→衣服我洗了。

不过,前者多用于对比。例如:

(90) 他烤鸡吃过,烤鸭没吃过。

(91) 我衣服洗了,床单没洗。

"处所+施事+VP"一般能变换为"施事+处所+VP":

(92) 上海妈妈去过了。→妈妈上海去过了。

(93) 颐和园他没来过。→他颐和园没来过。

但后者多用于对比。例如:

(94) 妈妈上海去过了,北京没去过。

(95) 他颐和园没来过,圆明园来过。

"处所+受事+VP"一般可以变换为"受事+处所+VP":

(96) 那儿鸡蛋卖光了。→鸡蛋那儿卖光了。

(97) 上海房子卖疯了。→房子上海卖疯了。

"处所$_1$+处所$_2$+VP"都不能变换为"处所$_2$+处所$_1$+VP":

(98) 王府井动物园坐103路。→*动物园王府井坐103路。

(99) 郑州北京西站上车。→*北京西站郑州上车。

大主语是小主语的领有者,大、小主语一般不能换位。例如:

(100) 你儿子鼻子真高。→*鼻子你儿子真高。

(101) 我们学校图书馆非常漂亮。→*图书馆我们学校非常漂亮。

小主语是大主语的属性,大、小主语一般也不能换位。例如:

(102) 哥哥性格好。→*性格哥哥好。

(103) 这条裤子面料还可以。→*面料这条裤子还可以。

他进一步指出,尽管语义和句法都对主谓谓语句大、小主语能否换位有影响,但起决定作用的主要是距离象似动因。这一点例(100)—(103)尤为明显。像例(100),"你儿子鼻子真高"的"高"是说"鼻子"的,而不是说"你儿子"的,即"鼻子"和"高"的概念距离近,因此语序上"鼻子"紧挨着"高",该句的大、小主语不能换位。例(101)的"图书馆"和"漂亮"概念距离近,因而紧挨着"漂亮"。

可见,运用距离象似动因能够较好地解释主谓谓语句大、小主语的换位问题,让外国学习者知道什么时候两个主语能够换位,什么时候不能换位,从而很好地掌握大、小主语的位置。

二、语法分析方法与汉语语法教学

语法分析方法主要有层次分析法、变换分析法和义素分析法,这些分析方法都可不同程度、不同范围地运用到语法教学中去。

2.1 层次分析法

层次分析法是结构主义理论的一个非常重要的分析方法,但这种方法很少运用到语法教学中去,因为语法教学主要是教规则,重点在"用"上,并不要求外国学习者对句法现象做分析。但该方法在语法教学中也并非无用武之地。例如:

(104) 你拿一本书出来。

(105) 关于鲁迅的书。

这些句子都有歧义,为了说明歧义产生的原因,可以做一些简单的层次分析,让外国学习者能够直观地了解意义不同的原因。

2.2 变换分析法

变换分析法经常应用在语法教学中,通过变换分析方法,可以把一些看似无关的语法现象联系在一起,从而收到以简驭繁的效果,例如:

(106) 我看书。→书我看。

(107) 我去上海。→上海我去。

(108) 他吃过烤鸭。→烤鸭他吃过。

通过这种变换,不仅能够建立起新旧语法点的联系,也符合语言习得的循序渐进的原则。

可能补语、"把"字句等也都可以用这种方法来进行教学,以降低难度。具体运用情况,第六讲中已有详论,不再赘述。

2.3 义素分析法

义素分析法为语法分析提供了一个新的思路,也能解决不少语法分析中的难题,使语法分析由重视形式而重视意义。义素分析法同样可以运用到语法教学中去。像"给"字句,外国学习者常常造出一些不合语法的句子:

(109) *我买给你一块手表。

(110) *她做给我一件衣服。

据朱德熙(1979)考察,动词后面能带"给"的动词具有[＋给予]的语义特征,像"寄、卖、送、赠"等,不具备这一语义特征的动词,像"买[＋取得]、做[＋制作]"等,后面就不能用"给"。

如果不利用义素分析法,恐怕外国学习者永远也搞不清"我送给他一本书"可以说,而"我买给你一块手表"不能说的原因。

三、小结

综观上文,不难看出,对外汉语语法教学离不开语言学理论。语言学理论在对外汉语语法教学中都有妙用,但不同的理论,作用不同。结构主义理论是汉语语法教学的基础;构式理论起着方法论的作用,能够指导我们在语法教学中采取较好的策略,以达到更好的教学目的和效果;认知语言学的"时间顺序原则""距离象似动因"具有很强的解释力,能够让学习者学习汉语语法时很好地了解和掌握制约汉语语序的因素,使他们不但知其然,而且知其所以然,从而更好地理解、掌握汉语语法的一些规则,产出语序正确的句子。不仅如此,运用语言学理论研究汉语语法取得的一系列成果,还可以直接或间接吸收到对外汉语语法教学中去,解决语法教学中"教什么"的问题,为语法教学提供素材。

语法分析方法,虽然是研究、分析语法的方法,但在语法教学中同样可以发挥作用,帮助外国学习者去理解汉语语法现象背后的一些动因,从而加深学习者对汉语语法的理解,加深他们的印象,使他们更好地掌握和运用。

鉴于此,对外汉语语法教学必须广泛吸收运用各种语言学理论研究汉语语法取得的成果,并且在教学中有意识地、积极地运用各种语言学理论、分析方法去解释一些语法现象。只有这样,才能提高语法教学的效率,语法教学才能迈上一个新的台阶。

第九讲 语用和语用教学

一、语用在汉语教学中的重要性

语用学是一个交叉学科,是20世纪70年代以后才兴起的。语用学分为两大学派:英美语用学和欧陆语用学。英美语用学开展认知语用学、关联论、新格赖斯会话含义学说、后格赖斯语用学、最简/小命题、真值条件语用学等研究,结合词汇、语境进行词汇语用学研究,以及从研究前指(anaphora)理论发展到系统研究形式语用学等。欧陆语用学把语用学看成是语言的功能的综合,提倡从社会、文化、认知、心理方面看待语言的使用和理解,主张语用学与邻近学科相结合,出现社会语用学、语用与身份认同、文化/跨文化语用学、语用翻译学、语用修辞学、庭审语用学、语篇语用学、语际语用学、实验语用学等交叉学科的研究。(何自然 2013)

关于语用学,定义非常多,Levinson(2001)的《语用学》用了近30页来讨论语用学的定义问题。何自然、冉永平(2009)指出:"语用学是以语言使用和语言理解为研究对象的学问,它反映人们使用和理解语言的客观规律,是一个动态的知识体系。""尽管语用学尚未形成统一、公认的范围,但这门学科本身早已表明,它是与语言应用有关的一门学问;而语言的应用必然关系到人们心理上的认识,关系到社会和文化,关系到人与人在不同场合下的交往、协商与顺应等。"

由于社会文化的差异,语言在语用规则上有着显著的不同。忽视了这一因素,就会产生语用失误,交际就会出现障碍。何自然(1997)指出,说话人在言语交际中使用了语法正确的句子,但说话不合时宜,或者说话方式不妥、表达不合习惯等,具体说来,说话人不自觉地违反了人际规范、社会规约,或者不合时间空间,不看对象,不顾及交际双方的身份、地位、场合等,违反目的语特有的文化价值观念,会使交际行为中断或失败,导致交际不能取得预期效果或达到完美的交际效果。汉语教学就是要让学习汉语的人了解说汉语的本族人的语言、社会、文化、心理、习惯等,并能在运用汉语表达思想时符合说汉语的本族人的这些习惯。

赵金铭(1996)指出,不同阶段语法教学的侧重点不同:初级阶段只需教最基本的形式语法,讲究句法结构,掌握汉语的句型、词序;中级阶段所讲语法侧重语义语法,注意句中成分的语义关系及语义搭配;高级阶段侧重语用功能语法,着重语用的选择和词语的应用,使得习得者具备区别语言形式高下的能力。也就是说到了高级教学阶段,语用教学已成为首要的教学任务之一。因此,离开了语用教学,汉语教学是不完整的,也是不全面的,不但影响学习者的日常交际,而且学习者将永远达不到母语者的水平。Kasper(1997)指出,如果不进行教学,在外语学习环境下,二语语用能力的很多方面会得不到充分发展。Bardovi-Harlig(2001)的研究表明,语用教学是非常必要的,因为未接受语用教学的二语学习者和本族语者的语用表现及对目标语的理解上都存在着明显的不同。

外国学习者使用汉语时出现的大量的语用问题,使得语用教学不仅显得必要,而且更加迫切。英国著名语言学家 Thomas J.(1983)将语用失误分为"语言—语用"失误和"社交—语用"失误。外国学习者使用汉语时,这两个方面都存在着很多偏误。

1.1 "语言—语用"偏误

外国学习者的"语言—语用"偏误很多。陆俭明(2002)指出,英语母语者学习否定的是非问句的时候,容易出现下面的偏误:

(1) A:你不喜欢这种鱼吗?
　　B:*不,我不喜欢。

这种回答显然不符合汉语的习惯。

这种偏误是英语母语者和汉语母语者在回答"是"和"非"时的着眼点不同造成的。汉语回答否定性是非问句时,表示肯定的意见用"是,不……",表示否定的意见用"不,……"。如"你不回家吗?",肯定的回答是"是,我不回家",否定的回答是"不,我回家"。也就是说,说话人是针对问话人的意见来进行回答的。英语对否定性是非问句的回答不是针对问话人的,而是表达答话人自己的意愿,"回家"则做肯定回答,"不回家"则做否定回答,不考虑是否与说话人说的话相承,即英语回答"Aren't you going back?"时,或者回答"Yes, I am",或者是"No, I am not"。

外国学习者使用"上星期"和"下星期"有时也出现问题。例如:

(2)老师:大卫,你上星期三为什么没来上课?

　　学生:昨天我来上课了。

　　老师:我说的是上星期三,不是昨天。

　　学生:＊今天星期四,昨天不就是上星期三吗?

该例中的外国学习者错把"上星期三"当作了"这个星期三"。实际上汉语的"上星期三"和"下星期三"与英语的 last Wednesday 和 next Wednesday 是不对应的。汉语的"上星期三"和"下星期三"是以说话时的那个星期为参照点的。譬如,说话时是星期四,那么"上星期三"是指刚过去的那个星期的星期三,"下星期三"是指过了这个星期以后的那个星期的星期三。而英语则是以说话时的这一天为参照点,说话时是星期四,那么"上星期三"是指昨天;说话时是"星期二","下星期三"是指明天。(吕文华、鲁健骥 1993)

与此类似,"去年×月"和"明年×月"也容易出现偏误。例如:

(3)老师:比尔,你什么时候来北京的?

　　学生:＊去年8月。

　　老师:你不是刚来中国不久吗?

　　学生:是,我刚来中国一个月。

该例中的"比尔"说自己是去年8月来的,实际上应该是今年8月来的。外国学习者出现这样的问题,是因为汉语的"去年×月"与英语的 last 也是不对应的。汉语是以说话时的年度为参照点,如现在是2019年9月,说去年8月,则是指2018年8月。而英语是以说话时的月份为参照点,譬如现在是2019年9月,英语的 last August 则是指刚刚过去的8月份,即2019年8月,而不是2018年8月。汉语的"明年×月"是指来年的那个月,如现在是2019年9月,明年12月是指2020年12月。而英语的 next December 是指2019年12月,而非2020年12月。正因为如此,学习者容易出现以上问题。(吕文华、鲁健骥 1993)

汉语"这"和"那"的区别很清楚,"这"是近指,"那"是远指,汉族人把刚刚过去的当作近,因此总结上文时,习惯用"这"来回指。譬如,发表完自己的意见后常常会说"这就是我的想法""这是我的一点看法"等。英语则认为已经过去的是远,所以用 that。正因为这样,英美国家的学习者常常会出现如下偏误:

(4) *我说完了,就那些。

汉语的"在"和"着"都表示动作进行和状态持续,所以外国学习者很容易把它们等同起来。例如:

(5) 老师:老师在做什么呢?
　　学生:*老师讲着课呢。

实际上"在"和"着"还是有区别的,这种区别主要是语用上的。"在"所在句子可以用于陈述,也可以用于描写;而"着"所在的句子一般用于描写。

屈承熹(1991)认为语用上"着"用来表示跟它相联的动词(或谓语)不如同一话语中其他任何一个动词的分量重。例如:

(6) 她跳着舞唱歌。
(7) 她唱着歌跳舞。

例(6)对于描写歌手或者歌唱节目更合适,而例(7)对于描写舞蹈演员或舞蹈节目则更为合适。

汉语的句子有的有"言外之意",即某些句子除了具有字面上的意思外,还有字面上看不出来的意思。外国学习者由于不清楚这一点,有时会出现说话不妥当的问题。例如:

(8) *张先生很会说话,说得很有意思。
(9) *A:你买得起买不起?
　　 B:那么贵,我买不起。

例(8)"很会说话"言外之意有巧言令色的意思,用在这里显然不合适。例(9)的"买得起买不起"有鄙视对方的意思,这么说很不适合。

汉语的词语有褒义、贬义、中性义感情色彩,外国学习者常常忽视了词语这方面的差异,出现感情色彩方面的问题。例如:

(10) *老师给我戴高帽子。
(11) *老师去看我,岂有此理。
(12) *父母怂恿我来中国学习汉语。

(13) *我觉得吴老师是重要的东西,是别的东西不能替代的。

(14) *老师动不动就表扬玛丽。

例(10)—(14)的"戴高帽子""岂有此理""怂恿""东西""动不动"都带有贬义色彩,用在以上句子中,都不合适。

汉语的词语还有书面语和口语之分,外国学习者也容易忽视这一点,出现该用口语词语却使用了书面语词语这样的偏误:

(15) *刘老师邀请我去他家吃饭。

(16) *等了几个月,也没有归还我照片。

(17) *下个月我去中国访问。

例(15)—(17)的"邀请""归还""访问"都是书面语词语,但却用在口语中了。

也有该用书面语词语而用了口语词语的情况。胡晓慧(2008)指出,下列句中的有些词语都错误使用了口语词语。例如:①

(18) *国家特意给了孩子们休息一天。

(19) *这个日子慢慢变成了全国人都过的一个大日子。

(20) *他每天怎么努力做,他家的情况也没有好起来。

例(18)的"给"应为"允许",例(19)的"日子"应为"节日",例(20)的"做"应为"工作","好起来"应为"改善"。

中国人爱面子,遇到不好的事情,常常采用委婉的说法,以免让对方丢面子,避免给对方造成伤害。外国学习者由于语言水平问题,常常出现该委婉却说得很直白的情况。邓恩明(1996)举过这样两个例子:

(21) 老师:星期六你有空儿吗？来我家玩儿玩儿吧。

　　学生:*不去！太给您添麻烦了。

(22) 甲:下午我可以用一下你的自行车吗？

　　乙:*没门儿。我的车让大卫借走了。

例(21)学生本来是好意,怕去了会打扰老师,但说的话却让老师有些下不了台,"不去"太过直白,应该用委婉一些的"不去了""不打扰了"之类。例(22)的"没门儿"更是态度坚决,让对方没面子,应改为"抱歉"之类。

---

① 以下各例引自胡晓慧(2008)。

不难看出,外国学习者"语言—语用"偏误涉及的面很广,既有词语的内涵问题,也有词语的使用特点、感情色彩、语体色彩问题,还有句子的言外之意以及委婉等问题。

1.2 "社交—语用"偏误

外国学习者"社交—语用"方面的偏误虽没有"语言—语用"方面的那么多,但也不少,这些偏误集中表现在以下几个方面。

(一) 称呼偏误

1. 亲属称呼偏误

汉语的亲属称谓非常复杂,不仅有血亲和姻亲的区分,而且还有远近、亲疏等的区别,因此,外国学习者常常分不清楚,出现偏误。例如:

(23) *有一天,<u>男老人</u>去山上砍树,<u>女老人</u>去川洗衣服。①

(24) *(电视采访)我和我<u>老婆</u>是在中国认识的。

例(23)的"男老人"应为"老大爷","女老人"应为"老奶奶"。例(24)的"老婆"应该为"爱人"或"太太"。

2. 非亲属称呼偏误

汉语熟人之间经常用"老/小+姓"称呼年纪相仿的人,但这种呼语对外国学习者来说比较难。吴丽君等(2002)发现,日本学生使用"老/小+姓"称呼的时候,误用率比较高。据说,有一个留学生去办公室找老师,老师问他找谁,他说找"老王",那个老师感到很惊讶!仔细一问,他是要找王老师。事后老师问他为什么不说找"王老师"而说找"老王",他说因为别的老师都这么称呼。

3. 职务、职业称呼偏误

中国人喜欢用职位或职称来称呼,以显示身份和地位。由于不同的语言存在着差异,外国学习者也常常出问题。例如:②

(25) *军队的<u>干部</u>们决定不让这男孩儿死。

---

① 该例引自吴丽君等(2002)。
② 引自吴丽君等(2002)。

(26)＊果然一个<u>公安人</u>告诉我："龙门宾馆里面有专门对外客的售票口。"

例(25)的"军队的干部"应为"部队领导",例(26)的"公安人"应为"警察"。

4. 社交称呼偏误

社交称呼也称作通用称呼,可以用来称呼某一社会范畴内的每个成员,像"先生""小姐""同志""师傅"等,由于这些词语的使用有一定限制,因此外国学习者也容易出现问题。例如：①

(27)＊一个星期以前,偶然遇到田中<u>同志</u>。

(28)＊我看中国人<u>同志</u>的交涉,动人的力量也有。

(29)＊(在学校)<u>小姐</u>,图书馆在哪儿？

例(27)(28)的"<u>同志</u>"应该删去,例(29)的"小姐"应改为"同学"。

(二) 问候、道别偏误

"吃了吗"用于饭前或饭后,但是有些场合,像正式场合、在卫生间附近就不便使用。《洋姐在北京》就有这样一个笑话：一个美国女孩嫁给了中国人,一天在厕所附近遇到了一位邻居老大爷,出于礼貌,她张口就说"您吃了吗",弄得老大爷很是不快。

有些意大利学生用"你好"跟老师道别,老师觉得很奇怪。后来才明白,意大利语中有一个常用的 ciao,该词既可以用于见面时的问候,也可以用于道别。受此影响,有的意大利学生把"你好"用于道别。

李月侠(2009)发现有的初级水平的泰国学生跟人道别时也用"你好",因为泰语的 สวัสดี 既可以用于见面时的问候(相当于"你好"),也可以用于告别(相当于"再见")。

(三) 谦虚偏误

《尚书・大禹谟》："满招损,谦受益。"中华民族崇尚谦虚,以谦虚为美德。外国学习者受母语文化的影响,常常在这方面出现一些偏误。例如：

(30) A：你能不能教教我？

　　　B：＊我爷爷是<u>专家</u>,你跟他学吧。

---

① 例(27)(28)引自吴丽君等(2002)。

(31) A：请你介绍一下你自己吧。
　　　B：＊我叫大卫，是美国派来的专家。

这种称呼家人或自己为"专家"的做法，显然不符合我们中国人的谦虚规范，有"老王卖瓜"之嫌。

（四）客气偏误

中国人好面子，好客气，请求或拒绝别人时，不好意思直说，喜欢绕着弯子说，委婉地表达。外国学习者受母语文化的影响，常常说得比较直白。有学者讲过这样的事：学汉语的美国学生到中国人家里做客，主人劝酒，美国学生却说："我已经说不喝了，你为什么还让我喝？"美国学生不了解中国的客气习惯，套用母语文化习惯，出现了语用失误。还有一次宴席上，美国学生则说："你们的啤酒真好喝，请再给我一杯，可以吗？"这也不符合中国的客气习惯。（李军、薛秋宁 2005）

以上这些"社交—语用"方面的偏误，有些比较常见，像称呼、客气方面的语用偏误；有些相对来说要少一些，如问候、道别和谦虚方面的偏误。但是这些问题都不可轻视。

要解决外国学习者出现的以上语用问题，必须运用语用学理论和汉语语用方面的研究成果。只有如此，才能使得学习者知道哪个地方出了语用问题，出现的语用问题是什么，从而使得表达更准确、更得体。

二、汉语语用研究成果

从上文可以看出，外国学习者语用方面存在的问题还是非常多的，这提醒我们，在对外汉语教学中，不但要进行词汇、语法、汉字等的教学，也必须重视语用教学，必须把语用作为对外汉语教学中的一个重要内容。

要在教学中进行语用教学，就需要了解汉语一些词语、句子以及一些表达方式的语用条件，而这就必须了解语用方面的研究成果。汉语"语言—语用"和"社交—语用"方面的研究成果很丰富，下面介绍一些与汉语教学密切相关的成果，以供教材编写和教学时参考。

2.1 "语言—语用"方面的成果

汉语"语言—语用"方面的研究取得了比较丰硕的成果,这些成果很多可以直接或间接吸收到对外汉语教学中去。

（一）"有点儿"和"一点儿"

"有点儿"和"一点儿"都表示程度低,外国学习者常常混用。例如：

(32)＊今天一点儿冷。

(33)＊这个比那个有点儿大。

实际上"有点儿"和"一点儿"的语用条件不一样,葛锴桢(2015)通过对语料的统计分析,发现它们的语用特点如下：

表 1 "有点儿""一点儿"的语用特点

	语用特点
有点儿	评价人的特征或行为,用于现实句
一点儿	表示期望,用来描述,可用于现实句,也可用于非现实句

表中显示"有点儿"多用于评价人的特征或行为,用于现实句;而"一点儿"用于表达期望,用来描述,可用于现实句,也可以用于非现实句。

（二）动词重叠式

动词重叠式是汉语特有的一种句法现象,外国学习者常常不知道什么情况下应该使用,即不知道它的语用条件。张爱民、杜娟(2005)发现祈使句式如果没有特定的动词重叠式的帮助,一般是很难有丰富的表义功能和语用功能的。因为祈使句是要求听话人去办一件事,按照中国人的习惯,求对方办事通常要用委婉、缓和的语气,动词重叠式在语用中增添的语法意义跟祈使的语气相吻合,因此,动词重叠式用在祈使句中居多。卢福波、吴莹(2005)也认为动词重叠多用于祈使句,她们指出"VV"表示的动量是一个更加难以刻画的弱量,比"V一下"更加模糊,说话人选用"VV"用于请求时,没有给听话人强加性的任务要求。如果听话人选择做,说话人对所做量也没有硬性要求,完全由听话人根据自己的意愿来决定。因此,这类请求句语力最弱,任务的强加性也最弱。由于说话人主动出让一定选择权,给予听话人一定随意选择的可能,因此对语效所抱期望值也最低。

（三）状态补语

状态补语也是学习者学习的难点,他们不但掌握不好它的句法特点,更不清楚它的语用特点。鲁健骥(1992)发现状态补语的使用条件是:状态补语所要评价、判断或描写的是已经发生的或正在发生的动作或事件以及与该动作或事件相关的人或物。状态补语句的使用往往与一个叙述前提条件的句子相呼应,这种呼应有显性和隐性之分。例如:①

(34)——书到用时方恨少,学任何东西都不会多余的。
　　——孩子,你爸爸<u>说得对</u>。

(35) 才跑了五圈,疲劳感来了,<u>来得这么快</u>。

前一例状态补语对前提句的呼应是隐性的,后一例是显性的。

（四）"动词＋复合趋向补语"带宾语

"动词＋复合趋向补语"带宾语主要有三种位置:

A. 动词＋复合趋向补语＋宾语(拿出来一张纸)

B. 动词＋简单趋向补语＋宾语＋来/去(拿出一张纸来)

C. 动词＋宾语＋复合趋向补语(拿一张纸出来)

以上三种格式,什么情况下该使用 A,什么情况下该使用 B、C,即这三种格式的语用特点,外国学习者也常常搞不清楚。

张伯江、方梅(1996)发现这三种格式用于祈使的趋势是 A＜B＜C,而用于陈述的趋势是 A＞B＞C。前一个序列表示,在用作祈使句时 C 式最容易,B 式次之,A 式最不容易;后一个序列表示,A 式最容易用于陈述,其次是 B 式,C 式最不容易。也就是说,表示祈使的时候,多选用 C 式;表示陈述的时候,多选用 A 式。

（五）"动词＋数量"带宾语

"动词＋数量"带宾语有两种位置:

A. 动词＋数量＋宾语(去一趟上海)

B. 动词＋宾语＋数量(去上海一趟)

---

① 以下二例引自鲁健骥(1992)。

外国学习者常常不明白什么情况下使用 A 式，什么情况下使用 B 式。张伯江、方梅(1996)发现，它们表义功能上的一个重要区别是："动词＋宾语＋数量"可以不借助任何其他语法手段表述一个已然事件，而"动词＋数量＋宾语"往往用"了/过"，除非动词是动结式。例如：

(36) 少女斜马青一眼，嫣然一笑，走了。①

(37) 我在这儿遇见三次老李。

"动词＋宾语＋数量"中的宾语所指对象都是上文提到过的，是旧信息。例如：

(38) 刘姑娘来了。我和他同时看了她一眼。

"动词＋数量＋宾语"中的宾语常常表示新信息，这种新信息对受话人来说并不是陌生的，而是指由于说话人说出宾语之前，宾语并不存在于受话人当时的意识里，所以从话语结构的角度来看，仍是新信息。例如：

(39) A：昨晚你去哪儿了？

B：去了一趟办公室。

(六)"动词＋了＋C_1C_2"和"动词＋C_1C_2＋了"

"动词＋了＋C_1C_2"和"动词＋C_1C_2＋了"都是汉语中常用的句式，外国学习者往往弄不清楚它们的使用条件。据杨德峰(2001b)统计，这两个句式不仅句法功能有很大的不同，而且"了"的管辖范围也不同，"动词＋了＋C_1C_2"中的"了"管辖的是动词，"动词＋C_1C_2＋了"中的"了"管辖的是整个动补结构。不仅如此，这两个句式语用上也有很多的差别，"动词＋了＋C_1C_2"多用于描写，谓语动词前常常有对动作的情状进行描写的情态状语。例如：

(40) 小狗从门缝中慢慢爬了出来。

(41) 她默默地从房间走了出去。

而"动词＋C_1C_2＋了"用于陈述，不用于描写。

(七) V 来 V 去

"V 来 V 去"可分为两类：A 类表示动作交替反复；B 类表示动作反复。杨德峰(2012c)发现，A 类所在的句子是非自足的，有的前面有语义铺垫，有

---

① 引自张伯江、方梅(1996)。

的后面有进一步说明,还有的前面有语义铺垫,而且后面有进一步说明。其中后面有进一步说明的最少,前面有铺垫、后面有进一步说明的最多。例如:

(42) 大家都走了,他一个人还在那里踱来踱去。

(43) 这几个月在全国各地跑来跑去,收获还真不小。

后续小句或成分的语义类型,曾传禄(2008)认为有"目的型""评价型""结果型"和"伴随型"。

A 类一般用于陈述句,极少用于疑问句、祈使句。例如:

(44) 夜里,一只蚊子在房间里飞来飞去,弄得他一晚上没睡好觉。

(45) 你们找来找去就找了这么几个人?

该类所在句子用于对动作进行描述或陈述,不带感情色彩。例如:

(46) 这个恐惧时常在我心中绕来绕去。

(47) 可怜的小鸟,终日为找食儿飞来飞去!

B 类与 A 类相似,所在的句子也是不自足的,但绝大多数强制要求出现后续小句或成分,且后续小句或成分的语义类型只有"结果型"。后续小句或成分表示的结果可以是积极的,也可以是消极的。例如:

(48) 想来想去,还是得找唐先生去,唐先生知道一切。

(49) 可是,时势造英雄,假若我等来等去,等到抗战结束了,还是赤手空拳,一无所得,怎么办呢?

B 类用于陈述句,不用于疑问句和祈使句。例如:

(50) 又待了半天,一个人一组了,依旧向着石头嚷。嚷来嚷去,大家嚷得没力气了,努着最后的力量向石头喊了声……

(51) 吵来吵去,也没吵出一个结果。

该类所在的句子只用于对动作进行陈述,也不带感情色彩。例如:

(52) 说来说去,仿佛还是毛毛虫不对,可是细一给他想,他也是乐不抵苦哇。

(53) 四十岁了,他独自默想,可有什么足以夸耀于人的事呢?想来想去,只有一件。

(八) 动词+了+名词

陆俭明(1988)指出"动词+了+名词"不能独立使用,后面加"了"或"名

词"前加数量成分,就可以独立成句了。例如:

(54) *吃了饭。——吃了饭了。/吃了一碗饭。

该例的"吃了饭"不成立,但"吃了饭了""吃了一碗饭"都可以独立成句。实际上,这个结构如果后面出现其他的分句,也可以独立成句。例如:

(55) 吃了饭,我过去跟你聊聊。

该例的"吃了饭"后面有小句"我过去跟你聊聊","吃了饭"也可以成句。

(九) 这是/这个是……

陆俭明(1999)指出,"这是/这个是……"的不同主要是用法上的,而不是句法上的,他详细列举了它们的语用条件:当面询问他人时,用"这位是……";当面向别人介绍他人时用"这是……";被询问或介绍的人不在现场,但在说话双方的视线范围内,说话人如果一面用手指着,一面进行询问或介绍,一般用"这个是……";询问或介绍照片上的人,"这是……"和"这个是……"都能用;当面不客气地指着某一个人问对方,即使是孩子,都用"这是……";询问或介绍动物,用"这是……";询问或介绍植物,二者都能用;询问或介绍处所,只用"这是……";询问或介绍单位,只用"这是……";向对方询问、介绍举在手上的东西,二者都能使用。

(十) "主语+形容词"和"主语+是+形容词"

"主语+形容词"和"主语+是+形容词"这两种句式汉语都存在,受英语的影响,外国学习者常常用"主语+是+形容词"代替"主语+形容词"。实际上,这两个句式不仅意义不同,而且语用也不同:前者用于比较、对比,或用于回答问题,后者用于强调或确认。例如:

(56) 今天热,明天冷。
(57) A:苹果怎么样?
　　　B:苹果好吃。
(58) 今天是热。
(59) A:我觉得汉字挺难的。
　　　B:汉字是难。

例(56)的"今天热""明天冷"用于对比,例(57)的"苹果好吃"用于回答问题。例(58)的"今天是热"表示强调,例(59)的"汉字是难"表示确认。

（十一）X 不比 Y＋形容词

刘月华、潘文娱、故韡（2001）指出，"X 不比 Y＋形容词"不是"比"字句的否定式，它的基本语义是二者差不多，这种比较句的否定形式一般不会作为始发句，它往往用于针对上文某种错误的比较结果来进行订正或辩驳，也就是说一定要有上文。例如：

（60）你觉得这件比那件好看，我觉得这件不比那件好看。

该例的"这件不比那件好看"是对"这件比那件好看"的订正或辩驳。

（十二）连……都/也……

"连……都/也……"是汉语中很难习得的句式，主要是学习者不知道什么情况下该用它。张伯江、方梅（1996）指出"连"属于汉语焦点标记词，刘丹青、徐烈炯（1998）认为"连"所带的成分属于话题焦点，袁毓林（2006）认为"连"所引导的 NP 是一种语义焦点，是受焦点算子"都、也"约束的成分。尽管学界对"连……都/也……"句的认识并未完全达成共识，但一般都认为这个句子的使用是有预设的。例如：

（61）连星期天都不休息。

（62）连老师都不认识这个汉字。

前一例的预设是"星期天是法定休息日"，"连星期天都不休息"意味着工作很忙或很努力。后一例的预设是"老师是最有知识的人"，"连老师都不认识这个汉字"意味着这个汉字非常难。

（十三）A 就 A

"A 就 A"是一种常见的口语句式。杨德峰（2005b）发现有五种使用情况：

1. 接受建议时

说话的一方提出某种劝说性的建议，希望另一方按照自己的建议去做，另一方如果接受这个建议，可以用"A 就 A"。例如：

（63）A：50 贵了点儿，40 怎么样？

B：40 就 40 吧，给你一件。

2. 表示认同时

说话人对某种情况的不利之处表示认同，并觉得无所谓，也可用"A 就

A",该格式末尾常常有语气词"吧"。例如：

（64）A：饺子不热了。

B：凉点儿就凉点儿吧，凑合吃。

这种句子还含有"没关系""无所谓"之类的语用含义，正因为如此，所以它们的后续句常常有"没关系""无所谓""忍一忍"等表示让步的语句。

3. 强调某种态度或情况时

强调某种态度或情况时，也可以用"A 就 A"，这种情况下的 A 为否定形式，意思相当于"说 A 就 A"。例如：

（65）A：你吃点儿饭吧，已经一天没吃了！

B：不吃就不吃！你劝也没用。

4. 要求做出决断或给出肯定的答复时

说话人发现对方有些犹豫或不能肯定，要求对方做出决断或给出肯定的答复，这种情况下也可用"A 就 A"，不过"A 就 A"后面常常有一个由意义与 A 相反或相关的成分组成的"A 就 A"格式。这种用法又可分为两种情况：当 A 为动词时，"A 就 A"表示"如果想/要 A，就 A""如果不想/要 A，就不 A"。例如：

（66）A：我想看，又不想看。

B：看就看，不看就不看，痛快点！

当 A 为形容词或数量结构时，"A 就 A"表示"如果真/是 A，就说 A""如果不 A，就说不 A"等意思。例如：

（67）A：这人怎么样？

B：不好评价。

A：好就好，不好就不好，你直说，没关系。

不过，这种用法有着条件的限制："A 就 A"不能单用，后面必须有一个由意义跟 A 相反或相关的成分组成的"A 就 A"与之对举。一般情况下，A 为肯定形式的"A 就 A"在前，但 A 为否定形式的"A 就 A"有时也可以在前。

5. 强调极端情况时

强调某种极端情况时，也可以用"A 就 A"。这种情况下的 A 为一个否定形式，"A 就 A"是一个偏句，意思相当于"如果 A，就一定 A"，后面的主句

表示 A 的肯定形式的一种极端情况。例如:

(68) 这孩子,<u>不玩就不玩</u>,玩起来连觉都不睡,真没办法!

值得注意的是,这种"A 就 A"不能单用,必须有后续小句。与前四种不同的是,该用法的"A 就 A"可以作为始发句。

(十四)"把"字句

"把"字句是汉语中最难习得的句式之一,主要问题是学习者不清楚什么情况下该使用,即不清楚"把"字句的语用条件。赵志清(2012)通过语料统计,发现"把"字句所表达的施事行为的分布情况如下表:

表 2 "把"字句表达的施事行为情况

言语行为	句子总数	所占比例(%)
指令行为	33	43.4
表情行为	16	21.1
断言行为	14	18.4
宣告行为	7	9.2
承诺行为	2	2.6

其中表达指令行为的最多。例如:

(69) <u>大家把作业交给我吧</u>。

(70) <u>请把车停到停车场里去</u>!

这二例表示的都是指令行为,即说话人试图使听话人做某事。

其次是表情行为的。例如:

(71) <u>应该把捡到的东西交给警察</u>,不能据为己有!

(72) 出国前,<u>你可把你的宠物寄存在我家</u>。

以上二例中"应该把捡到的东西交给警察""你可把你的宠物寄存在我家"都表示对命题的心理状态。

再次为表达断言行为的。例如:

(73) <u>我把我的工资交给我妈了</u>,不信你问问她去。

(74) <u>他准把这事忘得一干二净了</u>。

例(73)(74)都是断言行为,表示对情况的真实性加以判断。

表示宣告行为和表示承诺行为的都很少。例如:

(75) 我要把这些钱全部捐献给国家。

(76) 你放心吧,我一定把这些事情解决好。

例(75)表示宣告行为,即通过宣告某个事态产生使该事态得以产生;例(76)的"我一定把这些事情解决好"表示承诺行为,表示说话者承担在将来做某事的义务。

(十五) 主谓谓语句

主谓谓语句是一种有标记句式,使用时有条件限制。主谓谓语句的大主语是已知信息,是话语的起点,即必须有上文。例如:

(77) A:你吃过烤鸭吗?

B:烤鸭我吃过。

正因为如此,它们一般不作为始发句,下面的说法一般不成立:

(78) *烤鸭我吃过,味道不错。

(79) *作业我写完了,我们出去玩儿吧。

杨德峰(2012b)指出,"施事+受事+VP""施事+结果+VP"等主谓谓语句要用于对比或比较:

(80) 我烤鸭吃过,烤全羊没吃过。

(81) 她作文写了,课文没背。

(十六) (瞧/看+)把+代词+形容词+得

汉语口语中有不少"(瞧/看+)把+代词+形容词+得"之类的半截话。例如:

(82) 瞧把你累得!

(83) 看把你美得!

(84) 把我气得!

这些半截话含有夸张的色彩,即夸张的时候可以使用。(杨德峰 2002)

(十七) "X 不 X"类附加问句

王森(2016)发现"X 不 X"类附加问句倾向于出现在年轻说话者群体之中,其中"好不好"的使用者有典型的年轻化趋势;"X 不 X"类附加问句倾向于出现在异性对话者语境之中,并呈现出绝对化优势。"X 不 X"类附加问句使用者的权势特征体现为"平级近距离优势"与"相对低权势优势",其中,

"好不好""行不行"经常被说话者用来激活"语境提示",表示自身的相对低权势,借以完成特定的交际目的。

以上这些词语、结构和句式的语用特点或条件都是学习者学习时必须了解和掌握的,只有让他们了解和掌握了这些语用条件,使用时才能不但句法上正确,而且语用上得体。

2.2 "社交—语用"方面的成果

"社交—语用"方面的研究成果相对来说要少一些,现有的研究成果主要是汉语和英语称呼、打招呼用语、道别用语、恭维和赞扬等方面的对比。

(一) 称呼

1. 亲属称呼

汉语中的亲属称呼非常复杂,有面称和叙称的区别。面称中对一些晚辈或比自己年轻的平辈亲属,常常不用表示亲属关系的称谓来称呼,而用名字称呼。如对女儿、女婿、儿子、儿媳、孙子、孙女等都用名字称呼。对夫系和妻系的姻亲亲属,面称则用从夫、从妻称谓来称呼。像对丈夫的哥、姐,面称中随丈夫称"哥"或"姐",对妻子的叔、舅,丈夫也随妻子称"叔""舅"。在中国,弟弟、妹妹一般不能直接称呼哥哥、姐姐的名字,多在"哥、姐"前加上排行数字,如"大哥、二哥、大姐、三姐"等。在英美人的家里,孩子幼年时称父母为 Daddy,Mummy,稍大称 Dad 和 Mum,再大一些叫 Father 和 Mother。同辈兄弟姐妹或年龄相仿的父母辈亲属,一般互相用名字称呼,也可用爱称,如用 John 代替 Johnny,Bob 代替 Robert。(何自然、冉永平 2009)

叙称则不同,叙称对每一个亲属都可以用表示亲属关系的称谓来称呼,而不用名字或借用性的称谓相称,比如说对儿子、女儿、孙子、孙女不能称他们的名字,而只能称呼"儿子""女儿""孙子""孙女",这是因为在叙称中听话人不一定知道被称呼人与称呼人之间的亲属关系,只有使用亲属称谓,才能让听话人明确被称呼人和称呼人之间的关系。

面称中一种亲属一般只用一种称谓,叙称中则可以用两种或两种以上的称谓,如对父亲,当面可以称呼"爸"或"爸爸",叙称则可以称"爸爸"或"父亲"。再如母亲的母亲,面称为"姥姥",叙称则可以称"姥姥"或"外祖母";父亲的哥哥,面称为"大爷",叙称则可以称为"大爷"或"伯父"。

2. 非亲属称呼

汉语中,常常用职务、职称或职业来称呼对方,以示尊重,像"刘校长""王主任""刘秘书""王教授""张大夫""周老师"等。职称为副的,出于礼貌和尊重,一般省略"副"字,如"王副教授"一般称作"王教授"。英语中,除了President,Chairman,Professor,Doctor,Judge等外,其他都不能用这种称呼。

汉语中熟人之间可用"老/小+姓"的方式进行称呼,如"老张""小李"。也可以用"姓+老"的方式来称呼地位高、在某一方面非常有建树的人,以示尊重,像巴金称作"巴老"。以上这些称呼英语中都不存在。英美人非熟人多用姓氏称呼,姓氏前冠以 Mr,Mrs,Ms,Miss;熟人之间才用名字称呼,陌生人多用 sir 和 madam。

(二)打招呼用语

汉语中用来打招呼的用语很多,如"你好!""早!""来啦!""下班啦!""上哪儿去?""吃了吗?""看书呢!""买东西"等。总之,汉语的打招呼用语具有依赖情景的特点,不同的情景,可以使用不同的打招呼用语。另外,规约性也比较差,即不是见面时必须用什么,而是常常根据情景来决定。如看见一个人早上出门,可以是"你好!""早!",也可以说"出去啊!""去哪儿啊?"等。英语打招呼常说"Hi!""Hellow!""How are you?",这些说法相对比较固定,规约化程度比较高。汉语的一些独有的打招呼用语,譬如"去哪儿啊?",翻译成英语是"Where are you going?",用它打招呼会引起别人的反感,因为有打探别人隐私的嫌疑。"吃了吗?"英语为"Have you eaten?",英美人会以为你要请吃饭呢!"出去啊?"翻译成英语为"Go out",也起不到打招呼的作用。同样地,英语的一些独特的打招呼用语直接翻译成汉语,同样起不到打招呼的作用,甚至会招致一些麻烦。譬如"Hi!""Hellow!",翻译成汉语分别是"嗨!""喂!",这种打招呼的方式,在中国是非常不礼貌的。

(三)道别用语

汉语和英语中的道别用语语用差异也比较大。汉语中不但有"再见"

"回见"等这些主客双方都通用的话语,还有主客各自专用的话语。作为主人,道别时常常说一些"慢走!""走好!""慢点!""路上小心!"等表示关切的话语,还有一些发出邀请之类的话语:"有工夫再来!""常来玩!""有空再过来!"等。作为客人,主人送别时,往往说一声"请回!""留步!""别送了!""就送到这儿吧!"一类劝止的话。英语中除了使用"Bye!""Good-bye!"外,还喜欢说一些与对方见面后感到愉快或表示祝愿的话,如"I'm glad to meet you!"(见到你很高兴!)、"I wish you have a pleasant stay"(祝你在这里过得很愉快)等。

(四)恭维、赞扬的反馈

中国人恪守"谦虚是美德"的原则,因此,面对别人的恭维或赞扬时,中国人多习惯于否认或自贬,以示谦虚。例如:

(85) A:你的字写得真好看!

　　　B:好看什么呀?您夸我!

(86) A:你的汉语说得真棒!

　　　B:还差得远呢!

英美人则不然,他们面对恭维或赞扬时,一般是迎合,表示感谢,绝不会否定,更不会自贬。

(五)邀请等的应答

在中国,受邀时,出于礼貌,被邀请人总是半推半就,不会立刻答应,或表现出犹豫不决。英美人面对这种情况,就会无所适从。

中国人有"客随主便"的习惯,做客时,主人说"来点茶吧!""喝点什么?"之类时,客人一般不好意思直说,怕给对方增加麻烦,常常说"谢谢!""随便!""什么都行!"等模棱两可的话。英美人问"Will you have a cup of tea?",客人要么说"Yes, please",要么说"No, thank you",不能只说"Thank you",否则,会让对方很为难,不知道是否应该给你茶。

中国人好客、热情,饭桌上爱劝菜、劝酒,常常说"多吃点!""来,尝尝这个菜!""慢慢吃!""再来一点……吧!""喝!",这些做法英美人难以理解,这些话翻译成英语分别是"Help yourself and have more""Come on, taste this""Eat slowly""One more …""Drink",客人会感到尴尬或不安。英美人一般说"Help yourself"或者征得客人的同意,才递上食物。

宴请结束时,中国人习惯问客人是否吃饱、喝好,说一些"吃饱了吗?""没吃饱吧?""没吃好吧?""没喝好吧?"之类的客套话,作为客人往往说一声"吃好了。""酒足饭饱!""吃得很好!""吃得很饱!""喝好了!"之类的话,向主人的热情款待表示感谢。英美人则不然,人们聚餐不是在"吃"上,而是利用这样的机会进行交谈,因此,主人不会问客人是否吃饱、吃好、喝好之类,客人也不用告诉主人酒足饭饱,而常说一些"I enjoy the meal/the party"之类,表示愉快的话,或直接向主人道谢。(何自然、冉永平 2009)

(六) 道谢和道歉

在中国,顾客一般会向售货员、服务员、司机表达感谢,感谢他们为自己服务。英美人则相反,是售货员、服务员、司机向顾客表达谢意,感谢顾客的光临。

中国人收受礼物时,总是再三推辞;接受礼物后,一般不当面打开,这么做都是出于礼貌。客人带来的礼物如果是食物之类,一般也不会拿出来分享,因为有"来人吃来物"的嫌疑。(杨德峰1999)英美人不一样,他们总是高兴地接受礼物,并当面打开,以示对送礼人的尊重。不仅如此,他们还会对礼物赞赏一番。

汉语和英语的道歉语也有明显的差异。汉语的"对不起"可用于任何场合。迟到了可以"对不起";忘了交作业,可以"对不起";在公共汽车上踩了别人的脚,也可以用"对不起";甚至骑车撞了别人,同样用"对不起"。总之,似乎什么时候都可以使用。英语中与汉语"对不起"对应的是"Excuse me"和"Sorry",它们作用不同,前者用于向陌生人打听消息、打断别人的发言、退席、让路等;后者用于踩了别人的脚或碰了别人,也用于当众咳嗽、打喷嚏以及演讲、朗读时出错等。

(七) 敬语和谦辞

汉语中有不少敬语和谦辞,前者如"赐教、高见、光临、久仰、拜读、拜见、赏光、大作、贵校、令尊、令堂、公子、千金",后者如"敝人、愚友、拙作、在下、老朽、愚见、浅见、寒舍、便餐、敝校、家父、家母、犬子",英语中没有类似的词语或用语。汉语中的谦辞还常见于做报告、发表见解时使用的一些无意义的客套话,如"欢迎批评指正!""耽误了大家宝贵的时间!""以上只是个人的粗浅的看法""抛砖引玉"等,而英语中不会使用类似的话语,最常用的是"Thank you!",有时也会说"I hope you'll enjoy my talk"或"Comments are welcome"。

以上这些语用方面的研究成果都十分重要,应该有意识地把它们编写到教材中去。即便教材中没有说明,教师教学时也应该告诉学习者。只有这样,学习者学习到的语法才是完整的,也才能保证他们不但用得正确,而且用得合适、得体,不出现或少出现前面提到的一些语用偏误。

三、语用教学方法

既然语用如此重要,那么怎样教学呢?Kasper & Rose(2002)指出,语用教学方式有附带教学和有意识的教学两种。前者是指教师的教学目的不是为了培养学习者的语用能力,只是通过课堂教学活动,让学习者从活动中体会到目的语的语用规则,让他们在潜移默化中了解、习得目的语的语用知识。

有意识的教学是为培养学习者的语用能力而进行的教学,这种教学有显性和隐性教学之别。显性语用教学,与显性语法教学类似,就是明确地告诉学习者某一语法点的语用特点或规则,要求学习者注意某一种语言形式,并对元语用规则进行讲解,让学习者体会并有意识地使用它。隐性语用教学则相反,课堂上不强调元语用规则的讲解,而是通过输入强化、交际性练习等课堂活动,让学习者去领会某一语法点的语用特点或规则,让他们自己去发现语用规则。

显性教学和隐性教学各有优劣,总的来看,显性教学比隐性教学效果要好,因为显性教学不但在教学中提供了大量的体现某一语用特点或规则的用例,让学习者感受到了某一语法点的语用特点或规则,更重要的是向学习者讲解了语用规则,并通过课堂练习、互动、教师的反馈等来运用语用规则,因此有利于学习者掌握、运用某一语法点的语用规则。隐性教学由于教师只提供大量的输入,并不强调对语用规则的讲解和学习者的输出,让学习者从大量的例子中去领悟、归纳,因此,效果不如显性语用教学。Koike &

Pearson(2005)的研究表明,有计划的课堂语用教学对提高学习者的语用水平有明显的积极作用,但反馈性显性教学比反馈性隐性教学更能促进学习者语用能力的提高。(黄春兰、王晓 2014)Alcón-Soler(2007)对比显性教学和隐性教学对西班牙英语学习者请求言语行为语言形式习得的作用后,发现两个实验组之间并没有显著性差异,但三周后的延迟测验,显示出显性组较好地保持了所学的请求行为及其相关语用特征。(卢加伟 2013)但也有学者赞同隐性语用教学,Bardovi-Harlig(2001)认为,语用教学的作用是提升语用意识,而不可能是讲授所有言语行为的理解或实施。教学应该使学习者意识到语用知识的重要性,鼓励他们把母语的语用知识合理地转移到目的语语境中。

综合以上情况,在对外汉语教学中,应主要采用显性语用教学,辅之以隐性语用教学,把二者有机地结合起来。

显性语用教学的步骤如下:展示真实语境中的语料——元语用知识介绍——交际性练习——教师的反馈。如,在学习"恭维"或"赞扬"的反馈时,可以给出以下例子:

(一)情景一:在教室里,老师表扬学生的汉字有很大的进步。

老师:你的汉字进步很快!

学生:<u>还差得远</u>,还要加油。

(二)情景二:玛丽在朋友家学习包饺子,朋友夸玛丽包的饺子很好看。

朋友:你包的饺子挺好看的,比我包得都好。

玛丽:<u>是吗</u>?

(三)情景三:大卫第一次见到自己的老师,老师夸他长得很帅。

大卫:李老师好,我是大卫。

李老师:你就是大卫啊,你长得真帅!

大卫:<u>哪里</u>!<u>哪里</u>!

课堂上,教师领读这些例子,让学习者体会在面对别人的恭维或赞扬时,应该怎么反馈,并体会汉语反馈的语用特点。

之后,教师可对汉语的"恭维"或"赞扬"的反馈的元语用知识进行介绍。这种介绍包括以下内容:指出什么是"恭维""赞扬",在面对他人的恭维或赞扬时,中国人一般不使用"谢谢"之类直接表示接受,而要谦虚或者自贬一番,经常使用的是"还差得远""是吗?""哪里!哪里!""你夸我""你笑话我"等;解释这些反馈用语什么情况下使用,哪些是正式的,哪些是非正式的,使用的对象有什么特点等;比较汉语"恭维"或"赞扬"的反馈和学习者母语的异同;提醒"恭维"或"赞扬"的反馈语使用中存在哪些不得体的地方,为什么使用某种表达方式属于语用失误等。

介绍元语用知识后,教师可通过角色扮演、小组活动等,来进行交际性练习。如,教师可设置下面一些情景,要求学习者两两组对进行角色扮演会话:

(一)老师夸你是一个非常努力的学生。

(二)中国朋友夸奖你的汉语说得非常棒。

(三)你穿了一件新衣服,同学夸你这件衣服很漂亮。

学习者进行角色扮演会话时,教师要指出学习者交际时哪种说法语用得体,即要做出积极的、正面的反馈。但是更要有纠正性反馈,即要指出交际中出现的语用失误是什么,并做出解释,要让学习者明白出现问题的原因。为巩固、强化学习者的语用输入,角色扮演结束后,可让学习者重新进行角色扮演,进行会话,来强化语用知识。

以上显性教学实际上使用的是演绎法。Rose & Ng(2001)发现,演绎教学法对社交语用水平的提高是有效的。Martínez-Flor & Fukuya(2005)对建议主行为动词和缓和语的教学结果似乎也说明演绎法略优于归纳法。(卢加伟 2013)

显性语用教学也可采用归纳法,即教学时教师通过给出一些例子,让学习者自己去发现、归纳、总结某一用法的语用特点或规则。如,在教授"请求"时,可以给出以下例子:

(一)情景一:学生请求老师看一看自己的作业。

　　　学生:老师,请您帮我看一下作业,好吗?
　　　老师:好的。

(二)情景二:请求路人指路。

　　　学生:劳驾,北京大学怎么走?
　　　路人:往前走。

(三)情景三:老师让学生帮忙把作业发下去。

老师:你把作业发下去,好吗?
学生:没问题。

课堂上可把学习者两两分成一组,分角色进行对话,让学生熟悉这些例子;之后,让他们讨论、归纳画线句子的结构特点以及谁和谁之间使用(即语用条件);最后,请每组一个同学汇报一下讨论的结果。通过讨论,学生很容易发现"老师,请……,好吗?""劳驾,……""……,好吗?"的结构特点,也很容易发现它们的使用条件,即语用特点。如果教师发现学生归纳有不准确的地方,再进行纠正、补充。这些活动结束后,教师再结合一些练习进行巩固和强化,最后达到让学习者掌握的目的。

归纳法是语用教学很好的方法,教学效果甚至比演绎法要好。Kubota(1995)对语用含意的研究显示,归纳法对学习者语用意识的提升好于演绎法。Takimoto(2008)也发现,归纳法跟意识提升和结构输入任务结合,通过归纳法获得的语用知识比演绎法获得的知识储存时间甚至更长,即时交际中更容易提取。

不管是显性教学,还是隐性教学,是用归纳法还是用演绎法,都必须把语用教学放在真实或半真实的语境中进行,因为语用离不开语境,只有在语境中才能显示出某一语法点的语用特点或规则;也只有放在语境中,才能让学习者真正了解、体会、领悟到某一语法点的语用特点或规则,从而很好地掌握和运用它。

第十讲　修辞和修辞教学

一、修辞学在汉语教学中的重要性

修辞学发端于公元前5世纪的古希腊,主要研究演说和论辩的技巧,因此也称作修辞术。中世纪,修辞学曾经为欧洲学校教育中的三大学科之一。19世纪末,随着美国新修辞学的兴起,修辞学正式成为一门科学。(陈汝东2004)

修辞学分为语音修辞学、词汇修辞学、语法修辞学、篇章修辞学以及语体修辞学、语境修辞学等。吕叔湘、朱德熙的《语法修辞讲话》(1979)主要介绍了词汇、虚字、结构等传统的语法问题,郭绍虞的《汉语语法修辞新探》(1979)详细介绍了量词定名、类别以及虚词的作用、虚词和叹词的关系、词组的结构形式、词组和句子等。陈望道的《修辞学发凡》(1982)则用大量篇幅介绍了汉语的各种辞格,像"比喻""借代""比拟""引用""双关""拈连""移就""映衬""夸张""设问"等。显而易见,修辞学所关注的对象与传统的语法并无多大区别,只是关注的角度、重点不同罢了。这也正是传统上语法和修辞不分家的根本原因。这说明,修辞学与汉语教学有着密不可分的关系。

另外,要学好一门语言,自然必须学习该语言的语音、词汇、语法和文字,但只学习这些所谓的语言要素是远远不够的,还必须学习与该语言相关的一些文化,特别是一些与该语言的运用密切相关的交际文化。汉语的修辞是汉语不可分割的一部分,也是中国文化不可分割的一部分,因为很多具体的修辞表达,像比喻、夸张、拟人等,都具有强烈的民族色彩、历史色彩和时代色彩,体现了中国人的人生观、价值观、审美观等。只有通过学习,外国学生才能掌握和使用好这些修辞表达方式。

理论上如此,实际情况更是这样。学习、生活中外国学生遇到的修辞现象比比皆是,读、听乃至于写都离不开修辞。

1.1 学习、生活中离不开修辞

(一) 阅读离不开修辞

陆庆和(1998)指出,报刊中有大量的修辞出现。她通过对1997年的《中国青年报》《文汇报》的考察,发现读者对象不同的报纸,修辞现象出现的频率不同:以青年为主要读者的《中国青年报》上出现的修辞现象比《文汇报》多;报刊上的标题常采用修辞手法,文字少而信息量大;活泼而简短的报道中修辞现象多。

对外汉语教学使用的中、高级汉语教材,修辞现象也大量存在。陈晶(2010)发现《发展汉语》中级上、下册和高级上、下册中出现了比喻、引用、借代、对照、摹拟、拈连、映衬、回环、复叠、排比、层递、反复等20种辞格,排在前四位的分别是比喻(73例)、引用(59例)、反问(38例)、比拟(35例)。据王慧萍(2014)考察,《发展汉语》高级综合Ⅰ、Ⅱ共出现156个使用辞格的句子,使用频率最高的是比喻,此外,还有排比、夸张、对偶、比拟、顶真、移就、借代、反复、回文等。《发展汉语》高级写作Ⅰ、Ⅱ出现的使用辞格的句子少一些,但也有98个句子,比喻、排比、比拟、顶真、夸张、移就、借代、反复、双关、对偶等辞格都出现了。张永丽(2014)统计发现,《博雅汉语·高级飞翔篇》(共三册)出现的辞格有反问、比喻、设问、引用、比拟、排比、借代、回环、夸张、反复、摹状、衬托、仿词、层递、双关、通感、对偶、顶真、转品、拆词、对照、反语22种,一共出现了339例,排在前四位的是反问(67例)、比喻(62例)、设问(42例)、比拟(37例)。

外国学生要能顺利地阅读报刊和汉语教材,必须了解汉语的修辞。否则,这些修辞现象就会影响他们的理解。杨德峰(1999)发现,教学中外国学生阅读时遇到的障碍除了词汇、语法、文化等因素外,修辞也是其中之一。例如:

(1) 你们俩是半斤对八两,谁也别说谁。
(2) 甭提他!他回来,我要不跟他拼命,我改姓!
(3) 她这个人是刀子嘴,豆腐心,别理她。
(4) 朱源达突然意识到他所处的地位,像泄了气的皮球。

例(1)—(4)带下画线的句子中的词语都不难,语法也很简单,但调查发现,日本学生一般都理解不了它们的意思,或者是错误地理解了它们的意思。例(1)有的学生认为"你们俩是半斤对八两"的意思是"你们俩一个好,一个不好";还有的认为是"你们俩不一样",即完全从字面上理解了。外国学生错误地理解了"半斤对八两"的比喻义,是因为他们简单地把它看成了语言问题,而不了解它背后的文化背景:中国过去曾经使用过十六两等于一斤的计量方法,这种情况下,半斤就是八两,"半斤"和"八两"是一回事。例(2)日本学生都不明白它的意思,因为它也超出了词汇、语法的范畴,涉及中国人对姓氏的看法:中国人认为姓氏是祖宗传下来的,是不容改变的,"改姓"是对祖先最大的侮辱,正因为如此,中国人常常用"改姓"表示自己的决心很大。例(3)的"刀子嘴,豆腐心",词汇和语法都非常简单,但是日本学生也难以从"刀子嘴"和"豆腐心"联想到"嘴厉害""心地很柔软"这一真实的意思。例(4)的"像泄了气的皮球"也没有一个学生明白它的比喻义。

外国学生阅读中遇到的类似上面的困难,显然不是词汇问题,也不是语法问题,主要是他们不了解汉语的修辞方式和具体的修辞表达习惯。

(二) 听离不开修辞

外国学生由于不了解汉语的修辞,经常在听的过程中理解上出现问题。杨德峰(1999)曾在日本冈山大学文学部让三年级的学生做过一个比喻的听力练习,让学生听下面的句子:

(5) 回家的路上,晓华带着哭得<u>水蜜桃似的眼睛</u>,和小苏一起来到小时候常走的外滩。

(6) (老寿)把鞭子插在车帮上,任牲口自在地走着,他则眯着眼,<u>肚子里推开了磨</u>。

(7) 本来么,这届大学生都是招生制度实行重大改革后考进来的,谁没有<u>三拳两脚</u>的。

(8) 这时候,那三个跟来的老头<u>打退堂鼓</u>了,说"拉倒吧,老寿……"

(9) 在咱这个小厂,司机可是个了不起的<u>"二厂长"</u>。

(10) 你把钱借给他,这不是<u>肉包子打狗</u>吗?

(11) 他们俩<u>一个鼻孔出气</u>,谁都不是好东西。

例(5)的"水蜜桃似的眼睛"、例(6)的"肚子里推开了磨"、例(7)的"三拳两脚"、例(8)的"打退堂鼓"、例(9)的"二厂长"、例(10)的"肉包子打狗"、例

(11)的"一个鼻孔出气"都是比喻。这些句子中的词语大多是《汉语水平词汇与汉字等级大纲》的甲、乙、丙级中的词语,丁级词非常少,难度都不太大。但结果却出乎意料,被试没有一个全部做对。例(5)的"水蜜桃似的眼睛",有的学生认为表示"有眼珠"的意思,有的认为是"眼睛里有美丽的眼泪"的意思,也有的认为是"因为眼睛里有眼泪,眼睛晶莹的样子"的意思。例(6)的"肚子里推开了磨",绝大多数被试都从字面上做了解读,认为表示"在肚子里来回兜圈子",即不明白"犹豫不决"的比喻义。例(7)的"三拳两脚"也都做了字面上的理解,有的被试认为"这届大学生的体育不好",有的认为"这届大学生都会武术"。凡此种种,不一而足。其他各例,情况类似。

实际上,出现以上情况也在情理之中,因为教师教学时只注重词汇、语法、汉字等语言要素的学习,极少进行修辞方面的教学,因此学生学习汉语时自然把注意力放在了这些语言要素上,他们每听到一个句子,首先把一个句子分解为一个一个的词语,然后在大脑的词库中进行搜索、匹配,并根据语法知识和百科知识等进行解码。表面上,他们也觉得听懂了,实际上并非如此。

以上表明,听力训练时,不但要注重语音、词汇、语法等的教学和训练,也应加强修辞的教学和训练,让学生不但有语感,同样要有修辞感,在听的时候不但要对句子做词语、句法上的解读,而且要做修辞上的解读。只有这样,听的过程中才不会出现或少出现以上的修辞问题。

(三)写作离不开修辞

写作同样离不开修辞,有的修辞方式使用频率非常高。杨德峰(1999)统计了《中国新文艺大系短篇小说集》(上)一书中比喻的使用情况,全书共55篇,676页,92.5万字,使用的比喻多达528个,差不多每页中使用了一个比喻,每篇平均出现10个,有的多达20多个。

不仅中国人写作要使用辞格,外国学生用汉语写作时同样要使用辞格。周小兵、洪炜(2010)通过对105万字的外国学生作文进行统计,发现一共使用了633例辞格,这些辞格有比喻、比拟、反问、设问、排比、夸张、借代、仿词、对比、反复10种,句数与字数比为0.06%。

翟璨(2015)通过对HSK动态作文语料库的语料进行统计,发现泰国学生使用了设问、反问、比喻、排比、层递、夸张、对偶、移就、顶真、比拟、衬托、对照、反复、回环等辞格,其中设问、反问、比喻用得非常多。

宫衍英(2012)对 2005 年参加高等 HSK 考试的韩国学生的作文进行统计,发现各种辞格的使用情况是:设问 89 句、比喻 72 句、反问 48 句、对比 37 句、比拟 34 句、排比 25 句、引用 7 句、夸张 4 句、通感 2 句、顶真 3 句。

虽然外国学生运用汉语辞格的能力与本族人相比存在着很大的差距,使用的辞格比本族人少,使用的频率也较低,但是他们在写作时使用各种辞格是不争的事实。这说明,辞格并不是一种"高大上"的东西,它已经根植于外国学生的写作中。

然而,外国学生使用汉语的辞格时经常会出现这样或那样的问题,这些问题还很突出,也很复杂。

1.2 外国学生的辞格偏误及出现的原因

(一) 外国学生的辞格偏误

周小兵、洪炜(2010)发现,外国学生使用比喻、比拟、反问、设问、排比、夸张、借代、仿词、反复、对比等常见辞格时经常出现一些偏误,具体情况如下表:

表 1 中介语 10 种辞格的偏误率

辞格	比喻	比拟	反问	设问	排比	夸张	借代	仿词	反复	对比
使用频次	218	44	62	191	56	46	5	3	4	4
偏误频次	82	7	11	14	7	10	0	0	0	0
偏误率(%)	37.6	15.9	17.7	7.3	12.5	21.7	0	0	0	0

从上表可以看出,比喻使用的偏误率最高,接近 40%。例如:①

(12) *他像没头的鸡,到处乱走。
(13) *她的皮肤像鸡蛋一样光滑。
(14) *你胆小如兔。
(15) *他无精打采的,像泄了气的大象。

以上各例的比喻都不符合汉语的习惯,应分别改为"他像没头的苍蝇,

---

① 本小节的用例除标明出处的外,皆引自周小兵、洪炜(2010)。

到处乱走""她的皮肤像丝绸一样光滑""你胆小如鼠""他无精打采的,像泄了气的皮球"。

夸张偏误较多。例如:

(16) *如果一吃这个拉面就成(了)它味道的俘虏。

(17) *那时代在泰国的中国人多如牛毛。[1]

比拟偏误也不少。例如:

(18) *星星也都在鬼闪眼。[2]

(19) *奶奶留下的唯一一张照片至今还默不作声地躺在我妈妈的柜子里。[3]

(20) *在泰国的汉语学习,在新政府对汉语学习的开放,使得垂死的汉语文化抬头。[4]

例(18)-(20)也不符合汉语的比拟习惯,应改为"星星也都在眨眼""奶奶留下的唯一一张照片至今还放在我妈妈的柜子里""新政府对汉语学习实行开放政策,使得汉语文化起死回生"。

反问偏误比较多。例如:

(21) *如果能把自己不爱听的声音变成喜欢听的声音,那么我们的这个社会多么美好呢?[5]

(22) *你怎么不复习吗?

例(21)(22)都是反问句的泛化使用。

排比也有不少偏误。例如:[6]

(23) *秋天像一个姑娘穿着黄色的衣服,秋天像蜜蜂回窝,秋天像一个姑娘清清又暖和。

(24) *虽然刚来中国的时候,我遇到不少困难,又是天气、又是食品、还有中国文化,我都不习惯。

例(23)(24)应分别改为:"秋天像穿着黄色衣服的姑娘,秋天像清清又

---

[1] 引自翟璨(2015)。
[2] 引自彭云(2009)。
[3] 引自彭云(2009)。
[4] 引自翟璨(2015)。
[5] 引自翟璨(2015)。
[6] 引自张飞祥(2017)。

暖和的姑娘,秋天像回窝的蜜蜂。""刚来中国的时候,我遇到不少困难,有天气问题,有食品问题,有中国文化问题。总之,我都不习惯。"

设问偏误少一些。例如:

(25) *至于如何来完成这些任务呢? 就由我们自己选择了。

(26) *那么对于普通人来说呢? 有的同意,也有的不同意。

例(25)(26)都没必要用设问。

(二) 辞格出现偏误的原因

关于辞格偏误产生的原因,周小兵、洪炜(2010)认为有两个:一是与语法直接相关,即由于外国学生汉语语法知识不足而导致无法正确运用辞格;二是修辞使用本身的问题,即不恰当的创造和因文化因素引起的辞格偏差。

实际上,辞格产生偏误的根本原因在于教学不够重视。据陆庆和(1998)考察,当时较为通用的几套中高级对外汉语教材,不管是北京语言学院还是北京大学编的精读、口语及阅读等教材中的修辞现象都很少。北京语言学院编写的《高级汉语教程》把修辞知识单列出来,但只是简单介绍了排比、对偶、比喻和反语等。当时全国对外汉语教学师资条件较好的一些学校为外国学生开设了修辞课,但只是选修课,相当多的学校没有开设修辞课。目前,在学者们的呼吁下,这种情况虽然有些改观,但仍重视得很不够,因为除了少数写作教材专门对一些常用辞格做了介绍外,综合或精读类汉语教材很少涉及辞格方面的教学内容。正因如此,外国学生使用辞格时才出现这样或那样的问题。

从学习者的角度来看,辞格偏误主要有以下原因。

1. 以母语的辞格表达代替汉语的

这是外国学生最容易犯的错误。杨德峰(1999)曾做过一个实验,让日本学生就"着急、瘦、说话声音小、屋子小、人长得高大结实、胆小、很笨"这七个方面,各写一个比喻。结果发现十多个学生中,都能写出来的微乎其微,能按汉语的修辞习惯写出来的更是凤毛麟角。他们大部分是按本族语的修辞习惯来比喻。"瘦",有人说"骨头皮筋"(类似汉语的皮包骨头);"说话声音小",说成"像虫鸣";"屋子小",比喻成"兔子的小屋一样";"人长得高大结实"说成"像山一样";"胆小",比喻成"像麻雀一样";"很笨",说成"脑袋是空的一样"。这些比喻显然都是受了日语的影响,因为日语中存在着类似的比喻,所以学生就用来类推汉语。

其他国家的学生情况类似。史玲玲(2015)指出,韩国学生往往用韩国语的比喻来代替汉语的。例如:

(27) *她长得好像烤鸡蛋,大家经常拿她开玩笑。

(28) *他长得太黑了,就像小熊一样。

(29) *她的脸好像苹果一样甜。

例(27)的"烤鸡蛋",在韩国是一种大众食品,特点就是很黑,所以韩国人常用来比喻人长得黑。在韩国语的词汇文化中,"小熊"有"黑"的文化意义,韩国人常用"熊"来比喻一个人长得很黑,所以就有了例(28)这样的说法。例(29)的说法也同样来自韩国语。

张苑(2014)发现,泰国学生的作文存在这样的比喻:

(30) *他很有智慧,就像和尚一样。

(31) *相反的,妻子是软弱的器皿,丈夫必须跟她说感谢的言语。

泰国是佛教文化国家,在泰国,成年的男子20岁后都必须在寺院中出家一次,连国王也不例外。因为僧侣在社会上有着崇高的地位,是智者的象征,所以有例(30)这种比喻。例(31)也是受到泰语的影响。

众所周知,不同的语言存在着类似的或相同的修辞表达,特别是日语、朝鲜(韩国)语等这些与汉语有着很深的渊源关系的语言,像一个人说话快,汉语、日语、朝鲜(韩国)语都可以比喻为"像打机关枪",三种语言中都用"狐狸精"比喻"妖媚迷人的女子"。但是,不同的语言,相同的修辞表达还是很少的。因此,用母语的修辞表达来代替汉语的是很危险的。

2. 靠想象使用汉语的辞格

杨德峰(1999)发现,有的学生在使用修辞时,虽意识到母语的修辞表达习惯与汉语的不同,但因为没有接触或学习汉语的修辞,因此存在很大的盲目性,往往靠想当然来使用。如"着急",有的日本学生说"像耗子一样",这种比喻不符合汉语的修辞表达习惯,更不符合日语的修辞表达习惯,纯粹是想当然。再如"两个人关系非常好",有的日本学生说出"他们俩好得住在一个屋子里"这样的句子,这也不符合日语和汉语的表达习惯,同样是想当然。访谈时,日本学生道出了原委:在日本,人们不喜欢住在一个房间里,尤其是陌生人,只有最要好的朋友,才可能住在一个房间,所以才说出了"好得住在一个屋子里"这样的句子。

靠想象来使用比喻的情况非常多,我们在教授"A 像 B 一样"这个比喻句时,也常常发现这样的问题。一次一个阿根廷学生造出"他很懒,像树懒一样"这样的句子,这种比喻不符合西班牙语的比喻习惯,更不符合汉语的比喻习惯,是想当然。还有一次,一个俄罗斯学生说出"她很可爱,像熊猫一样"这样的句子,这个比喻汉语中不存在,俄语中也不存在,同样是想当然。

韩国、泰国的学生也存在这样的情况。例如:①

(32) ＊今天只下了一点点雨,就像麻雀的眼泪似的。

(33) ＊爸妈的手经过岁月的打磨变得像龟的背部似的,裂开着。

(34) ＊她的头发像从山上下来的大河水一样。

(35) ＊好像出了龙潭,又入鳄湖。

(36) ＊在社会上只一个人生活下去是不能的,像大海之中的孤岛般怎样活下去呢?

例(32)—(34)这些比喻,是韩国学生作文中的句子,韩国语中也不存在这样的说法,完全是韩国学生自己想象出来的。

例(35)(36)这样的比喻,泰语中也不存在,也是学生自己"创造"出来的。

3. 句法知识不足

周小兵、洪炜(2010)指出,有些偏误不是因为辞格本身使用不恰当引起的,是学生语法知识不足导致辞格出现偏误,即使用的辞格出现句法上的问题。例如:

(37) ＊一般女人比男人早点儿退休,女人 55 岁时退休,可是男人 60 岁时才退休,为什么?统计显示,女人的平均寿命比男人长。<u>这也不是男女不平等吗</u>?

(38) ＊她带(戴)眼镜的样子很滑稽很可笑,<u>有时候朋友们还取笑她一条金鱼</u>。

(39) ＊现在人与自然似乎火和水的关系。

---

① 例(32)—(34)引自史玲玲(2015),例(35)(36)引自张苑(2014)。

(40) *他是我生活的一束光线,我爱他象(像)树爱水一样情感,我是一个很幸福的人。

例(37)想使用反问句式加强表达的语气,但只掌握了"不是……吗"表达反问语气的功能,却把"也"放错了地方,"也"应放在"是"前。

例(38)"有时候朋友们还取笑她一条金鱼",是想使用比喻的修辞格,但却忘记了使用比喻词"像",造成比喻句不完整。

例(39)"现在人与自然似乎火和水的关系",使用的也是比喻格,但是在主体和客体之间缺少动词"是"。

例(40)"我爱他象(像)树爱水一样情感"使用的也是比喻格,然而由于语法知识的不足,在"一样"后面误加了名词"情感",出现了句法上的错误。

以上种种情况说明,对外汉语教学离不开修辞学,修辞教学是对外汉语教学不可分割的一部分,必须在对外汉语教学中进行修辞教学,让学生了解汉语的修辞格,特别是汉语各种辞格的表达习惯。只有这样,才能减少母语负迁移等因素的干扰,避免出现各种偏误。

二、不同语言修辞表达习惯上的异同

客观事物是人类共同的认知对象,不会因为国家的不同而不同,加之客观事物具有相对的稳定性,因此人们对客观事物产生的联想有时相同或相似。但是,由于不同的国家和民族生活环境、生活习惯、文化、历史、宗教、价值观、审美观等的不同,对不同的事物或同一事物产生的联想往往也不同。比喻就是一个很好的例子。汉语、日语都用"狐狸"比喻狡猾的人,但汉语用"巴掌大"比喻地方狭小,日语却用"兔子的小屋"来比喻。汉语和英语都有"铁石心肠"之类的比喻(He has a heart of stone),但汉语用"瓢泼大雨"来比喻雨很大,而英语则用"下猫、狗"(It rains cats and dogs)来比喻。

比喻由主体和客体构成,甲被比喻作乙,甲就是主体,乙是客体。下面从客体的角度,来比较一下汉语和英语、日语比喻的异同。

2.1 食物作为客体

"民以食为天",食物及饮食在人们日常生活中占有极其重要的位置。

正是由于对食物极其熟悉,所以人们经常用食物来说明一些事理或现象。尽管各国的食物、饮食习惯、饮食文化有很大的差异,但有时对食物产生的联想却有相同或类似之处,因此,不同的语言中往往有一些相同的比喻。英语和汉语就存在着一些以同一食物为客体的比喻,而且比喻义一样。例如:

(41) carrot and stick

(42) forbidden fruit

(43) sour grapes

(44) a hot potato

例(41)为"胡萝卜加大棒",例(42)为"禁果",例(43)为"酸葡萄",例(44)为"烫手的山芋"。

汉语和日语也存在一些以同一食物为客体的比喻,意思也相同。例如:

(45) 棚からぼた餅

(46) 絵に描いた餅

例(45)为"天上掉馅饼",例(46)为"画饼充饥",汉语、日语都以相同的客体为喻体,且意思一样。

但是由于各国食物、饮食习惯、饮食方式等存在着差异,因而饮食方面的比喻大都不同。汉语中大量以食物为客体的比喻,英语、日语中都不存在。例如:

(47) 吃醋

(48) 吃豆腐

(49) 茶壶里煮饺子

(50) 刀子嘴,豆腐心

(51) 生米煮成了熟饭

同样,英语中也存在很多独特的比喻。例如:

(52) an egg-head

(53) take the bread out of someone's mouth

(54) cup of tea

(55) the land of flowing with milk and honey

(56) have an egg over one's face

(57) She is a peach.

例(52)以"鸡蛋"作为客体,比喻知识分子;例(53)以"面包"为客体,比喻抢人饭碗;例(54)以"茶"为客体,比喻喜欢的东西;例(55)以"牛奶""蜂蜜"为客体,比喻鱼米之乡;例(56)以"鸡蛋"为客体,比喻形象受损;例(57)以"桃"为客体,比喻惹人喜爱。这些以食物作为客体的比喻,汉语中都不存在。

日语中也有大量独特的比喻。例如:

(58) 焼き餅

(59) 鮨詰め

(60) 胡麻塩頭

(61) 芋洗い

(62) 濡れ手に粟

例(58)以"烤饼"作为客体,比喻吃醋;例(59)以"寿司"作为客体,比喻很拥挤;例(60)以"芝麻""盐"作为客体,比喻头发花白;例(61)以"芋头"作为客体,比喻"煮饺子",即人多;例(62)以"粟"作为客体,比喻不劳而获。汉语中也没有以这些食物为客体的比喻。

2.2 动物作为客体

各国的动物虽然大同小异,但反映在比喻中却大异小同。英语中有这样的比喻:

(63) He is a fox.

(64) a wolf in a sheep's clothing

(65) horse-faced

(66) sheepish

例(63)用"狐狸"比喻狡猾的人;例(64)用"披着羊皮的狼"比喻本性凶恶,假装善良;例(65)用"马脸"比喻脸长的;例(66)用"绵羊"比喻懦弱。

汉语中也有以这些动物作为客体且意思相同的比喻。

但汉语中有下面一些比喻:

(67) 你这么给他讲道理简直是<u>对牛弹琴</u>!

(68) 他是一个<u>铁公鸡</u>。

(69) 那孩子<u>猴似的</u>。

（70）你<u>狗拿耗子</u>！

（71）他急得<u>热锅上的蚂蚁似的</u>。

（72）他是<u>癞蛤蟆想吃天鹅肉</u>。

以上各例中的"对牛弹琴""铁公鸡""猴似的""狗拿耗子""热锅上的蚂蚁""癞蛤蟆想吃天鹅肉"都是比喻，而且客体都是动物。"对牛弹琴"比喻说话不看对象；"铁公鸡"比喻十分抠门，因为铁做的公鸡身上的毛是拔不下来的，意味着连一根毛都不会给别人；"那孩子猴似的"并不是说那个孩子长得像猴子，而是说那个孩子好动，难以管束；"狗拿耗子"比喻爱管闲事；"热锅上的蚂蚁"形容焦急不安的样子；"癞蛤蟆想吃天鹅肉"中的"癞蛤蟆"是很丑陋的动物，天鹅则是世界上最美丽的动物，"癞蛤蟆想吃天鹅肉"比喻不可能发生。这些比喻，英语中都不存在。

正像汉语中存在许多独特的以动物为客体的比喻一样，英语中同样有很多这样的比喻。例如：

（73）black sheep

（74）as poor as church mouse

（75）as hungry as a bear

（76）ass in a lion's skin

（77）You chicken!

（78）have other fish to fry

例（73）字面意思为"黑羊"，实际上是"害群之马"的意思；例（74）字面意思是"像教堂的老鼠一样穷"，比喻非常穷；例（75）字面意思为"饿熊"，而比喻义为"饿狼"；例（76）字面意思为"披着狮皮的驴"，真实意思为"狐假虎威"；例（77）字面意思是"你是鸡"，实为"胆小鬼"；例（78）意思为"另有要事"。汉语中没有以这些动物为客体、意思相同的比喻。

日语和汉语中也有一些以同一动物为客体的比喻，而且意思相同：

（79）あなたは部長の走狗です。

（80）彼は馬面だ。

（81）豚のように食べられる。

（82）彼らの宿舎はまるで豚小屋のようだ。

例（79）用"走狗"比喻帮助作恶的人，例（80）用"马脸"比喻脸长，例（81）

用"像猪一样吃东西"比喻贪吃,例(82)用"猪圈"比喻房间脏乱。

但汉语中大量以动物为客体的比喻,日语中都没有[例(67)—(72)]。再如:

(83) 我们应该发扬老黄牛精神。

(84) 你今天就像一只没头的苍蝇。

(85) 这孩子是一个白眼狼。

(86) 昨天下大雨,我给淋了个落汤鸡。

(87) 小张是一个难得的千里马,一定要把他留住!

同样,日语中也有很多汉语中不用这些动物作为客体的比喻。例如:

(88) 馬の耳に念仏。

(89) 犬の遠吠え。

(90) さるも木から落ちる。

(91) 猴に烏帽子。

(92) 蝦で鯛を釣る。

(93) 腐っても鯛

例(88)意思是"对牛弹琴",例(89)比喻背后逞威风,例(90)相当于"千里马还有失蹄的时候",例(91)比喻一个人说了不合自己身份的话或穿了不合身份的衣服,例(92)比喻"抛砖引玉"或"以小搏大",例(93)意思是"瘦死的骆驼比马大"。

2.3 其他事物作为客体

不但以食物、动物为喻的比喻,汉语和英语、日语存在着同和异,以其他事物为喻的,同样如此。汉语和英语都有下面的比喻,且意思相同:

(94) 雷鸣般的掌声——a thunder of applause

(95) 迅雷不及掩耳——at lightning speed

(96) 大震荡,大变动——earthquake

(97) 水中捞月——fish up the moon in the water

(98) 顺水推舟——push the boat with the current

(99) 同舟共济——be in the same boat

汉语和日语也有不少相同的比喻。例如:

(100) 像一阵风一样——風のような速さ

(101) 火海——火の海

(102) 像水晶一样透明——水晶のような透き通った

(103) 花钱如流水——お金を湯水のように使えた

但是,这些客体相同、意思相同的比喻所占的比例都非常小,更多的是不同的比喻。例如:

(104) 节日的王府井<u>人山人海</u>。

(105) 现在是<u>东风压倒西风</u>!

(106) 弟弟把妈妈的话当成了<u>耳旁风</u>。

(107) 他是一个大<u>草包</u>。

(108) 你真是<u>木头脑瓜子</u>!

(109) 他就喜欢开<u>空头支票</u>。

以上各例中的"人山人海""东风压倒西风""耳旁风""草包""木头脑瓜子""空头支票"都是比喻,它们是一种约定俗成的说法,一般不能随意改变,像"人山人海"不能说"人山人水""人星人木"。同样,"东风压倒西风"不能说"南风压倒北风",因为"东风压倒西风"有其特定的含义。该比喻出自《红楼梦》第八十二回:"但凡家庭之事,不是东风压了西风,就是西风压了东风。"意思是:在家庭里,对立的双方,不是这一方压倒那一方,就是那一方压倒这一方,二者必居其一。后来,人们常常用"东风"比喻革命势力,"西风"比喻反动势力,整个比喻意味着革命势力一定战胜反动势力。而在西方,"东风""西风"纯粹只是一种自然风。

汉语中,这些以其他事物作为客体的比喻有的比较浅显,一看就能明白。例如:

(110) 今天太热了,太阳<u>像火一样</u>。

(111) 老大爷的手<u>像树皮一样</u>。

(112) 他三番五次约你出去玩,你还不知道他的意思吗?你怎么<u>像木头人一样</u>?

例(110)的"像火一样"很容易让人想到"热",例(111)的"像树皮一样"也容易让人想到"粗糙",例(112)的"像木头人一样"比较容易让人联想到"冷漠"。

但有的事物作为客体的比喻理解起来就不是那么容易,需要有相关的知识背景或文化背景。例如:

(113) 这座楼太高了,远远望去,窗户像枪眼一样。

(114) 你的头发像鸡窝一样,赶紧收拾收拾。

(115) NBA球星个个人高马大,蒲扇似的大手,能把篮球抓住。

(116) 你就是个草包。

这些比喻中的客体"枪眼""鸡窝""蒲扇""草包",与外国学生的生活距离比较远,他们多半不了解,或不熟悉,理解起来就会比较困难。

以上这些事物作为客体的比喻,英语和日语中都没有。

英语中也有很多以其他事物为客体的独特比喻,汉语中没有以这些事物为客体的比喻。例如:

(117) You are as welcome as flowers in May.

(118) as sound as bell

(119) as true as steel

(120) be all at sea

(121) on the rocks

例(117)意思为"你像五月花那么受欢迎",例(118)意思为"十分健康",例(119)意思是"绝对可靠",例(120)意思是"不知所措",例(121)意思是"手头拮据"。

日语中同样有大量以其他事物为客体的独特的比喻。例如:

(122) たたみの上の水練。

(123) たたみの上で死ぬ。

(124) 火のない所に煙はたたぬ。

(125) 喉から手が出る。

例(122)字面意思是"在榻榻米上练游泳",比喻纸上谈兵;例(123)字面意思是"死在榻榻米上",比喻寿终正寝;例(124)字面意思为"没有火的地方没有烟",比喻无风不起浪;例(125)字面意思是"手从喉咙里出来",比喻垂涎三尺。以这些事物为客体的比喻汉语中也没有。

2.4 颜色作为客体

颜色作为比喻的客体,汉语和英语也有一些相同的比喻。例如:

(126) 白纸黑字——in black and white
(127) 颠倒黑白——call black white
(128) 白色恐怖——the white terror
(129) 开绿灯——give somebody green light
(130) 气得脸通红——be red with anger

但日常生活中,各民族又可以根据各种颜色的特点以及对颜色的不同认识,产生不同的联想,从而赋予同一种颜色不同的比喻义。譬如"红",汉语中有以下比喻:

(131) 我们两口子从来没红过脸。
(132) 他是我们老板的红人。
(133) 过去我们家最穷,现在我们家住上别墅了,过去的邻居不少人都眼红。

例(131)的"没红过脸"比喻没生过气或没闹过别扭,例(132)的"红人"比喻受宠信和重用的人,例(133)的"眼红"比喻嫉妒。英语中没有这些比喻。

英语中,"红"产生的联想也有不少与汉语不同。例如:

(134) see red
(135) caught red-handed
(136) red tape
(137) red rain

例(134)比喻怒气冲冲,例(135)比喻正在做坏事时被人发现,例(136)比喻政府禁止消息传播,例(137)比喻电影或小说中紧张的情节。这些比喻汉语中都不存在。

跟汉语、英语不同,日语中的"红"没有什么比喻义。

三、修辞教学方法

对外国学生进行修辞教学不能光讲理论,而应该突出"实践",即让学生在实践中学习,少讲多练。只有这样,才能逐步培养学生的修辞感和修辞意识,才能解决他们交际中遇到的修辞问题。具体说来,主要有以下方法。

（一）记忆法

汉语很多辞格的具体表达具有一定的约定俗成性,特别是一些经典的拟人、夸张、排比等,已经固化了,其作用相当于固定短语。为了让学生掌握和运用,可以让他们进行记忆,以句子的形式储存在大脑中。例如：

(138) 树缝里也漏出一两点路灯光,无精打采的,像瞌睡人的眼。（朱自清《荷塘月色》）

(139) "日出江花红胜火,春来江水绿如蓝。"这是革命的春天,这是人民的春天,这是科学的春天！让我们张开双臂,热烈地拥抱这个春天吧！（郭沫若《科学的春天》）

(140) 秋天到了,树上金红的果子露出了笑脸,她们正在向着我们点头微笑呢！

(141) 宁静的夜晚,只有那天上的星星在窃窃私语。

(142) 白发三千丈,缘愁似个长。（李白《秋浦歌》）

(143) 桃花潭水深千尺,不及汪伦送我情。（李白《赠汪伦》）

(144) 飞流直下三千尺,疑是银河落九天。（李白《望庐山瀑布》）

（二）对比法

对比法不仅可以用来教授语法、词汇,同样可以用来教授修辞。比如教授"比喻"这个辞格的时候,教师可以说出汉语的一些常见的比喻,让学生说出自己母语中相应的比喻,并比较两者之间的异同,加深学生的印象。例如：

(145) 口蜜腹剑——a Juda's kiss

(146) 害群之马——black sheep

(147) 老黄牛——to work like a dog

(148) 倾盆大雨——It rains cats and dogs.

通过对比,指出汉语和外国学生母语比喻上的异同。如果汉语和学生母语的表达完全一样,学生学起来就觉得很容易。如果汉语和外国学生的母语表达不一样,教师应提醒他们不要以母语的表达习惯代替汉语,避免母语的负迁移,从而达到掌握的目的。

（三）翻译法

翻译法同样可以用来教授一些辞格。如教授"比喻"时,教师可事先准

备一些常见的比喻,课堂上让学生翻译成自己的母语。例如:

(149) 他男朋友跟铁塔似的。→

(150) 你怎么把孩子养成了"豆芽菜"?→

(151) 巴掌大的地方。→

(152) 你海量!→

(153) 他把我的话当成了耳旁风。→

通过翻译,同样可以突出汉语和外国学生母语比喻表达上的异同,加深学生的印象,避免外国学生母语负迁移的影响。

(四) 找修辞格

教师事先准备一篇含有多种常见修辞格的文章,课堂上让学生从中找出修辞格。例如:

(154) 曲曲折折的荷塘上面,弥望的是田田的叶子。叶子出水很高,像亭亭的舞女的裙。层层的叶子中间,零星地点缀着些白花,有袅娜地开着的,有羞涩地打着朵儿的;正如一粒粒的明珠,又如碧天里的星星,又如刚出浴的美人。微风过处,送来缕缕清香,仿佛远处高楼上渺茫的歌声似的。这时候叶子与花也有一丝的颤动,像闪电般,霎时传过荷塘的那边去了。叶子本是肩并肩密密地挨着,这便宛然有了一道凝碧的波痕。叶子底下是脉脉的流水,遮住了,不能见一些颜色;而叶子却更见风致了。(朱自清《荷塘月色》)

(155) 月光如流水一般,静静地泻在这一片叶子和花上。薄薄的青雾浮起在荷塘里。叶子和花仿佛在牛乳中洗过一样;又像笼着轻纱的梦。虽然是满月,天上却有一层淡淡的云,所以不能朗照;但我以为这恰是到了好处——酣眠固不可少,小睡也别有风味的。月光是隔了树照过来的,高处丛生的灌木,落下参差的斑驳的黑影,峭楞楞如鬼一般;弯弯的杨柳的稀疏的倩影,却又像是画在荷叶上。塘中的月色并不均匀;但光与影有着和谐的旋律,如梵婀玲上奏着的名曲。(朱自清《荷塘月色》)

通过这样的练习,不仅可以培养学生汉语辞格的意识,而且能够了解、掌握一些汉语辞格的具体表达。

（五）说出或写出辞格的意思

教师给出一些具体的辞格表达,让外国学生解释它们的意思。例如：

(156) 年轻人是早上八九点钟的太阳。

(157) "好酒,好酒",会场像开水锅一样沸腾起来。(徐㺚《竹叶青》)

(158) 今天这事,我就是浑身长满嘴也说不清楚。

(159) 天亮了,小山村醒了,来来往往的人们也热闹了起来。

通过这种方式,让外国学生不仅能够了解一些具体的修辞表达方式,而且能够真正理解含有辞格的句子的意思,避免做字面上的理解,出现理解上的偏差。

（六）改写句子

反问、设问等辞格,都有一定的形式特征,即都是问句,可以采用改写的方式来进行练习。比如反问句,可以通过下面的改写句子来进行练习：

(160) 老师告诉我们今天考试,他知道今天考试。→老师告诉我们今天考试,他不知道今天考试？

(161) 天气这么好,不会下雨。→天气这么好,会下雨？

(162) 这个字这么简单,不难。→这个字这么简单,难吗？

（七）完成句子

汉语的一些辞格,像排比、对比,不仅要求句法结构要一致,而且要匀称,对比还要求词语要相对,因此可以通过完成句子来进行强化练习。例如：

(163) 书是面包,书是钥匙,(   )。

(164) 生活是一杯酒,生活是一本书,(   )。

(165) 读书,使人聪明;(   )。

通过这种练习,不但可以强化某一辞格形式上的特点,而且能够让外国学生掌握具体的辞格表达习惯,培养修辞感。

总之,要针对汉语辞格的特点以及外国学生出现的辞格问题,来进行有针对性的教学和训练。只有这样,才能提高外国学生辞格使用的正确率。

第十一讲　篇章语言学和篇章教学

一、篇章语言学在汉语教学中的重要性

篇章语言学是 20 世纪 60 年代在欧美兴起的,但篇章语言学没有一个统一的理论体系。篇章语言学家 van Dijk（1980）指出,篇章语言学不是某一种理论或方法,而是指把篇章作为主要研究目的的研究。(刘辰诞、赵秀凤 2011)篇章语言学研究的对象为大于句子的篇章、句子之间的关系、篇章的整体结构、语言使用者的交际意图以及语境对语篇形式和结构的影响。篇章语言学可根据研究的视角和研究重点分为篇章语法学、篇章语义学、篇章语用学。篇章语言学各流派之间尽管理论和方法不尽相同,但都致力于研究不同篇章的共同基本特征、不同篇章类型之间的区别、一段话成为篇章必须满足的条件、篇章的生产和接受过程以及篇章的形式和功能之间的关系等。总而言之,是研究篇章的构成特点以及篇章的形成和功能。语言交际多数情况下不是说一句话,常常是说一段话或几段话,即说出来的都是一个个篇章,写更是如此。也就是说,汉语教学是离不开篇章教学的,篇章教学是对外汉语教学的有机组成部分。

然而,研究显示,外国学习者篇章方面的问题十分突出。(鲁健骥 2000,吴丽君等 2002,杨德峰 2008a,陈晨 2004,黄玉花 2005,刘俊玲 2005,杨德峰、姚骏 2016)陈晨(2004)对英语国家中高级学生的作文进行分析后发现,这些学生篇章衔接和连贯方面的偏误主要是由篇章中的省略手段、关联词语和句序的使用不当造成的,这三类偏误占了篇章偏误的 90%。黄玉花(2005)通过对语料进行统计,发现韩国留学生的篇章偏误主要有省略、照应、关联词语、时间词语、词汇衔接 5 类。刘俊玲(2005)对韩国、日本、印尼、蒙古等七个国家不同年级的留学生书面语言中出现的篇章偏误进行分析后,指出他们的主要篇章偏误为:时间关联成分的缺失、冗余与误用,地点关

联成分的误用,指称成分的缺失、冗余、错位及指称不明,替代成分的缺失,关联成分的缺失、冗余与误用。总之,不管是英语母语学习者,还是韩国等国家的学习者,照应、替代、省略、指称、衔接等方面都存在着诸多问题。

1.1 照应偏误

照应是篇章衔接的主要手段之一,外国学习者照应方面主要存在缺乏被照应对象、该照应没照应、不该照应而照应、错用照应、照应对象不明确等。

(一)缺乏被照应对象

所谓缺乏被照应对象,是指后续分句中出现的代词等在前文找不到所指代的名词性成分,或前文没有交代。例如:

(1) *我在乐山农村住过十天。在那里亲眼看到真漂亮、真美丽的自然风景。我去的时候是夏天,是四川省最热的季节。可是从我住的房子能看到的都是绿色的山和稻田。<u>他</u>家前面的稻田非常多……①

(2) *我们这次去农村实习,活动非常丰富。上午参观了幼儿园、敬老院,中午去农民家吃饭,跟农民一起聊天,下午去一个中学听课,<u>他们</u>的英语水平让我们非常吃惊。

(3) *下山以后,有一个大群人欢迎武松。猎人立刻把武松扶上<u>轿子</u>一直抬到县长家去。②

例(1)最后一个分句中的代词"他"在前面的分句找不到所指代的名词,显然缺乏照应的对象;例(2)的"他们"在前文中也找不到所指代的名词,也缺乏被照应的对象;例(3)前面的分句中没有提到名词"轿子",可是后续句中却出现了"把武松扶上轿子……",显得很突兀。

(二)该照应没照应

该照应没照应,是指前文出现了名词性成分,后文中却找不到指称该名词的代词等,造成语句不连贯。例如:③

(4) *信中妈妈说她身体不好,她想看晓华。晓华的心里很复杂,但是

---

① 该例引自杨德峰(2008a)。
② 该例引自鲁健骥(2000)。
③ 以下两例引自杨德峰(2008a)。

（　　）决定去见妈妈。

(5) *我认为中国人很热情,(　　)是因为我们外国人向中国人打听一些事情的时候,大部分中国人都会告诉我们。

例(4)的"决定去见妈妈"前面缺少照应"晓华"的代词"她";例(5)的"是因为我们外国人向中国人打听一些事情的时候,大部分中国人都会告诉我们"前面也缺少照应,应该在"是"前加上代词"这"。

（三）不该照应而照应

不该照应而照应,是指后文中不应该出现代词等照应成分,却过度使用了。例如:

(6) *男孩子出去了,但是<u>他</u>不知道怎么玩,所以<u>他</u>在路上走。

(7) *玛丽是我的同屋,<u>她</u>是德国人,<u>她</u>说汉语比我好多了。

例(6)第二、第三个分句中的两个代词"他"是照应"男孩子"的,但多余,应该删去;例(7)的第二、第三个分句中的代词"她"也是多余的,都应该删去。

（四）错用照应

错用照应是指后文中使用的照应成分错误,常常是该用代词却用了名词。例如:

(8) *大卫是我的好朋友,我们小时候就认识,<u>大卫</u>说汉语比我好。

(9) *哥哥是个胖子,除了我,其他同学都不喜欢跟他玩儿,因为<u>哥哥</u>太胖。

(10) *啊! 原来你们要去参加联欢会呀! 怪不得今天打扮得<u>很</u>漂亮。

例(8)应用代词"他"照应"大卫",却用了名词"大卫";例(9)应用代词"他"照应"哥哥",却误用了名词"哥哥";例(10)应用"这么"照应"你们"的衣着,却用了"很"。

（五）照应对象不明确

照应对象不明确是指后文中照应的代词与前文中出现的名词指代关系不清,造成理解上混乱或困难,常常是前文中出现了两个不同的名词性成分,而后文中却用一个代词来称代。例如:①

---

① 以下两例引自杨德峰(2008a)。

(11) *很多欧美留学生上课的时候积极发言,但是很多日本留学生担心出错不积极发言,他们的学习态度对我产生了很大的影响,所以我现在上课的时候尽量多发言。

(12) *自从妈妈定为叛徒以后,晓华开始失去了最要好的同学和朋友,家也搬进了一间黑暗的小屋,她受到了从未有过的歧视和冷遇,所以,她心里更恨她,恨她历史上的软弱和可耻。

例(11)的"他们"照应的对象既可以是前面的"欧美留学生",也可以是"日本留学生",照应对象不明确;例(12)的"她"既可以指"妈妈",也可以指"晓华",也不明确。

1.2 替代偏误

外国学习者替代方面的主要问题是该用替代而没用。例如:

(13) *如果你做事没有自信的话,就会失败,如果你做事有自信,巨大的墙都能爬过去。

(14) *爸爸也吓了一跳。爸爸不能闭嘴,然后爸爸和孩子一直发呆了。

例(13)中的"如果你做事有自信"可以用"反之"来替代;例(14)的第三个分句的"爸爸"应用"他"来替代。

也会出现替代成分偏误的问题,即用来替代名词性成分的代词错误。例如:

(15) *妈妈用扫子在打扫中发现了很多小玩具。看起来已经坏了,还有很脏。所以把它都拿走放在很大的垃圾桶里。

(16) *改革开放之前,中国是一穷二白的国家。但中国发现了闭关锁国的政策使老百姓的生活贫穷,艰难。他们正确了解本国的实际情况之后,1979年就实行了改革开放。

例(15)的"它"应改为"它们";例(16)的"他们"应改为"该国"。

1.3 省略偏误

外国学习者省略方面出现的偏误主要有两种:该省没省、不该省却省了。

(一)该省没省

该省没省,是指前文出现了某一个词语,下文如果再出现这一词语时,

一般省略该词语,但是外国学习者却常常再次使用该词语。例如:

(17) *她找不到他的手机,她一看到她的孩子的东西,就她生气了。
(18) *孩子也终于让爸爸相信,然后孩子靠着爸爸的身边一直认真听。
(19) *儿子很伤心,儿子就想哭了。一边掉眼泪,一边生气地说:"老鼠!真坏了!你吃了我的幸福,我从今天开始真不喜欢老鼠!你听得懂吗?"

例(17)第二、第三个分句中的"她"都应该省略,例(18)第二个分句中的"孩子"、例(19)第二个分句中的"儿子"也都应该省略。

(二) 不该省却省了

不该省却省了是指不应该省略的成分被省略掉了。例如:

(20) *他工作很忙,一去工作就是一个星期不回家,所以我从学校回到家的时候,(他)也差不多不在家。①
(21) *我喜欢看月亮,其中特别喜欢看中秋节的月亮。因为它又大又圆,而且还通过它可以想起过去跟一起度过的快乐的中秋节。这年中秋节,(我)也看了月亮,在窗前托着下巴,一边看月亮,一边想我的家人。
(22) *他努力学习,但老师没有表扬(他),所以不自信。

例(20)括号中的主语"他"、例(21)括号中的主语"我"都应补上,例(22)括号中的宾语"他"也应该补出来。

1.4 指称偏误

外国学习者出现的指称问题也比较多,主要有时间指称偏误、处所指称偏误。

(一) 时间指称偏误

所谓时间指称偏误是指用来指称时间的词语不正确,这有三种情况:同时性时间成分指称不当、后时性时间成分指称不当、该用先时性的成分却用了同时性的。

同时性时间成分指称不当,是指用来指称同时性时间的词语使用不正

---

① 引自高宁惠(1996)。

确。例如：

(23) *爸爸5到10分钟想一想以后说："我想起来一个好的办法。如果我们在米的周围做扔米，1到2个月以后可以实现你的要求！"<u>当时候</u>，一只可爱的动物出现了。它一边看米一边想一想："我怎么吃这好吃的米。"

(24) *<u>那时候</u>，在爸爸和儿子背后出来了一只老鼠。他们还没发现它。爸爸一点也不知道。

例(23)的"当时候"用来指称与某一时间同时，但汉语中不存在这一说法，应改为"这时候"；例(24)的"那时候"也表示与某一时间同时，也应改为"这时候"。

后时性时间成分指称不当，是指用来指称后时性时间成分的词语错误。例如：

(25) *孩子听完后对爸爸开心地说："爸，那么我们也养那个东西吧。"<u>后</u>看那个东西，可是那个东西已经被一个老鼠吃掉了。

(26) *他们开始累，所以他找一个石头上坐，儿子靠他的腿，<u>然后</u>他对儿子说了自己的计划，就是用植物的种子的话明年会有更多的植物……

例(25)的"后"应改为"然后"；例(26)的"然后"多余，应该删去。

该用先时性的成分却用了同时性的，是指应该使用先时性的时间成分，却误用了同时性的时间成分。例如：①

(27) *他(白居易)斋戒是为了治病，所以<u>这时候</u>特意长时间保持斋戒。

(28) *这就表示<u>这时候</u>他(白居易)自己感到应该抑制对"兼济"的欲念。

例(27)(28)用"这时候"来指称白居易所处的时代，显然不合适，因为白居易是唐代人，离现在的年代非常久远，应该用"那时候"。

(二) 处所指称偏误

处所指称偏误，是指用来指称处所的词语不正确。例如：

(29) *下星期我去长城，以前我也去过<u>这里</u>。

---

① 引自杨德峰(2008a)。

(30) *在南极有日本昭和基地,日本考察队员在这儿考察。

例(29)的"这里"和例(30)的"这儿"指称都不当,因为"长城"和"昭和基地"都不是说话人所在的地方,离说话人都很远,应该用远指的"那儿"或"那里"。

1.5 衔接偏误

衔接偏误主要有逻辑联系语偏误和词汇衔接偏误。

(一)逻辑联系语偏误

王力(1954)指出:"词与词可以联结,句和句也可以联结;有些虚词居于词和词中间,或句和句中间,担任联结的任务。这种虚词,我们叫作联结词。"这些连接词除了起着联结作用外,还能表示句子与句子之间的逻辑关系,甚至可以通过前句从逻辑上预见后续句的语义。(胡壮麟 1994)外国学习者使用这些逻辑联系语的时候,由于不熟练、受母语以及目的语的影响,常常出现偏误,这些偏误主要有逻辑联系语漏用、混用、错用、冗余以及管辖范围错误等。

1. 逻辑联系语漏用

逻辑联系语漏用是指该用某一个逻辑联系语时却没有使用。例如:

(31) *现在,在伦敦或一些大城市里的饭馆、剧场等公共场所,手提电话已经被禁止使用了。(   )不可以在这些地方打手提电话。

(32) *昨天下雨,今天(   )下雨,真麻烦。

例(31)括号中应该使用逻辑联系语"即""也就是说"等,但是却没有使用,造成语句的不连贯;例(32)的"今天"后面没有使用"也",应该加上。

2. 逻辑联系语混用

逻辑联系语混用是指把不同搭配关系的逻辑联系语混用在一起了。例如:

(33) *第一出台燃油税;其次让公共交通更加便捷,让人们使用公共交通设施;然后找到石油能源的替代品。

(34) *如果明天不下雨,我也去长城。

汉语的"第一"应该与"第二""第三"等配合使用,"其次"应该与"首先"

"再次"等配合使用,"然后"一般与"先"配合使用。例(33)把"第一"和"其次""然后"混在一起使用了,或者"第一"改为"首先","然后"改为"最后",或者"其次"改为"第二","然后"改为"第三"。

"如果"应该和"就"搭配,例(34)的"如果"却和"也"搭配在一起了,"也"应改为"就"。

3. 逻辑联系语错用

逻辑联系语错用是指不该使用某个逻辑联系语时却使用了。例如:

(35) *小孩子在房间玩了半个小时,而且回去睡觉了。

(36) *有的人不愿意去医院,不舒服时就自己买药吃。再说,我觉得这样的话比较好。

例(35)的前后分句没有递进关系,却用了"而且",显然不对,应该删去;例(36)的"再说"错用了,也应该删去。

4. 逻辑联系语冗余

逻辑联系语冗余是指重复使用某一个逻辑联系语,造成累赘重复。例如:

(37) *他喜欢中国武术,而且爱吃中国菜,而且爱唱中国歌。

(38) *这儿好吃的东西太多了,我想吃包子,也想吃饺子,也想吃烤鸭。

例(37)使用了两个"而且",第二个"而且"是多余的,应该删去;例(38)用了两个"也",第一个"也"应删去。

5. 逻辑联系语管辖范围错误

逻辑联系语管辖范围错误是指逻辑联系语的管辖范围被扩大或缩小了,因而出现篇章偏误。例如:

(39) *如果小伙子也爱那个姑娘,收下鲜花,然后就再去找那个姑娘对歌,要求订婚。

(40) *他去过上海,也我去过上海。

例(39)的"就"应该在"收下鲜花"之前,"就"的管辖范围缩小了;例(40)的"也"管辖范围应该是"去过上海",但却放在了"我"前,管辖范围扩大了。

(二) 词汇衔接偏误

词汇衔接偏误主要是词语不必要的重复。例如:

(41) *现在我会做各种中国菜。比如说,鱼香肉丝中国菜,宫爆肉丁中国菜等等。

(42) *我吃过很多地方的小吃,北京的小吃,西安的小吃,上海的小吃等等。

例(41)后两个"中国菜"重复了;例(42)后面三个"小吃"也没必要,都应删去。

由此可见,外国学习者篇章方面存在的问题还是十分突出的。要解决这些问题,必须运用篇章语言学理论以及现有的篇章方面的研究成果,只有这样才能让学习者明白错在什么地方,为什么是错误的,从而有助于他们较好地掌握汉语的篇章。

二、汉语篇章的衔接手段

不管是口头语篇,还是书面语篇,必须衔接自然,语义连贯,这是篇章构成最基本的条件或要求。外国学习者学习汉语的篇章,就是要掌握汉语篇章衔接的各种手段,把一个个分句衔接起来,构成一个完整的篇章。

汉语篇章衔接的手段多种多样,主要有语法手段和词汇手段。

2.1 语法手段

语法手段又可以分为时间关联成分、地点关联成分、逻辑联系语、照应、替代、省略等。

(一) 时间关联成分

时间关联成分主要指表示时间的词语,有先时性的、同时性的和后时性的之分。先时性的词语表示某一事件发生在另一事件之前,这样的词语主要有"先、首先、以前、从前、先于、在……以前、在……之前"等。例如:

(43) 你先走,我马上就到。

(44) 以前,这儿什么都不长,现在却变成了一片大果园。

同时性的词语表示两个或两个以上的事件发生在同一个时间,或没有先后之分,这样的词语主要有"同时、这时候、此时此刻、在……时候、与……同时"等。例如:

(45) 她做饭,同时还要照看孩子,真难为她了。

(46) 他现在正需要人手,在这个时候离开,不太合适。

后时性的词语表示某一个事件发生在另一个事件之后,或晚于某一个事件的发生,这样的词语主要有"以后、今后、后来、下一次、接着、紧接着、那时、到……时候"等。例如:

(47) 今天没有时间了,以后再说吧。

(48) 这次就算了,下一次得交钱。

(二) 地点关联成分

地点关联成分主要是表示位置、方向、地点等意义的词语或结构,像"周围、附近、上面、下面、前面、后面、对面、隔壁、在……上面、在……下面、在……前面、在……附近"等。例如:

(49) 我们住在华清嘉园小区,周围有很多饭馆,生活很方便。

(50) 房间里只有一张桌子,上面满是尘土,似乎很长时间没有擦过。

(三) 逻辑联系语

逻辑联系语指的是表示各种逻辑意义的连句成分。逻辑联系语表示各种逻辑关系,这些词语在篇章中起着连接的作用。刘辰诞(1999)指出,逻辑联系语又称连接。Halliday & Hasan(1976)从语义功能上把它分为增补型、转折型、原因型和时空型四种。廖秋忠(1986)对汉语中的篇章连接成分(包括逻辑联系语)做了详细的梳理,从中可以发现,汉语中的逻辑联系语很多,可以是词,也可以是短语。汉语的逻辑联系语主要有列举逻辑语、举例逻辑语、总结逻辑语、对比逻辑语、转题逻辑语、补充逻辑语、转折逻辑语、推论逻辑语、等同逻辑语等。

1. 列举逻辑语

列举逻辑语主要有"一、二、三……""首先、其次、最后""第一、第二、第三……""一方面……,另一方面……""其一、其二、其三……"等。例如:

(51) 这款产品有三大优点:首先是价格便宜,只卖680元;其次是重量轻,容易携带;最后是可以水洗,容易清洁。

(52) 企业掌握了市场优势以后,决定向产品线的上下两个方向延伸,一方面增加高档产品,另一方面增加低档产品,扩大市场阵容。

2. 举例逻辑语

这样的逻辑语主要有"例如""比如""比如说""比方说""(就)拿……来说""以……为例""譬如"等。例如：

(53) 但是，人们利用理解的作用，可以削弱感情。<u>例如</u>，天下雨了，不能出门，大人能理解，不会生气，小孩却往往生气。

(54) 另外我们还做内容的引进采购，<u>比如说</u>影视剧等，其实就像是在互联网上的电视台。

3. 总结逻辑语

这样的逻辑语主要有"一句话""总的来看""总的来说""总之""总而言之""概括起来说"等。例如：

(55) 对于前一种技术，国家严格控制，买方不论付出多少钱也买不到。<u>一句话</u>，这类技术不准出口。

(56) 有那么一点浪漫主义，年纪轻，总希望向远处跑，向往大后方。<u>总而言之</u>，是大势所趋。

4. 对比逻辑语

对比逻辑语主要有"相比之下""两相比较""比较而言""跟……比起来""与……相比""较之"等。例如：

(57) 陈的文章，是晓喻国家大计，胡的文章仅是介绍地理知识，<u>两相比较</u>，不难看出他两人的气魄、思想境界，是大有差别的。

(58) 西方人圣诞节都会去教堂，但教堂里的圣诞夜总让我感到有些沉重。<u>比较而言</u>，日本的圣诞节没什么宗教色彩，是属于年轻人的节日。

5. 转题逻辑语

转题逻辑语主要有"顺便说一下""顺便提一下""换一个角度"等，其作用是用来转换话题。例如：

(59) 我发现她本人比她小小的问题更有意思。<u>顺便说一下</u>，她的问题不过是一个很平常的问题。

(60) 因为他并非只以一个成功的股票买卖者自居。不过，<u>换一个角度</u>，你夸他是一个烤牛排的专家，也许他会乐昏了头。

6. 补充逻辑语

补充逻辑语主要有"此外""另外""再说""除了……以外""除此之外""再补充一句"等,用来对前文所说的情况进行补充。例如:

(61) 愿意离婚的,应采用书面形式,双方当事人签名,<u>另外</u>,还须有二人以上的证人签名。

(62) 在技术成果报告上加上他们的名字,他们只想沾一点"名誉"之光,<u>除此之外</u>,不要任何经济利益,保证不泄密。

7. 转折逻辑语

转折逻辑语主要有"相反""事实上""反过来""其实""不料""没料到""没想到""岂料""反之""与此相反"等,它们表示与前文所说的情况相反或相对。例如:

(63) 政策执行完毕并不意味着政策过程的结束,<u>相反</u>,一项社会政策的结束正是下一个政策开始的标志。

(64) 虽然该船悬挂外国旗或拒不展示船旗,但<u>事实上</u>与该军舰属于同一国籍。

8. 推论逻辑语

推论逻辑语主要有"不难看出""毫无疑问""毋庸讳言""显然""显而易见""由此可见""这么一来""这些表明"等,它们表示在前文的基础上做出的推论或得出的结论。例如:

(65) 上海市决心用10年时间改善居民的住房条件,<u>毫无疑问</u>,这是深得人心的德政!

(66) 随着和平年代的长久和市场经济的发展,<u>毋庸讳言</u>,人们的国防意识日渐淡漠。

9. 等同逻辑语

等同逻辑语主要有"换句话说""换言之""或者说""也就是说""就是说""即"等,这些词语表示所说的内容与前文的内容相同或大致相同。例如:

(67) 可以这样说,每年这些费用正好是一辆车一次性投入的利息,<u>换句话说</u>,买一辆汽车还需有一辆车的车款放在银行用利息支付费用。

(68) 在中国书法领域的观念中有种说法叫作"计白当黑",<u>也就是说</u>把白处当作黑来用。

（四）照应

照应指用代词等语法手段来表示语义关系,Halliday & Hasan(1976)把英语的照应分为人称照应、指示照应、比较照应。汉语的照应手段也不例外。

人称照应是指使用人称代词称代上文出现的名词性成分。例如:

(69) 爸爸和妈妈工作都很忙,<u>他们</u>没有时间管我,只好让我在学校寄宿。

该例中的"他们"照应"爸爸和妈妈"。

指示照应是指用指示词或含有指示词的词语来称代上文出现的成分。例如:

(70) 南极虽然比北极还要寒冷,但<u>那儿</u>却生活着大量的企鹅。

(71) 我的家乡在内蒙古大草原,<u>那里</u>到处都是成群的牛羊。

例(70)的"那儿"照应前一个分句中的"南极",例(71)的"那里"照应"内蒙古大草原"。

比较照应指的是通过形容词的比较级形式以及其他一些有比较意义的词语,像"同样、如此"等来进行照应。凡比较,就意味着至少涉及两个人或两个事件等,因此必然会在上下文中找到进行比较的其他词语,因此自然就形成了比较照应。例如:

(72) 你有发音问题,他也有<u>同样</u>的问题。

(73) 我一米八,他<u>比我高一点</u>。

例(72)如果没有第一个分句,就无法理解第二个分句的意思,要准确解释第二个分句的意思,只能到第一个分句中去寻找与"同样"照应的词语。例(73)把"我一米八"和"他比我高一点"联系起来的是"比我高一点"。

分句照应指的是某些词语的所指对象不是词语或短语,而是分句、句子、句组或语篇等,用于分句照应的主要有"这、那、这样、前面、后面、下面"等。例如:

(74) 很多学生从来没有任何改进,没有人给他们提出建议,他们不断重复同样的错误,<u>这</u>是非常可怕的。

(75) 只要去就可以了,至于是今天去,还是明天去,那有什么关系。

例(74)中的"这"照应的是它前面的三个分句;例(75)的"那"照应的是"至于是今天去,还是明天去"两个分句。

(五) 替代

替代是指用替代形式去替代上文出现的词语。使用替代是为了避免重复,同时也起着连接上下文的作用。要理解替代形式的意义,必须从上文中寻找被替代的词语。替代主要有三种:名词性替代、动词性替代、句子或复句替代。

1. 名词性替代

名词性替代是指被替代的为名词性成分。朱德熙(1961,1966)指出,汉语的"的"有时有"one"的性质,汉语的"形容词+的"相当于英语的"形容词+one"。吕叔湘(1984)也认为,"的"字短语可以替代名词。例如:

(76) A:你喜欢大的苹果还是小的苹果?
　　　B:大的。

该例的"大的"代替的是前文的"大的苹果",因此是名词性替代。

2. 动词性替代

动词性替代是指被替代的是动词性成分。王力(1944)指出,"这么着"有谓语替代功能。赵元任(1979)认为汉语的"来"是最常见的动词替代词,实际上动词性替代词远不止此,"这么看""弄""搞"都有这样的作用。例如:

(77) A:今天没有时间了,我们明天再干吧。
　　　B:就这么着。
(78) 你修了半天也没修好,让我来吧。
(79) A:我认为这么做不太好。
　　　B:我不这么看。
(80) A:房间收拾了吗?
　　　B:弄了。

例(77)的"这么着"代替的是"明天再干",例(78)"来"代替的是动词"修",例(79)的"这么看"代替的是"认为这么做不太好",例(80)的"弄"代替的是动词"收拾",都是动词性的替代。

3. 句子或复句替代

句子或复句替代是指被替代的是小句或复句。用来替代的词语常见的有"这""那""这样""那样""以上""以上情况""前文""要不然""不然""不然的话"等。例如：

(81) 你明天十点以前把欠的钱都还了，不然，有很大的麻烦。

(82) 地表平均温度就会下降到－23℃，而实际地表平均温度为15℃，这就是说温室效应使地表温度提高38℃。

(83) A：你先过去，我随后就到。
B：这样也好。

例(81)的"不然"替代的是小句"你明天十点以前把欠的钱都还了"的否定式，胡壮麟(1994)认为是小句替代。例(82)的"这"替代的是复句"地表平均温度就会下降到－23℃，而实际地表平均温度为15℃"，是复句替代。例(83)的"这样"替代的是"你先过去，我随后就到"，也是复句替代。

（六）省略

省略是为了避免重复，突出主要信息，此外，还起着篇章连接作用。汉语的省略主要有三种情况：承前省略、蒙后省略和语境省略。

1. 承前省略

承前省略是指前文已经出现的成分，后文中往往可以省略。承前省略的可以是主语，也可以是宾语和定语中心语。例如：

(84) 他虽然只学了一年英语，但(他)能够用英语流利地交流。

(85) 你有家，我也有(家)。

(86) 一分价钱一分货，贵的衣服就是好，要买就买贵的(衣服)。

例(84)第二个分句省略了主语"他"，例(85)第二个分句省略了宾语"家"，例(86)第三个分句省略了中心语"衣服"。

2. 蒙后省略

蒙后省略是指有些成分下文出现了，前文中可以省去，避免重复。例如：

(87) (你)拿去先用着，你有钱了再还给我。

(88) (我)不同意，我肯定不同意。

例(87)第一个"你"省略了,因为第二个分句的主语也是"你";例(88)因为第二个分句有"我",所以第一个分句中的"我"也省略了。

蒙后省略的一般是主语,一般不能是宾语,也不能是定语中心语。

3. 语境省略

语境省略是指在一定的语境中,由于听说双方对交谈涉及的事物都非常清楚,所以句子中指称这些事物的成分就不必说出来。例如:

(89) A:(妈妈指着衣服)(衣服)要洗吗?

B:(衣服)不用。

(90) A:(我们)明天有考试吗?

B:有。

例(89)的"衣服"都省略了,因为说话时的语境清楚地告诉了听话人"要洗"的是"衣服";例(90)的"我们"省略了,因为说话双方都很明确是"我们"。

语境省略的既可以是主语,也可以是宾语,还可以是定语中心语、状语等。

从句法的角度来看,省略的成分可以是名词性的、动词性的,还可以是小句或小句主要部分。

胡壮麟(1994)认为名词省略有两种情况:右省略和左省略。右省略是省略名词性成分的中心语。例如:

(91) A:来一碗牛肉面?

B:来一碗(牛肉面)吧。

(92) 黄色的大衣1000,黑色的(大衣)800,你要哪种(大衣)?

例(91)省略了中心语"牛肉面",例(92)省略了中心语"大衣"。

左省略是指省略修饰性成分。例如:

(93) 明天你去(一)趟上海吧。

(94) 给我来一瓶冰镇啤酒、(一瓶)冰镇可乐。

例(93)省略了数词"一",例(94)省略了数量成分"一瓶"。

动词性省略,是指句子中的动词性成分被省略掉了。胡壮麟(1994)指出,动词性省略也有右省略和左省略两种情况。右省略主要省略的是动态助词。例如:

(95) A:领导同意了吗?

B:放心吧,已经同意(了)。

该例的答句"同意"后省略了"了"。

左省略主要省略的是能愿动词等。例如：

(96) A:明天他会来吗？
　　B:(会)来,放心吧。

还可以省略动词等。例如：

(97) A:做完了吗？
　　B:(做)完了。

(98) A:考得怎么样？
　　B:(考得)不错。

例(97)省略了动词"做",例(98)省略了"动词+得"。

小句或小句主要部分省略是指省略的为小句或小句的一部分。例如：

(99) A:汉字有意思吗？
　　B:是(,汉字有意思)。

(100) A:看样子,要下雨。
　　　B:大概(要下雨)。

例(99)的小句"汉字有意思"省略了,例(100)的小句"要下雨"也省略了。

2.2　词汇手段

词汇衔接的手段包括哪些方面,学界看法不一。胡壮麟(1994)指出,词汇衔接方式有重复、泛指词、相似性、可分类性和搭配五种。黄国文(1988)认为词汇衔接是指通过重复、同义、反义、上下位义、互补、整体与部分等关系,使语篇连贯。Hoey(1991)认为,词汇衔接是衔接中最突出最重要的形式,占篇章衔接纽带的40%左右。词汇衔接中的词汇关系有两种:重述和搭配。重述包括重复、同义词、近义词、上下义词、广义词等。(刘辰诞1999)

汉语的语篇常常利用词语的重复、同义、反义、上下位义、互补、整体与部分等关系来连接,使之连贯,成为一个整体。例如：

(101) 一个孩子在<u>马路</u>一边吃冰棍,<u>马路</u>的另一边有两个孩子非常羡慕
　　　地看着他。

(102) 昨天买了一件衣服,衣服的做工还不错,但价钱还可以。

例(101)中的第二句也使用了"马路",通过这种重复,使得这两个分句衔接在一起;例(102)用第二个分句中重复"衣服"的办法,把第二个分句和第一个分句连接起来。

(103) 你有钱,我有大团结,谁怕谁呀?
(104) 他早就开上奔驰了,我去年才买车。

例(103)的"钱"和"大团结"是同义词,例(104)的"奔驰"和"车"也属于同义词。

(105) 虚心使人进步,骄傲使人落后。
(106) 上有天堂,下有苏杭。

例(105)的"虚心"和"骄傲"、"进步"和"落后"是反义词,例(106)的"上"和"下"是反义词。

(107) 我吃过很多中国菜,吃过宫保鸡丁,吃过烤鸭,还吃过麻婆豆腐。
(108) 北京的名胜古迹很多,有颐和园、故宫、天坛等。

例(107)的"中国菜"和"宫保鸡丁""烤鸭""麻婆豆腐"构成上下位关系,例(108)的"名胜古迹"和"颐和园""故宫""天坛"也是上下位关系。

(109) 男孩子在这边,女孩子在那边。
(110) 前不着村,后不着店。

例(109)的"男孩子"和"女孩子"、例(110)的"前"和"后"是互补关系。

(111) 这副眼镜很漂亮,但是镜片不太好。
(112) 这套房子整体还不错,就是房间小了一些。

例(111)的"镜片"和"眼镜"、例(112)的"房间"和"房子"都是部分与整体的关系。

不难看出,汉语篇章衔接的手段是十分丰富的,它们有着不同的特点和作用。把这些篇章衔接手段教授给学习者,并让他们掌握、运用,就会少出现或不出现前文中出现的篇章问题。

三、篇章练习方法

针对外国学习者篇章中出现的偏误,除了要加强篇章知识的教学外,更需要通过大量的篇章练习来复习、巩固所学的篇章知识,把这些知识转化为篇章技能。篇章练习方法主要如下。

(一) 关联词语填空

关联词语填空是一种传统的训练学习者使用关联词语的方法,国内的小学,乃至中学语文教学中都经常采用,例如:

(113) 我做女孩时曾遇上一个男生开口问我借钱,(而且)张口就是借两元钱,在当时,这相当于我两个月的零花钱。我有些犹豫,(因为)人人都知道那男生家很贫穷,他母亲仿佛是个职业孕妇,每年都为他生一个弟弟或妹妹。(秦文君《一诺千金》)

(114) 东西方都有送礼的习俗,对赠送的礼物都很重视,(而且)都认为应该礼尚往来,有来有往。中国有句古话,"来而无往,非礼也"。(然而),东西方文化的送礼行为还是有很大差异的。其中最大的差异是礼品观念上的差异。中国人往往注重礼品的实质意义,即它的实用价值,(而)不喜欢中看不中用的东西。(海星《礼品与纪念品——中西方送礼文化的差异》)

通过抽去以上各例括号中的关联词语,让学习者去填写,能够让他们了解句与句之间的语义关系,了解关联词语的搭配情况,从而达到篇章衔接练习的目的。

关联词语填空不仅适用于关联词语,也适用于逻辑联系语。这种练习还可以根据学习者的水平控制难度,比如说水平低的,可以少抽去一些关联词语,每一题只练习一两个。如果水平更低一些,可以给出一些关联词语,让他们进行选择。

不过填关联词语的练习必须选择合适的段落,首先段落中的生词不能太多,否则学习者会出现理解困难,不但分散他们的注意力,而且也很难完成关联词语的填写。其次,要求填写的关联词语不能太多,应该每隔一个或一个以上的分句留出一个空当,要求填写一个关联词语。下列练习显然不合适:

(115) 村子第一年晚稻改早稻,( )获得了大丰收,( )向国家交售了六万斤大米,( )不吃国家供应粮了。

(116) 你想,一个字,它( )有优雅的一撇,( )有风流的一撇,( )

有画龙点睛一般神奇的一点,( )都能让这个字提起精神来。

例(115)有四个分句,要求填写三个关联词语,密度太大,学习者无从把握复句的脉络,填写起来太难。例(116)也有四个分句,却要求填写四个关联词语,各分句之间的语义关系很难判断,填起来更困难。

(二) 代词、名词填空

代词、名词在篇章中的作用是十分明显的,高宁惠(1996)发现,段落与段落之间趋向于用名词性成分连接;话题链与话题链之间趋向于用代词接应;同一话题链内部的分句之间趋向于用零形式接应。根据这一特点,可以设计一些练习,让学习者用代词或名词来填空。例如:

(117) 房客小刘是熟人介绍过来的,70年代出生,喜欢穿七匹狼的衣服,有进门脱鞋的习惯。( )是个工作狂,每天背着电脑去上班,加班到很晚才回来。公司聚餐时( )爱坐在领导旁边,喜欢喝红酒,吃饭的时候不停地干杯。周末还要约客户去吃饭、唱歌,唱完一曲后就拼命拉着客户喝酒,不让他唱。节假日( )常常去旅游,他会在各个景点拍很多照片,几乎每一张都少不了"V"字手势。(莱利《70后、80后、90后的区别》)

(118) 孔乙己是站着喝酒而穿长衫的唯一的人。( )身材很高大;青白脸色,皱纹间时常夹些伤痕;一部乱蓬蓬的花白的胡子。穿的虽然是长衫,可是又脏又破,似乎十多年没有补,也没有洗。( )对人说话,总是满口之乎者也,叫人半懂不懂的。因为( )姓孔,别人便从描红纸上的"上大人孔乙己"这半懂不懂的话里,替( )取下一个绰号,叫作孔乙己。( )一到店,所有喝酒的人便都看着他笑,有的叫道,"孔乙己,你脸上又添上新伤疤了!"( )不回答,对柜里说,"温两碗酒,要一碟茴香豆。"便排出九文大钱。他们又故意的高声嚷道,"你一定又偷了人家的东西了!"( )睁大眼睛说,"你怎么这样凭空污人清白……""什么清白?我前天亲眼见你偷了何家的书,吊着打。"( )便涨红了脸,额上的青筋条条绽出,争辩道,"窃书不能算偷……窃书!……读书人的事,能算偷么?"(鲁迅《孔乙己》)

通过这样的代词和名词填空,让学习者熟悉、了解汉语的段落与段落之间、话题链和话题链之间以及同一个话题链内部之间的衔接特点,以便产出符合汉语篇章特点的篇章。

(三) 省略练习

省略练习可以准备一些语段,标出其中的一些成分(既有可以省略的,也有不能省略的),让学习者指出哪些成分该省略,哪些不该省略。例如:

(119) 我没想到那个地方是那么高,我就直接跳下去了,我的腿感到特别痛后,我才知道那儿很高。如果跳以前我从那个地方的下边看一下的话,我不会从那里跳下去的。

(120) 妈妈不满地说:"我上次已经说了,再不整理的话我全部扔掉!"然后妈妈把那些玩具扔在垃圾桶里,把刚才那个地方都擦完,妈妈去市场了。

例(119)出现了六个"我",让学习者判断哪几个应该省略;例(120)出现了两个"我"、三个"妈妈",让他们判断哪个"我"和哪个"妈妈"应该省略。

省略包括承前省略、蒙后省略和语境省略,可以根据这三种省略情况,分别设计练习,来进行操练。

(四) 替代练习

针对外国学习者容易出现的替代问题,可以设计类似下面的练习,让他们在括号中填上适当的替代成分:

(121) 昨天去商店买了一件大衣,( )是我买的第一件衣服。

(122) 自行车不能停在这儿,把( )推到那边去!

(123) 但是当他送给我礼物的时候,我看着他的眼睛问道:"你真的是圣诞老人吗?"他回答说:"当然,你为什么( )问我?"我说:"没有什么,只是你很像我的叔父!"

通过大量这样的练习,培养学习者养成使用替代成分的习惯。

(五) 修改偏误

语法教学中有改错这样的练习方式,篇章教学中也同样可以采用这种方式。教师可以准备一些有偏误的段落,要求学生进行修改。开始的时候,为了降低难度,可以把有问题的标注出来,让学生去修改。例如:

(124) 我觉得我说"对不起""谢谢"是应该的,? 我被人请吃饭的时候一定说"谢谢"。? 说"对不起"和"谢谢"是日本人礼貌的表现。并且，日本人使用"对不起"时表示歉意。可是，? 居然中国人好像不太使用这个词。我一连说"对不起"和"谢谢"十次，而我的中国朋友只说了一次，比例是十比一。

(125) 我大学三年级的时候，? 我和朋友用便宜的票去日本的四国和山阳的地方，? 他们都是大学生，所以我们住非常便宜的饭店，尽量省钱。? 这次旅行不是高级的，可是回忆是最高级的。

随着学生汉语水平的提高，可以不标出需要修改的地方，让外国学习者自己去发现偏误，并进行修改。

这种修改偏误的练习，不仅能够培养外国学习者发现偏误的能力，更能增强他们注意篇章衔接的意识，对提高篇章水平大有益处。

（六）句子排序

教师可以把几个复句或一个句群拆分成若干个分句，打乱这些句子的顺序，让学习者进行排序，组成一个段落或句群，利用这种方法，让外国学习者熟悉汉语句子与句子之间的逻辑关系。例如：

(126) a. 不知道妈妈同意不同意。
     b. 这个电影听说非常好看。
     c. 同学们都想去看。
     d. 电影院明天有电影。
     e. 我想去。

句子排序是很好的练习篇章连贯的手段，不管是初级、中级还是高级，都可以使用，操作起来也非常方便，并且可以根据学习者的水平，随时增加句数、句子的长度和难度。

总之，篇章学习像语法学习一样，是一个长期的过程，必须通过大量的练习，才能让外国学习者掌握汉语篇章衔接和连贯方面的特点，产出符合汉语篇章要求的篇章来。

第十二讲　语法教材中的篇章教学内容及练习①

一、教材中的篇章教学内容

据杨德峰(2012a)考察,国内对外汉语语法教材有 20 部,为了了解语法教材中的篇章教学情况,②我们选取有代表性的 11 部非学历教材作为考察对象,③这些教材的具体情况如下表:

表 1　11 部教材的详细情况

性质	名称	简称	编者/主编	出版社	出版年
初级	《外国人实用汉语语法》	《外国》	李德津、程美珍	华语教学出版社	1988
	《实用汉语参考语法》	《参考》	李英哲等	北京语言学院出版社	1990
	《汉语语法概要》	《概要》	赵永新	北京语言学院出版社	1992
中级	《对外汉语教学实用语法》	《对外》	卢福波	北京语言文化大学出版社	1996
	《简明汉语语法》	《简明》	郭振华	华语教学出版社	2000
	《现代汉语实用语法分析》	《分析》	朱庆明	清华大学出版社	2005
	《中级汉语语法讲义》	《中级》	徐晶凝	北京大学出版社	2008
	《图解基础汉语语法》	《图解》	姜丽萍	高等教育出版社	2010

---

① 本讲曾以《对外汉语语法教材篇章练习存在的问题及应对之策》(杨德峰、张莹)刊载于《国际汉语教学研究》2018 年第 4 期。
② 本讲所说的"篇章"是指比句子大的语言单位,包括复句、句群等。
③ 为使考察的教材具有代表性,选取时考虑到了教材编写者在学界的影响,也考虑到了教材是否是国家汉办或其他单位的资助项目,同时也注意到了教材的年代分布。

续表

性质	名称	简称	编者/主编	出版社	出版年
不分级	《实用现代汉语语法》（增订本）	《现代》	刘月华、潘文娱、故韡	商务印书馆	2001
	《实用汉语语法》（修订本）	《实用》	房玉清	北京大学出版社	2001
	《对外汉语教学核心语法》	《核心》	杨德峰	北京大学出版社	2009

这些教材有的出版于 20 世纪 80 年代，有些出版于 90 年代，但一般出版于 21 世纪初。它们对篇章的处理主要有两种情况：一是只讲句法，不涉及篇章；二是主要讲句法，也涉及篇章。不涉及篇章的教材，只有《中级》，该教材是为中级水平的学习者编写的，却没有篇章方面的内容，而中级水平篇章问题是很突出的，从这个角度讲，不能不说是一个缺憾。涉及篇章的教材很多，既有初级的，也有中级的，还有不分级的。这些教材尽管都涉及了篇章，但是篇章方面的内容不完全相同：有的只涉及复句，有的既有复句，还有句群等。具体见表 2。

表 2 教材中的复句及篇章情况

教材		复句				其他篇章
性质	名称	联合复句	偏正复句	紧缩复句	其他	
初级	《外国》	联合、承接、递进、选择	转折、因果、条件、假设、目的、取舍	—①	关联词语的位置	—
	《参考》	并列连接关系、并列转折关系	原因、条件、排他、结果	—	关联词语的位置等	—
	《概要》	并列、承接、递进、选择	转折、因果、条件、假设、目的、取舍	—	关联词语的位置	—

① "—"表示没有该项。以下同此。

续表

教材性质	名称	复句				其他篇章
		联合复句	偏正复句	紧缩复句	其他	
中级	《对外》	并列、连贯、选择、递进	因果、条件、假设、转折	—	关联词语的位置和隐现	—
	《简明》	并列、连贯、对比、选择、分合、递进	转折、假设、条件、目的、因果、倚变、时间	—	多重复句	—
	《分析》	并列、连贯、选择、递进	因果、条件、假设、转折	+①	—	—
	《图解》	不区分	不区分	—	—	—
	《中级》	—	—	—	—	—
不分级	《现代》	并列、承接、递进、选择	因果、转折、条件、假设、让步、取舍、目的、时间、连锁	+	多重复句、关联词语的位置	篇章、篇章的连贯
	《实用》	一般性、承接性、递进性、选择性	因果、转折	—	复句的层次	句群的层次
	《核心》	并列、承接、递进、选择	因果、条件、假设、转折、目的、让步、取舍	+	关联词语的位置	篇章结构类型、连接手段

1.1 只涉及复句的

涉及篇章的教材大部分只介绍复句的类型和构成,这些教材主要是初级和中级,但是不同水平的教材,甚至是同一水平的教材,复句的内容也不完全一样。

(一)初级教材

从表2可以看出,初级教材《外国》《参考》《概要》都有复句,但是不完全相同。《外国》《概要》介绍的复句很全,联合复句都有4类,偏正复句都有6类,基本涵盖了常用的复句类型。《参考》联合复句中只有"并列连接关系"

---

① "+"表示有该项。以下同此。

和"并列转折关系"2类,联合复句只有4类。另外,三部教材都对复句中关联词语的位置做了特别的说明,像《参考》,对教材中列举的每个关联词语在句中的位置都做了交代,如"要是……就……",教材指出"要是"可以用在第一个句子的主语名词短语之前,"就"则用在第二个句子的主语名词短语之后。这些说明对外国学习者来说非常实用,很有针对性。

初级教材中的复句除了类别的名称、数量存在着差异外,复句中的句式或用法差异则更大,①这些教材复句中的句式或用法见表3。

表3 初级教材中的复句

类型	次类	《外国》	《参考》	《概要》	"初等"
联合复句	并列	又……又……/一边……一边……/一面……一面……/一方面……一方面……/不是……而是……	……也……/不但……而且……/而且(并且)……也……/一面……一面……/一边儿……一边儿……/一方面……一方面……/还有……也……/除了……以外……(还有)……也……	也/又/又……又……/一面……一面……/一边……一边……/一面……不是……而是……/既……又……	一边(面)……一边(面)……/既……又……/一方面……一方面
	承接	(先)……然后(再,接着)/……就……/一……就……	—	(首先)……然后/便/就/于是	先……然后(再)……/先……接着
	选择	(还是)……还是……/或者……或者……/不是……就是……	—	是……还是……/宁可……也不(决不)……/或者……或者	是……还是……/或者……或者……/要么……要么……/不是……就是

① 句式或用法统计时从细,只要形式上不同,就算作不同的复句。有的教材没有列举复句的类型,统计时按照书中给出的例句进行归纳。

续表

类型	次类	《外国》	《参考》	《概要》	"初等"
联合复句	递进	……还……/不但……而且（还、也、又）……	—	不但……而且……	不但（不仅）……而且……
联合复句	并列 转折	—	还是……还是……/或（者）是……或（者）是……/不是……就是……（要不然就是）……/……可是（但是、不过）……/虽然……但是（可是，不过）……	—	—
偏正复句	转折	虽然……但是……/尽管……但是……/……反而……/……却……	—	虽然……但是（可是）……/只是/否则/不过	虽然……但是（可是、不过）……/尽管……还是……
偏正复句	假设	要是……就……/如果……（的话）（就）……/假如……就……/假使……就……	—	如果……（的话）（就）……/要是……就……	如果（要是）……就……
偏正复句	条件	不管……都（也）……/不论……都（也）……/无论……都（也）……/只要……就……/只有……才……/除非……才……/一……就……	要是（如果、假使）……就……	只要……就……/只有……才……	只有……才……/只要……就……/不管（无论）……也（都）……

续表

类型	次类	《外国》	《参考》	《概要》	"初等"
偏正复句	让步	—	—	—	即使……也……
	排他	—	除了……以外……都……	—	—
	目的	……,好……/……,为的是……	—	为/为了/为的是/好	为了……,……/……,好
	因果	因为……,所以……/由于……,……/既然……就……	因为……所以……	（因为）……（所以）……/（由于）……（所以）……	（因为）……所以……/由于……,因此……/既然……就……
	取舍	宁可……也……/与其……不如……	—	宁可……也（决）不……/宁可……也……/与其……不如……	—
	结果	—	一……就……	—	—
总数		52	27	43	30

表3显示,三部教材复句中的句式或用法的总量有很大的差异。《概要》有43个句式或用法,《参考》只有27个,《外国》有52个,《概要》比《参考》多16个,《外国》是《参考》的近2倍,数量相差悬殊。此其一。其二,次类复句中的句式或用法的数量有的也有很大的不同。像"并列复句",《概要》有7个句式或用法,《参考》有10个,二者相差3个;《外国》只有5个,比《概要》少2个,是《参考》的一半。"因果复句",《概要》有6个句式或用法,《参考》仅有1个,后者是前者的六分之一,差距非常大;《外国》有3个,是《概要》的二分之一,是《参考》的3倍,非常悬殊。其三,次类中的句式或用法也不完全一样。像"并列复句",《概要》有"又""既……又……"等,其他两部教材没有;《参考》有"不但……而且……""……而且(并且)……也……""还有……

也……""除了……以外……（还有）……也……",其他教材没有。再如"条件复句",《外国》有"不管……都(也)……""不论……都(也)……""无论……都(也)……""除非……才……""一……就……",其他两部没有;《参考》有"要是(如果、假使)……就……",其他教材没有。其四,有些句式或用法的归类也不同。《参考》把"要是(如果、假使)……就……"归入"条件复句",其他两部教材则归到"假设复句";"虽然……但是(可是、不过)……""还是……还是……""或(者)是……或(者)是……"《参考》都归入"并列转折复句",其他两部教材分别归入"转折复句"和"选择复句"。

那么,以上教材中的篇章教学内容是否适合初级水平的学习者学习呢?这些教材都属于长期进修教材,《高等学校外国留学生汉语教学大纲(长期进修)》(以下简称《进修》)中的"初等阶段语法项目"(以下简称"初等")对初级水平的复句教学做了明确的规定,见表3。对照这个标准,很容易发现,《概要》《外国》中复句的数量远多于"初等"大纲,它们与"初等"大纲相同的句式或用法分别只有18个、22个,分别约占两部教材复句句式或用法的41.9%和42.3%,都不到一半。也就是说,这两部教材中复句方面的内容一半以上都超出了大纲,因此,从复句角度来看都不是初级教材。《参考》中复句的分类与"初等"大纲有很大的出入,所列复句中的句式或用法的数量虽然与"初等"大纲非常接近,但与"初等"大纲相同的只有12个,约占该教材复句句式或用法的44.4%,也不到一半,超纲复句比例也太大,也不是真正的"初级"水平。

同属初级对外汉语语法教材,按理说选择的复句项目或语法点应该大同小异,为什么出现如此大的差异呢?主要原因是这几部教材成书都很早,当时没有现成的语法教学大纲作为参照,编写者多是根据那时的研究成果、其他教材以及自己的教学经验进行选择的,因此,就很难避免"仁者见仁,智者见智"的情况。另外,《概要》和《外国》是国内学者编写的,《参考》是美国学者编写的,他们的学术背景不同,教学理念以及教学环境也有很大的不同,这也是其中很重要的原因。

(二)中级教材

中级教材也都有复句,同样有同有异,见表2。《对外》和《分析》一样,都有联合复句和偏正复句,而且类别完全一样,联合复句有并列、连贯、选择、递进 4 类,偏正复句有因果、条件、假设、转折 4 类。《简明》与它们不完全相同,《简明》联合复句中有并列、连贯、对比、选择、分合、递进 6 类,其中"对比""分合"复句前两部教材都没有;偏正复句中有转折、假设、条件、目的、因果、倚变、时间 7 类,"目的""倚变""时间"3 类复句前两部教材也没有。另外,《对外》介绍了复句中主语的位置和关联词语的隐现,指出联合复句的共用主语出现在第一个分句为常,偏正复句的共用主语一般放在哪个分句都可以;两个分句主语相同时,第一个分句的连词多在主语后,第二个分句的连词一定在主语前,起关联作用的副词位于主语后。其他两部教材没有这样的介绍。《简明》分析了多重复句的结构关系;其他两部没有。《分析》有紧缩复句"一……就……""刚……就……""越……越……""越是……越是……""越来越……"等,其他教材没有。

除了以上不同外,中级教材复句上的差异也主要表现在复句中的句式或用法上,具体情况如表 4。

表 4 中级教材中的复句

类型	次类	《对外》	《简明》	《分析》	《图解》	"中等"
联合复句	并列	……也……/……又……/又……又……/一面……一面……/一边……一边……/既……又……/不是……而是……	一面……一面……/又……又……/既……又……/同时	一边(边)……一边(边)……/一面……一面……/又……又……/既……又(也)……/一方面……一方面……/一来……二来……/一是……二是……/有的……有的……/有时……有时……/时而……时而……	一边……一边……/又……又……/一方面……另一方面……	—

续表

类型	次类	《对外》	《简明》	《分析》	《图解》	"中等"
联合复句	连贯	……就……/……才……/……又……/然后……/一……就……/……于是……	刚/又/就/刚……就……	先……再(接着)……/先……然后……最后……/后来/于是……	一……就……/……先……再(又)……/然后……最后……	……于是……
	对比	—	不是……而是……/无标记①	—	—	—
	选择	或者……或者……/要么……要么……/是……还是……/不是……就是……/与其……不如……/宁可……也/决不……	不是……就是……/要么……要么……/(是)还是……/与其……不如……/宁可……不……	是……还是……/或者……或者/或要么……要么……/不是……就是……/不是……而是……/是……不是……	要么……要么……/不是……就是……	与其……不如(宁可)……
	分合	—	先合,后分/先分,后合	—	—	—
	递进	不但……而且(反而、也、还)……/是……又是……	不但……而且/不仅还(也)……/连也……/都……何况……/……甚至……	不但(不仅、不仅仅)……而且(还、也)……/并且/而且/更/还/甚至/不但不(没)……反而……	不但……而且……	……何况……

---

① 所谓"无标记",是指不用关联词语的复句。

续表

类型	次类	《对外》	《简明》	《分析》	《图解》	"中等"
偏正复句	转折	只是/……不过……/虽然……但是……/……可是……/却……/……然而……	可是/然而/只是/不过/虽然……但是(可是)/尽管……/即使……也……/就是……也……/就算……又……/哪怕……也……	虽然……但是(可是)……/尽管……还是……/只是/不过	虽然……但是/却……	……反而……
	假设	如果……(的话)……(就)……/要是……就……/假如……那么……/倘若……，……	如果……，……/要是……就……/即使……也……/哪怕……也……/再……就……	如果……就……/要是……就……	要是……(的话)就……/如果……就……	假如……就……/要不是……(就)
	条件	只要……就……/只有……才……/无论……都……/不管……也……	只要……(就)……/只有……才……/……只有……/除非……才(也)……/若要……除非……/无论……都(总)……/不管……都(也)……/不论……都……	只要……就……/只有……才……/无论……都……/不管……也……	只要……就……/只有……才……/无论……都……	除非……否则……/除非……才……
	目的	—	为了/免得/以免/为的是/为了	—	—	……免得(省得)……/……以便……/……以……

续表

类型	次类	《对外》	《简明》	《分析》	《图解》	"中等"
偏正复句	因果	因为……所以……/由于……（因此）……/之所以……是因为……/既然……就……可见……	因为……所以（而）……/由于……，……/之所以……是因为……/既然……就……	因为……所以……/之所以……是因为……/既然……就/才/为什么……	因为……所以……/既然……就……	之所以……是因为……/……以致……
	让步	—	—	即使……也……	—	就是……也……
	倚变	—	多少……多少……/哪儿……哪儿……/怎么……怎么……/什么……什么……/越……越……	—	—	—
	时间	—	刚……就……/还没……就（已经）……/等……已经……/一……就……	—	—	—
	总数	48	73	59	19	17

从表中可以看出，四部教材复句中的句式或用法上有以下不同。一是复句中的句式或用法总量差距很大。《对外》有 48 个句式或用法，《简明》有 73 个，《图解》仅有 19 个，《分析》有 59 个，也就是说《简明》最多，《图解》最少，最多的是最少的近 4 倍，相差非常悬殊。二是次类复句中的句式或

用法多寡有的也有很大的不同。像"并列复句",《对外》有 7 个句式或用法,《简明》5 个,前者比后者多 2 个;《图解》仅 3 个,是《对外》的二分之一还不到,比《简明》少 2 个;《分析》则有 12 个,比《对外》多 5 个,是《简明》的 2 倍多,是《图解》的 4 倍,差距非常悬殊。再如"转折复句",《对外》和《分析》分别有 6 个和 5 个句式或用法,相差不大,但《简明》有 11 个,分别是前二者的近 2 倍和 2 倍多;《图解》仅 2 个,分别是《对外》《分析》和《简明》的三分之一、近三分之一和近六分之一,相差也非常悬殊。三是次类复句中的句式或用法有的也不完全一样。譬如说"连贯复句",《对外》有"……才……",其他三部教材没有;《简明》有"刚""刚……就……",其他教材没有;《分析》有"先……再(接着)……",其他的没有。四是有些句式或用法归类不同。《简明》把"不是……而是……"归入"对比复句",《分析》归入"选择复句";《简明》的"一……就……"归到"时间复句",《对外》《图解》归到"连贯复句"。

不难看出,四部中级教材对复句的处理虽然有相同之处,但也有很大的差异。《简明》中的复句最全、最系统,《图解》最简;《对外》对复句中主语的位置及关联词语隐现的介绍,具有一定的针对性,因为外国学习者在学习复句时常常出现主语位置、关联词语位置等问题。《分析》介绍了一些紧缩复句,也具有一定的实用价值。多重复句虽然是难点,但《简明》仅仅分析多重复句的结构关系,虽然对外国学习者了解多重复句有一定的帮助,但没有解决"用"的问题,因此实用性比较差。

都是中级教材,按理说选择的复句项目或语法点也应该是大同小异,不应该有这么大的差异,那么哪部教材更接近中级呢?以上教材都属于长期进修教材,应该符合《进修》的"中等阶段语法项目"(简称"中等")中对复句教学的要求,"中等"大纲中规定的复句语法点见表 4。参照这个标准,《对外》《简明》《分析》复句的句式或用法数量显然都远远超出"中等"大纲,有的甚至超出 4 倍以上,更重要的是它们中复句的句式或用法与"中等"大纲中相同的极少,因此这些教材篇章方面都不应该是"中级"。《图解》虽然数量上与"中等"大纲十分接近,但"中等"大纲规定的语法点绝大多数都没有选择,所以也算不上中级教材。

中级教材中的复句为什么会出现这种情况呢?杨德峰、范麈京(2016)

指出,主要原因是教材选择语法项目或语法点时缺乏统一的参照标准。另外,与编写者编写时靠经验来选择也有一定的关系。

1.2 涉及复句、句群等的

也有一些教材,不但介绍了复句,而且还介绍了句群等,这样的教材主要是《实用》《核心》和《现代》等不分级的,但是不同的教材处理也不完全一样,它们中的复句、句群等情况见表 2。表中表明,三部教材尽管都有复句,但不完全相同。《实用》中的联合复句有一般性、承接性、递进性、选择性 4 类,而后两部教材有并列、承接、递进、选择 4 类;前者有一般性并列复句,后两部教材没有;后者有并列复句,前者没有。偏正复句《实用》只有因果、转折 2 类,《核心》有因果、条件、假设、转折、目的、让步、取舍 7 类,《现代》有因果、转折、条件、假设、让步、取舍、目的、时间、连锁 9 类,后两部教材比前一部分别多了 5 类和 7 类。

另外,《实用》对复句和句群做了层次分析,其他两部教材没有。《核心》和《现代》列举了一些常见的紧缩复句,比如"一……就……""再……也……""不……也……"等,还介绍了篇章的连接手段、关联词语的位置,指出关联词语有的只能出现在主语前,有的只能出现在主语后,有的前后都可以,而且着重指出,复句中的副词一定要放在第二个分句的主语后。《实用》则没有提及。《核心》介绍了汉语篇章的基本结构类型,其他教材没有这样的介绍。《现代》对篇章中的信息、话题、焦点做了说明,其他两部则没有这方面的内容。

还应该指出的是,不分级教材篇章方面的术语存在不统一的情况,像并列、承接、递进和选择等联合复句,一般教材都采用这些术语,但《实用》采用"一般性、承接性、递进性、选择性"的说法;偏正复句教材一般都采用"因果复句、条件复句、假设复句、转折复句、目的复句、让步复句、取舍复句"等术语,而《实用》采用"因果关系"和"转折关系"的说法。

不分级教材篇章上的差异,除了以上论述的之外,复句中的句式或用法上的差别也十分突出,这些教材复句中的句式或用法如表 5。

表 5　不分级教材中的复句

类型	次类	《现代》	《实用》	《核心》
联合复句①	并列	……也（又）……/……同时……/又…… 又……/一面……一面……/一边……一边……/……而……	也 A,也 B/又 A,又 B/既 A,又 B/一边（一面）A,一边（一面）B/一方面 A,（另）一方面 B/一来 A,二来 B/并且（也、还、更、甚至）	……也（还）……/又……/一边……一边……/不是……就是……/既……又……
联合复句①	承接	（首先）……然后……/……便（就、又、也、于是）……	接着/先 A,接着 B/然后/先（首先）A,然后 B	……就……/一……就……/先……再……/于是……/……然后……/首先……其次……最后……
联合复句①	选择	或者（或是、或）……或者（或是、或）……/要么……要么……/（是）……还是……	或/或者/或者 A,或者 B/是 A,还是 B/要么 A,要么 B/不是 A,就是 B	或者……或者……/要么……要么……/（是）……还是……
联合复句①	递进	不但（不仅）……而且（并且）……/也/还/更/甚至	不但（不仅）A,而且 B/而且/不但不 A,反而 B/况且/何况/尚且 A,何况 B/尚且 A,更不用说 B	不但（不仅）……而且（并且）……/还/更/甚至
偏正复句②	转折	虽然……但是（可是）……/否则/不然/不过/却/只是/就是	但/但是/可/可是/而/然而/不过/只是/却/不是 A,而是 B/虽然 A,可是 B/无论 A,都 B/不管 A,总 B/即使 A,也 B/宁可 A,也 B/因为 A,否则 B/除非 A,否则 B/否则	虽然……但是（可是）……/不过/就是/只是/倒/却/否则/不然

① 《实用》称作"并列关系"。
② 《实用》没有"偏正复句"，只有"因果关系""转折关系"，为方便比较，我们把它们归入"偏正复句"。

续表

类型	次类	《现代》	《实用》	《核心》
偏正复句	假设	要(是)……就……/如果……就……/假如(倘若、如、倘使、设若)……(就、便、那么)……	—	要是……就……/如果……就……/假如(倘若)……就……
	条件	只要……就……/除非/只有……才……/不管(不论、无论)……却(也、总、还)……	—	只有……才……/只要……就……/除非……否则(要不)……/不管(不论、无论)……都
	目的	为/为了/以免/免得/以便	—	以便/以免/免得/省得……
	因果	因为……所以/由于……以致于/因而/因此/既然……就……	因为A,所以B/以致/既然A,就B/既然A,还B/既然A,那么就B/要是A,就B/要不是A,就B/与其A,不如B/只有A,才B/只要A,就B/以免/以便/免得/省得	因为……所以(因此)……/由于……,/既然……就……
	让步	尽管(纵然、固然、即使、哪怕、就是)……也(都)……	—	即使(就是、就算、哪怕、即便)……也……/尽管……,
	取舍	与其……不如……/宁可……也(决)不……	—	宁可(宁愿)……也……/与其……不如……
	时间	……就……/……还……/……才……	—	—

续表

类型	次类	《现代》	《实用》	《核心》
偏正复句	连锁	越……越……/谁……谁……/怎么……怎么……/哪里……哪里……	—	—
总数		100	64	60

表 5 显示,三部教材复句中的句式或用法主要有如下不同。(1)各教材中复句的句式或用法总量不一,有的差距很大。《实用》有 64 个句式或用法,《核心》有 60 个,二者相差 4 个;《现代》有 100 个,比《实用》多 36 个,比《核心》多 40 个,相差悬殊。(2)次类复句中的句式或用法多寡有的有很大的不同。如"并列复句",《核心》和《现代》分别有 6 个和 7 个句式或用法,几乎持平;但《实用》有 13 个,分别是前者的 2 倍多和近 2 倍,差距非常大。再如"因果复句",《核心》《现代》分别只有 4 个和 5 个,二者相当;而《实用》有14 个,分别是前者的 3 倍多和近 3 倍,相差悬殊。(3)次类复句中的句式或用法有些不完全一样。譬如"递进复句",《实用》有"不但不 A,反而 B""尚且 A,何况 B""尚且 A,更不用说 B",其他两部没有;"转折复句",《实用》有"不是 A,而是 B""无论 A,都 B""不管 A,总 B""即使 A,也 B""宁可 A,也 B""因为 A,否则 B""除非 A,否则 B",即把传统上视为选择、条件的复句都归入了转折复句,后两部教材没有;《核心》有"倒",其他教材没有。(4)有些句式或用法的归类不一致。《实用》把"只要 A,就 B""只有 A,才 B"都归到"因果复句",其他两部都归入"条件复句";"以免""以便""免得"等《实用》归入"因果复句",其他教材都归到"目的复句";"无论 A,都 B""不管 A,总 B"等《实用》归入"转折复句",其他两部归到"条件复句";等等。

都是不分级教材,但在篇章方面却存在着很大的差异。从复句的类别、数量以及复句中的句式或用法的数量来看,《现代》最多,也最系统,《实用》和《核心》比较少。《现代》《核心》中的紧缩复句、关联词语的位置以及篇章的连接手段都有很强的实用性、针对性。《实用》对复句和句群做层次分析,显然有悖于外国学习者学习汉语的目的,因为他们不是要对复句或句群进行研究,而是要学会怎么造出复句和句群,层次分析显然不能解决这一问题。《现代》中的有关篇章中的信息、话题、焦点等方面的内容具有一定的研究性,对从事对外汉语教学的教师有一定的指导作用,但可操作性不是太强,付诸对外国学习者的篇章教学有一定的难度。

同样都是不分级教材,为什么对复句的处理有如此大的差异呢?主要原因是每部教材针对的对象不完全相同,《实用》是编写者从事对外汉语教学经验的总结,应该是针对留学生的,但是具体是什么性质的留学生,作者没有说明;《核心》"前言"中明确说明是针对留学生的,还有从事汉语教学的教师等,是一部真正的对外汉语教材;《现代》"前言"中说明是针对教师和留学生的,其中教师是重点,可以理解为"教师参考语法"。正因为对象不同,所以选取的内容和数量也就不同,《现代》多而全,《实用》《核心》则有所选择。另外,与成书的年代以及编写者参考的语法大纲也有关系。《实用》和《现代》初版成书在 20 世纪 80 年代,那时的对外汉语教学还处于起步阶段,可资参考的研究成果非常少,更缺乏语法大纲和教学语法大纲,因此选择时更多依靠编写者的教学经验;而《核心》成书于 2000 年以后,彼时对外汉语教学研究成果很丰富,而且出版了各种语法大纲,因此语法项目的选择更有针对性。

二、教材中的篇章练习

前文指出,11 部教材只有《中级》没有专门的篇章教学内容,其他 10 部虽然都有篇章教学内容,但有的有篇章方面的练习,有的没有;有的练习有参考答案,有的却没有。具体情况如下表:

表 6　10 部教材篇章练习情况

性质	教材	练习	答案
初级	《外国》	+	+
	《参考》	—	—
	《概要》	—	—

续表

性质	教材	练习	答案
中级	《对外》	+	−
	《简明》	+	−
	《分析》	+	+
	《图解》	+	−
不分级	《现代》	+	+
	《实用》	+	+
	《核心》	+	+

可以看出，初级 3 部教材只有 1 部编写了相应的练习及答案；中级 4 部教材编写了相应的练习，不过《分析》有答案，其他 3 部没有；不分级的 3 部教材既编写了练习，也有参考答案。

练习是语法教材必不可少的组成部分，也是学习者掌握语法知识的重要手段。美国教育心理学家 Thorndike(1898)曾提出三条著名的学习律，第二条就是练习律。Laufer & Rozovski Roitblat(2011)的研究显示，用"回忆测试"成绩来衡量，只做 1 次词汇练习的效果和仅在课文中遇到生词(2～7 次)的差别不显著，做 3～4 次词汇练习的效果优于做 1～2 次，做 5～6 次词汇练习的效果优于做 3～4 次。(刘颂浩 2017)一部完整的语法教材，不仅要有语法知识的讲解，更要配备大量的练习。不仅如此，为便于教师教学和学习者自学，还应该配备练习的参考答案。从这个角度来看，《外国》《分析》《现代》《实用》和《核心》做得比较好，《对外》《简明》和《图解》应增加练习参考答案，《参考》和《概要》需要增加练习和参考答案。

以上是练习的大体情况，教材中的篇章练习的具体情况如何呢？下面将从练习题型、练习类型和练习量三个方面分别进行考察、分析。

2.1 练习题型

8 部编写了练习的教材，1 部是初级教材，4 部是中级教材，3 部是不分水平的教材，这些教材的篇章练习题型如下：

表 7　教材中的练习题型①、题量及所占比例

教材	题型、题量、百分比	题型总量
《外国》	指出复句类型(9/18.8%)、填写关联词(20/41.6%)、改正病句(9/18.8%)、判断正误并改错(10/20.8%)	4
《对外》	选择关联词语填空(55/37.2%)、改正病句(42/28.4%)、将所给单句连接成复句(29/19.6%)、用关联词造句(8/5.4%)、填写关联词(14/9.4%)	5
《简明》	分析复句类型(25/41.0%)、填写关联词(10/16.4%)、判断单句和复句(10/16.4%)、分析多重复句(6/9.8%)、改正病句(10/16.4%)	5
《分析》	选择关联词语填空(86/52.1%)、改正病句(30/18.2%)、判断关联词语位置(29/17.6%)、把单句连接成复句(20/12.1%)	4
《图解》	用关联词完成句子或对话(58/50.4%)、用关联词看图说话(27/23.5%)、把单句连接成复句(12/10.4%)、用关联词改写句子或作文(12/10.4%)、使用关联词连词成句(6/5.3%)	5
《现代》	解释句意(30/27.5%)、将复句变为紧缩句(20/18.4%)、分析复句类型(18/16.5%)、改正病句(18/16.5%)、判断正误(10/9.2%)、填写关联词(6/5.5%)、用所给句子组成复句(6/5.5%)、改作文(1/0.9%)	8
《实用》	填写关联词(126/54.1%)、变换句式(50/21.4%)、指出小句的逻辑关系(30/12.9%)、指出复句中小句的主语(15/6.4%)、分析复句层次(6/2.6%)、分析句群的层次(6/2.6%)	6
《核心》	填写关联词(20/20%)、用关联词完成句子或对话(10/10%)、判断关联词语位置(10/10%)、完成紧缩句(10/10%)、句子排序组成篇章(10/10%)、填写时间连接成分(10/10%)、判断名词能否用代词代替(10/10%)、判断名词能否省略(10/10%)、改正病句(10/10%)	9

可以看出,尽管教材中都有篇章练习,但是练习的题型不完全相同,而

---

① 为便于比较,统计题型时对题型的表述做了一些改动。

且题型的数量也有一些差别。8部教材,练习题型一共有30种,很丰富,但具体到每部教材,情况却不完全一样。练习题型最多的是《核心》,有9种;其次是《现代》,有8种。这两部教材的练习题型都较多。但《实用》有6种,《对外》《简明》《图解》都只有5种,《外国》和《分析》则只有4种,题型都偏少。

不仅如此,每种题型的题量也不完全一样,有的题型的练习题多,有的练习题比较少。表7显示,《对外》和《分析》练习题量最多的是"选择关联词语填空",前者占了练习题的37.2%,后者占了52.1%,比例很高,特别是后者。《外国》《实用》和《核心》都是"填写关联词"练习题量最大,分别占了41.6%、54.1%和20%,前两部比例都很高,特别是《实用》,超过了一半。《简明》练习题量最大的是"分析复句类型",占了41%,比例也很高;《图解》是"用关联词完成句子或对话",占了50.4%,即一半以上,比例非常高;《现代》是"解释句意",占27.5%。不难看出,《对外》《分析》《图解》《实用》和《核心》练习题量最多的题型虽然不完全相同,但练习的重点都在关联词语的使用上。有研究表明,关联词语是外国学习者习得的难点(王健昆、喻波2006,黄玉花2007,杨德峰2008a,杨德峰、姚骏2016),从这个角度来看,这种练习具有很强的针对性。《简明》和《现代》则不同,前者把"分析复句类型"作为主要的练习方式,显然不合适,因为《简明》是中级水平的教材,而该练习的目的是让学习者了解汉语分句的结构关系和语义关系,重点显然在对复句知识的了解和掌握上,而不是使用上,对学习者提高复句的使用没有直接的作用;后者虽然是不分水平的教材,但把"解释句意"作为主要的练习题型同样不合适,因为不利于学习者掌握汉语的复句,毕竟该练习重视的也是复句的理解,而非运用。

2.2 练习类型

Paulston & Bruder(1976)把练习分为机械练习、意义练习和交际练习。所谓"机械练习"是一种对答案完全控制的练习,练习的正确答案只有一个。因为这种绝对控制,学生甚至不必理解练习,就可以得到正确的答案。重复练习和替代练习是"机械练习"的常用形式,只要记住了结构和模式,就能成功地完成练习。"意义练习"是过程受到一定控制的练习,正确答案不止一个,但如果不懂句义或句子结构就不能完成练习。"交际练习"指在真实的交际场景下的练习,有背景,有信息交换,正确答案不止一个。赵金铭(1997)也有类似的看法,他指出,教材中一般应有理解性练习、机械性练习和活用性练习三部分。我们根据 Paulston & Bruder(1976)的分类,对 8 部教材中的三类练习进行了统计,统计标准如下:机械练习主要是"模仿""替换"之类的题,意义练习主要是"填写关联词""用关联词造句""选择关联词填空""用关联词完成句子或对话""改正病句""变换句式""解释句意"之类的题;交际练习主要是"用关联词看图说话"之类的题。8 部教材三类练习的具体情况如下表:

表 8　机械练习、意义练习和交际练习及比例

教材	机械练习		意义练习		交际练习	
	题量	比例(%)	题量	比例(%)	题量	比例(%)
《外国》	0	0	48	100	0	0
《对外》	0	0	148	100	0	0
《简明》	0	0	61	100	0	0
《分析》	0	0	165	100	0	0
《图解》	0	0	88	76.5	27	23.5
《现代》	0	0	109	100	0	0
《实用》	0	0	233	100	0	0
《核心》	0	0	100	100	0	0

不难看出,8 部教材除了《图解》外,其他 7 部三类练习的分布都高度一致:全是意义练习,没有机械练习和交际练习,也就是说这些教材重视篇章的理解训练,不重视篇章的模仿训练,特别是交际训练。《图解》没有机械练习,意义练习有 88 小题,约占 76.5%,比例非常高;交际练习有 27 小题,约占 23.5%,比例较高,说明该教材重视意义练习和交际练习。从三类练习的分布来看,《图解》显然做得比其他 7 部教材要好,它突出了篇章的交际练习,有助于学习者运用篇章进行交际。

关于各类练习的比例问题,目前缺乏明确的标准,我们认为不能一概认为某类练习多就好,某类练习少就不好,必须考虑到学习者的水平。比如说初级阶段,学习者的语言能力非常低,需要大量的输入,因此应以机械练习

和意义练习为主,以交际练习为辅;中级阶段,学习者的语言基础比较扎实,应以意义练习和交际练习为主,以机械练习为辅;高级阶段,应以交际练习和意义练习为主,突出交际,以提高学习者的交际水平为主要目的。《外国》是初级教材,不仅要有意义练习,也应有机械练习,通过机械练习,让学习者了解、熟悉汉语篇章的特点,以便掌握和应用。《对外》和《简明》都是中级教材,但是重点却放在意义练习上,显然有些不合适,不利于学习者运用篇章进行交际,应增加篇章的交际练习。《现代》《实用》和《核心》都是不分水平的教材,也都只有意义练习,虽然能够强化学习者对篇章的理解,但同样不利于学习者篇章运用能力的培养,也应增加交际练习。

2.3 练习量

任何语言项目的掌握都不是一蹴而就的,需要反复地练习,这就要求练习必须要有足够的题量。关于练习的量的问题,没有现成的标准。周健、唐玲(2004)指出,根据外语学习心理学中巩固与遗忘理论和长期的教学实践经验,综合课课后练习用时与课堂教学用时的比例保持在1∶1左右的水平是比较适宜的。赵淼(2006)考察三套优秀初级阶段综合课教材时发现,各课的练习页数均超过了每课总页数的50%。

篇章的学习、掌握比词汇、语法等难得多,因此更需要大量的练习来进行巩固和强化,练习的页数也不应低于所在章或节总页数的50%。那么,实际情况如何呢?8部教材篇章部分的练习量如下表:

表9 教材中练习的版面数量[①]及比例

	《外国》	《对外》	《简明》	《分析》	《图解》	《现代》	《实用》	《核心》
练习页面数	2.3	9	3	8.3	14.2	5.4	7	7.8
比例(%)	4.1	46	20.7	53.5	47	12.6	28	22.6

表中显示,8部教材,只有《分析》的练习页面数所占比例达到了50%,即练习比较多;《图解》和《对外》的练习页面数所占比例分别为47%和

---

① 页数的统计方法是:满半页的算半页,不满半页的数行,行数除以一页的总行数,算出所占的页面数。

46%,接近50%,练习量还可以;《实用》只有28%,比例很低,应该增加一些练习;《简明》和《核心》都只有20%多一些,即练习只有总页数的五分之一多一些,比例都非常低,同样应该增加练习;《现代》的练习只有5.4页,仅占总页数的12.6%,即十分之一多一点,太少;特别是《外国》,仅2.3页,只占总页数的4.1%,练习极少,应补充大量的练习。

值得注意的是,8部教材每种练习的题量除了《外国》和《核心》比较均衡外,其他的都不均衡。这一点从表7可以看得很清楚。像《对外》,"选择关联词语填空"多达55小题,约占练习总量的37.2%,超过三分之一,比例过高;"改正病句"有42小题,约占28.4%,将近三分之一,比例也不低;而"用关联词造句"这种与篇章产出密切相关的练习却只有8小题,只占5.4%,比例太低。《简明》的"分析复句类型"有25小题,占41.0%,比例也很高;而"填写关联词"只有10小题,约占16.4%,比例很低。《图解》的"用关联词完成句子或对话"有58小题,约占50.4%,即一半以上,比例非常高;但"使用关联词连词成句"却只有6小题,约占5.3%,比例太低。《分析》的"选择关联词语填空"有86小题,约占52.1%,即一半以上,比例非常高;而"把单句连接成复句"只有20小题,约占12.1%。《实用》的"填写关联词"有126小题,约占总数的54.1%,即一半以上都是这种练习,比例太高。

刘颂浩(2009)指出,练习编写有"目的明确,形式灵活""简洁直接,形式有效""编排有序,彼此配合""主次分明,种类适中""布局合理,文练平衡"五个原则。我们认为,除了以上原则外,还应有"点面兼顾,重点突出"原则,即设置练习时应考虑到语法点的各个方面,但又不能平均分配,要突出重点和难点。具体来说,应根据篇章习得时的难点来设置相应的练习,难理解、掌握的,练习量应该大一些;容易理解和掌握的,练习量可以适当少一些。

三、存在的问题及对策

综上可以看出,对外汉语语法教材无论是初级、中级还是不分级教材,几乎都有篇章教学的内容,而且都把复句作为主要的教学内容,这是值得肯定的,因为复句是篇章教学的基础,也是学习者学习的难点。

尽管如此,同一水平的教材,篇章教学内容却存在着很大的差异。11部语法教材虽然绝大多数都专门安排了篇章教学,但 2 部初级教材没有配套的练习,约占被考察的教材的近五分之一。编写了配套练习的,有些有参考答案,有些没有;有的题型比较多,有的题型比较少。

3.1 存在的问题

现有的教材不论是内容方面,还是练习方面,都存在一些问题。

(一)内容方面

1. 种类、数量不一

初级语法教材都安排了复句,但复句的种类及数量不一,复句中的句式或用法总量差别也很大,次类复句中的句式或用法的数量也有差别或很大的差别,有些句式或用法归类不一致。中级和不分级教材也存在类似的问题。

2. 有的缺乏针对性

在语法点的选择上,无论是初级教材、中级教材还是不分级教材,有些语法点的选择缺乏针对性。像中级教材,除了《中级》外,都有复句,有的教材还介绍了复句中关联词语的位置和紧缩复句,这些都具有很强的针对性,因为关联词语的位置和紧缩复句都是学习的难点。但有的教材还分析了多重复句的层次关系,这种做法带有研究的性质,缺乏实用性和针对性,偏离了篇章教学的初衷。不分级语法教材中不仅有复句,有的教材,像《现代》和《核心》,还有紧缩复句、关联词位置等内容,这些都具有很强的针对性。还有的教材对汉语篇章的特点,特别是汉语篇章的衔接手段做了比较详细的介绍,这对外国学习者了解和掌握汉语的篇章,也非常有用。但有的教材介绍多重复句、句群的层次分析,而不是把重点放在使用上,这么做显然脱离了对外汉语语法教学的宗旨。

3. 语法点的选择缺乏明确的标准

三类教材中的语法点的选择都存在标准不明确的情况。像初级教材,其中的复句的句式或用法与"初等"大纲所规定的教学内容差别很大,因此这些教材在篇章方面都不属于"初级"水平。中级教材复句中的句式或用法大多数都不符合"中等"大纲所规定的教学内容,因此,这些教材在篇章上都不属于"中级",即教材的水平定位不准确。

(二) 练习方面

1. 练习量不足

众所周知,篇章是外国学习者习得汉语的难点中的难点,篇章的掌握和运用要比词汇、语法等更难,只有通过大量的练习,才能让学习者去掌握,去运用。但考察发现,除了《分析》的练习页面占了所在章节的 53.5% 以外,其他教材的练习页面所占的比例普遍比较低,练习量都不够。

2. 练习不全面

篇章练习不像语音、词汇、语法、汉字等语言要素那样练习的对象比较单一。篇章练习的对象涉及面比较广,既有词语方面的(关联词语),也有句法方面的(分句),还有篇章结构方面的(分句之间的语义和逻辑关系、段与段之间的语义和逻辑关系)等。从现有的练习来看,大多数都集中在篇章的关联词语上,分句之间的语义和逻辑关系等缺乏练习或练得不够。

3. 针对性不够强

教材中的篇章练习有的针对性不够强。有研究表明,关联词语的位置学习者容易出错(杨德峰 2008a,杨德峰、姚骏 2016),但大部分教材没有这方面的练习。另外,有些练习的设置,目的性不够强,像《实用》第十三章"句子的组合"中的练习"指出复句中每个小句的主语",该练习针对复句哪方面的问题,不是十分清楚;《简明》第五章"复句"中的练习"指出下列句子哪些是单句,哪些是复句",对复句的掌握特别是运用有什么作用,也不是十分清楚。

4. 题量不平衡

教材中各种题型的题量很不均衡,有些题型的题量太大,像"选择关联词语填空",《对外》占了 37.2%,《分析》占了 52.1%;"分析复句类型",《简明》占了 41.0%。而有些题型的题量太少,譬如《对外》的"用关联词造句"仅占 5.4%;《图解》的"使用关联词连词成句"只占 5.3%。这不仅不利于学习者掌握篇章方面的某些内容,也不利于学习者篇章整体技能的提高。

5. 交际练习欠缺

8 部教材,除了《图解》有一定数量的"交际练习"外,其他 7 部教材都没有"交际练习",即绝大多数教材都把篇章练习的重点放在"意义练习"上了,忽视了"交际练习"。

6. 缺乏层次性

赵金铭(1997)指出,练习拉开层次,有助于学习者由浅入深、循序渐进地掌握语言,提高交际能力。现有的语法教材,篇章练习总的来说层次性不够强,各练习题型之间没有很好地体现循序渐进的特点。像《对外》,第三十课"复句对比与应用"后的练习中,第一题是"判断选择题",每题下面列举了几个近义的关联词语,要求学习者从中进行选择;但是第二题却是让学习者用关联词语把各组句子组成复句,相对于前者,这道题的难度显然要低一些,没有很好地体现由浅入深的原则。《实用》第十三章"句子的组合"练习中三、四、五题都是"用关联词语填空",但没有给出选择的关联词语;而第七题是把句子变换为指定的句式,与前三道题相比,后者显然要容易一些。这种先难后易的练习排列方式,显然违背了语言学习的循序渐进的原则。

3.2 对策

(一) 内容方面

要解决语法教材中篇章教学内容上存在的以上问题,编写者编写教材时首先必须根据相应大纲中有关篇章方面的内容来进行选择,不能置大纲于不顾,靠个人的经验或体会来进行选择。像初级长期进修语法教材,应该在"初等"大纲复句项目中进行选择,中级语法教材应该在"中等"大纲复句项目中进行选择。只有这样,才能减少同一水平的教材所选篇章语法项目差异非常大的情况,也才能保证所选篇章语法项目为该水平的教材应教授的内容,从而确保教材定位的准确性。即便是不分级教材,也应根据使用对象的特点,参考相应的教学语法大纲来安排篇章方面的内容。具体来说,如果使用的对象主要是长期进修的外国学习者,应该在《进修》规定的篇章内容中进行选择;如果使用对象主要是从事对外汉语教学的教师,也应该在《进修》中进行选择,但可做相应的扩充。

其次,任何语法教材都不可能把某一大纲中所有的篇章语法项目都安排进去,即都要对大纲中的篇章语法项目进行筛选,这就要求编写者必须对现有的篇章方面的研究成果进行梳理,以确定外国学习者篇章习得方面的难点或重点,并编排到教材中去。像篇章中的代词,学生者容易误用(高宁慧 1996);篇章中的照应,学习者也非常容易出问题(鲁健骥 2000);关联词语的位置,研究发现也是学习者的难点;逻辑连接成分、词汇衔接等,前文已经说过,学习者使用时也容易出现问题。这些方面的内容应尽可能编写到教材中去,以解决学习者篇章学习和交际中存在的问题,加强教材的针对性和实用性。

再次,学界还要不断加强外国学习者篇章习得方面的研究,尽可能多地或全面地揭示他们习得篇章的难点,以供教材编写或修订时参考。

最后,尽量采用现有的通行的分类和术语,杜绝术语和分类混乱的状况,减少对篇章教学的干扰。

只有以上几个方面都做到位了,教材中篇章教学内容"百花齐放"的局面才能得到有效的控制,教材中篇章教学方面的内容才能得到规范,对外汉语篇章教学也才能真正落到实处。

(二) 练习方面

针对教材中篇章练习普遍不足的问题,建议新编教材或教材修订时增加练习量,使练习的页面至少占到所在章节总页面的 50%。

为避免练习不全面,编写者应对学习者篇章学习中的重点和难点加以梳理和总结,并针对这些重点和难点设计相应的练习。既要有篇章连接方式即关联词语的练习,也要有小句和小句之间、句群和句群之间、段落和段落之间的语义和逻辑关系的练习。不但要有"意义练习",而且要有"交际练习"。

要做到练习具有针对性,编写者必须明确学习者篇章学习的难点是什么,在此基础上,设计一些相应的练习来巩固和强化,从而达到"攻坚克难"之目的。

设计练习时,在侧重重点、难点的同时,还应尽量使各种练习题型的题量均衡一些,让学习者在篇章方面得到平衡的发展。

针对教材普遍缺乏"交际练习"的情况,建议新编教材或教材修订时,既要有"意义练习",也应该有一定量的"交际练习",设计一些诸如"看图说话""课堂讨论""自由会话"之类的练习,让学习者在真实或半真实的语境中练习、掌握关联词语以及篇章,从而提高学习者的篇章表达能力和水平。

要做到练习具有层次性,既可以从练习内容入手,也可以从练习类型入手。篇章练习的内容主要有关联词语和分句之间、句群之间的逻辑和语义关系等,关联词语相对于分句之间、句群之间的逻辑和语义关系来说,难度要小一些,因此练习可以从"判断关联词语位置""选择关联词语填空""填写关联词语"这些相对容易的练习开始,然后过渡到"句子排序""完成复句""句群排序""完成句群"等相对较难的练习。"意义练习"相对于"交际练习"来说,也要容易一些,在设计篇章练习时,可从"意义练习"入手,逐渐过渡到"交际练习"。

总之,只要对外汉语语法教材篇章练习中存在的以上问题很好地解决了,篇章练习就会有一个很大的提高,就能更好地满足学习者的需要。

参考文献

北京大学外国留学生汉语教材编写组 1973、1974《汉语教科书》(1—3),北京:北京大学出版社。

北京大学外国留学生中国语文专修班 1958《汉语教科书》(上、下),北京:时代出版社。

北京语言文化大学汉语水平考试中心 1998《中国汉语水平考试大纲(基础)》,北京:现代出版社。

北京语言学院来华留学生二系 1987、1988《中级汉语教程》(上、下),北京:北京语言学院出版社。

北京语言学院来华留学生三系 1986—1988《初级汉语课本》(1—3),北京:北京语言学院出版社、华语教学出版社。

北京语言学院 1977《汉语课本》(1、2),北京:商务印书馆。

北京语言学院 1980《基础汉语课本》(1—3),北京:外文出版社。

[美]布龙菲尔德著,袁家骅、赵世开、甘世福译 1980《语言论》,北京:商务印书馆。

蔡怡灵 2014《留学生"唯反问格式"习得情况研究》,华东师范大学硕士论文。

曹成龙 2004 修辞教学与对外汉语教学,《云南师范大学学报》(对外汉语教学与研究版)第 4 期。

常敬宇 2000 委婉表达法的语用功能与对外汉语教学,《语言教学与研究》第 3 期。

陈 晨 2004 对留学生篇章偏误考察的思考,《海外华文教育》第 1 期。

陈 晶 2010《〈发展汉语〉中、高级教材中的修辞格研究》,吉林大学硕士论文。

陈 珺、周小兵 2005 比较句语法项目的选取和排序,《语言教学与研究》第 2 期。

陈汝东 2000《对外汉语修辞学》,南宁:广西教育出版社。

陈汝东 2004《当代汉语修辞学》,北京:北京大学出版社。

陈望道 1982《修辞学发凡》,上海:上海教育出版社。
程相文 2001 对外汉语教材的创新,《语言文字应用》第 4 期。
崔永华 1989 对外汉语语法课堂教学的一种模式,《世界汉语教学》第 2 期。
崔永华 1990 关于对外汉语教学语法体系的思考,胡盛仑主编《语言学和汉语教学》,北京:北京语言学院出版社。
戴浩一 1985 时间顺序和汉语的语序,黄河译,《国外语言学》1988 年第 1 期。
戴浩一 1989 以认知为基础的汉语功能语法刍议,叶蜚声译,《国外语言学》1990 年第 4 期、1991 年第 1 期。
戴昭铭 1991 评申小龙的文化语言学理论——《汉语句型研究》读后,《汉语学习》第 3 期。
邓恩明 1996 语用学与对外汉语教学,《世界汉语教学》第 3 期。
邓守信 2003 对外汉语语法点难易度的评定,《对外汉语教学语法探索》,北京:中国社会科学出版社。
邓守信 2010《对外汉语教学语法》(简体字版),北京:北京语言大学出版社。
邓　懿主编 1987《汉语初级教程》(1—3),北京:北京大学出版社。
丁声树等 1961《现代汉语语法讲话》,北京:商务印书馆。
董　明、桂　弘 2006 谈对外汉语修辞的教学,《语言文字应用》第 S2 期。
杜　荣主编 1987《汉语中级教程》(1、2),北京:北京大学出版社。
范继淹 1963 动词和趋向性后置成分的结构分析,《中国语文》第 2 期。
范　晓 1992 VP 主语句,《语法研究和探索》(六),北京:语文出版社。
范　晓 2005 关于构建汉语语法体系问题——"小句中枢"问题讨论的思考,《汉语学报》第 2 期。
方江英、陈梦然 2004 从跨文化的角度看汉日比喻的异同,《浙江工业大学学报》(社会科学版)第 2 期。
房玉清 2001《实用汉语语法》(修订本),北京:北京大学出版社。
[美]菲尔墨著,胡明扬译,2002"格"辨,北京:商务印书馆。
费春元 1992 说"着",《语文研究》第 2 期。
冯丽莉 2013《"得"字补语类型的习得难度研究》,上海师范大学硕士论文。
冯胜利、施春宏 2015《三一语法:结构·功能·语境》,北京:北京大学出版社。
冯志伟 1992 计算语言学对理论语言学的挑战,《语言文字应用》第 1 期。
高宁慧 1996 留学生的代词偏误与代词在篇章中的使用规则,《世界汉语教学》

第 2 期。

高顺全 2011 多义副词"还"的语法化顺序和习得顺序,《华文教学与研究》第 2 期。

高顺全 2015《基于语法化理论的汉语兼类虚词习得顺序研究》,北京:中国社会科学出版社。

高小平 1999《留学生"把"字句习得过程考察分析及其对教学的启示》,北京大学硕士论文。

葛锴桢 2015 "有(一)点(儿)"和"(一)点(儿)"的语义、语用对比,《华文教学与研究》第 3 期。

耿　直 2013《基于语料库的比较句式"跟"、"有"、"比"的描写与分析》,上海:复旦大学出版社。

宫衍英 2012《韩国留学生书面修辞格的运用情况分析及教学策略》,山东大学硕士论文。

郭　锐 2000 "的"字的作用,陆俭明主编《面临新世纪挑战的现代汉语语法研究》,济南:山东教育出版社。

郭绍虞 1979《汉语语法修辞新探》,北京:商务印书馆。

郭圣林 2011《现代汉语句式的语篇考察》,北京:世界图书出版公司。

郭振华 2000《简明汉语语法》,北京:华语教学出版社。

国家对外汉语教学领导小组办公室 2002《高等学校外国留学生汉语教学大纲(长期进修)》,北京:北京语言大学出版社。

国家对外汉语教学领导小组办公室 2002《高等学校外国留学生汉语教学大纲(短期强化)》,北京:北京语言大学出版社。

国家对外汉语教学领导小组办公室 2002《高等学校外国留学生汉语言专业教学大纲》,北京:北京语言大学出版社。

国家对外汉语教学领导小组办公室汉语水平考试部 1996《汉语水平等级标准与语法等级大纲》,北京:高等教育出版社。

国家汉办/孔子学院总部 2009、2010《新汉语水平考试大纲》,北京:商务印书馆。

国家汉语国际推广领导小组办公室 2008《国际汉语教学通用课程大纲》,北京:外语教学与研究出版社。

国家汉语水平考试委员会办公室考试中心 2001《汉语水平词汇与汉字等级大

纲》，北京：经济科学出版社。

韩玉国 2014 汉语语法教学的语义引导，《国际汉语教学研究》第 4 期。

何清强 2014 语义关系与汉语动宾结构的习得顺序，《汉语学习》第 3 期。

何自然 1997 《语用学与英语学习》，上海：上海外语教育出版社。

何自然 2013 语用学与邻近学科的研究，《中国外语》第 5 期。

何自然、冉永平 2009 《新编语用学概论》，北京：北京大学出版社。

侯学超 2000 《现代汉语虚词词典》，北京：北京大学出版社。

侯友兰 2005 修辞与文化应贯穿对外汉语教学始终，陈汝东主编《修辞学论文集》（第八集），北京：北京大学出版社。

胡晓慧 2008 试析留学生汉语写作中的口语体倾向，《华侨大学学报》第 3 期。

胡裕树 1992 三个平面：语法研究的多维视野，《语言教学与研究》第 1 期。

胡裕树 2000 对外汉语教学语法体系的构建，张德鑫主编《对外汉语教学：回眸与思考》，北京：外语教学与研究出版社。

胡裕树主编 1979 《现代汉语》（修订本），上海：上海教育出版社。

胡壮麟 1994 《语篇的衔接与连贯》，上海：上海外语教育出版社。

黄春兰、王 晓 2014 语用教学研究述评及展望，《重庆第二师范学院学报》第 2 期。

黄国文 1988 《语篇分析概要》，长沙：湖南教育出版社。

黄国营 1982 "的"字的句法、语义功能，《语言研究》第 1 期。

黄 河 1990 常见副词共现时的顺序，《缀玉集》，北京：北京大学出版社。

黄玉花 2005 韩国留学生的篇章偏误分析，《中央民族大学学报》（哲学社会科学版）第 5 期。

黄玉花 2007 韩国学生关联词语习得情况考察，《云南师范大学学报》（对外汉语教学与研究版）第 5 期。

汲传波、刘芳芳 2015 留学生汉语书面语中的口语化倾向研究，《语言教学与研究》第 1 期。

姜丽萍 2010 《图解基础汉语语法》，北京：高等教育出版社。

姜丽萍 2011 《汉语作为第二语言课堂教学》，北京：北京大学出版社。

竟 成 1998 我们究竟需要什么样的语法大纲，《对外汉语论丛》，上海：上海外语教育出版社。

柯彼德 1991 汉语作为外语教学的语法体系急需修改的要点，《世界汉语教学》

第 2 期。

孔子学院总部/国家汉办 2015《HSK 考试大纲》，北京：人民教育出版社。

[美]库玛著，陶健敏译 2013《超越教学法》，北京：北京大学出版社。

黎天睦 1991 论"着"的核心意义，《国外语言学》第 1 期。

李德津、程美珍 1988《外国人实用汉语语法》，北京：华语教学出版社。

李德津、李更新主编 1988、1989《现代汉语教程读写课本》(1、2)，北京：北京语言学院出版社。

李芳杰 2000 句型为体 字词为翼——关于对外汉语教学语法体系的思考，《第六届国际汉语教学讨论会论文选》，北京：北京大学出版社。

李国南 1999《英汉修辞格对比研究》，福州：福建人民出版社。

李晋霞 2002 "V 来 V 去"格式及其语法化，《语言研究》第 2 期。

李 军、薛秋宁 2005 语际语用学对对外汉语教学研究的启示，《第四届全国语言文字应用学术研讨会论文集》，成都：四川大学出版社。

李 勉 2013《中高级水平留学生汉语比喻偏误分析与教学对策》，华中师范大学硕士论文。

李培元等 1980《基础汉语课本》(1—3)，北京：外文出版社。

李培元 1987 五六十年代对外汉语教学的主要特点，《第二届国际汉语教学讨论会论文选》，北京：北京语言学院出版社。

李 泉 2003 基于语体的对外汉语教学语法体系构建，《汉语学习》第 3 期。

李 泉 2006 对外汉语教学语法研究述评，《世界汉语教学》第 2 期。

李 泉 2016 对外汉语教学语法体系：目的、标准和特点，《国际汉语教学研究》第 1 期。

李 泉、金允贞 2008 对外汉语教学语法体系研究纵览，《海外华文教育》第 4 期。

李 泉主编 2011、2012《发展汉语·初级综合》(Ⅰ、Ⅱ)，北京：北京语言大学出版社。

李 泉主编 2011、2012《发展汉语·中级综合》(Ⅰ、Ⅱ)，北京：北京语言大学出版社。

李绍林 2003 对外汉语教材练习编写的思考，《云南师范大学学报》第 3 期。

李先银 2011 表达导向的对外汉语语法教学模式及"把"字句教学，迟兰英主编《汉语速成教学研究》，北京：北京语言大学出版社。

李先银 2014 表达导向的对外汉语语法教学模式探讨——以"了"的教学为例，《国际汉语教学研究》第 3 期。

李晓琪 2004 关于建立词汇—语法教学模式的思考，《语言教学与研究》第 1 期。

李晓琪主编 2013《博雅汉语·初级起步篇》(Ⅰ、Ⅱ)，北京：北京大学出版社。

李晓琪主编 2013《博雅汉语·中级冲刺篇》(Ⅰ、Ⅱ)，北京：北京大学出版社。

李　艳 2010 对外汉语四类疑问句的习得顺序，《湛江师范学院学报》第 5 期。

李英哲等著，熊文华译 1990《实用汉语参考语法》，北京：北京语言学院出版社。

李　英、邓小宁 2005 "把"字句语法项目的选取与排序研究，《语言教学与研究》第 3 期。

李月侠 2009 泰国学生习得汉语过程中的语用失误分析，《湖南医科大学学报》(社会科学版)第 2 期。

李　珠 1997 建立三维语法教学体系——初级阶段对外汉语语法教学研究的回顾与展望，《世界汉语教学》第 2 期。

李　珠、姜丽萍 2008《怎样教外国人汉语》，北京：北京语言大学出版社。

连淑能 2010《英汉对比研究》(增订本)，北京：高等教育出版社。

廖秋忠 1986 现代汉语篇章中的连接成分，《中国语文》第 6 期。

凌　丹 2017 基于语料库的留学生介词"给"习得顺序研究，《湖州师范学院学报》第 7 期。

刘辰诞 1999《教学篇章语言学》，上海：上海外语教育出版社。

刘辰诞、赵秀凤 2011《什么是篇章语言学》，上海：上海外语教育出版社。

刘丹青 2010 汉语是一种动词型语言——试说动词型语言和名词型语言的类型差异，《世界汉语教学》第 1 期。

刘丹青、徐烈炯 1998 焦点与背景、话题及汉语"连"字句，《中国语文》第 4 期。

刘俊玲 2005 留学生作文中的篇章偏误类型，《语言文字应用》第 S1 期。

刘颂浩 2009 对外汉语教学中练习的目的、方法和编写原则，《世界汉语教学》第 1 期。

刘颂浩 2017 对外汉语教学练习研究的现状及发展，《国际汉语教育》第 4 期。

刘颂浩、田俊杰 1999 留学生汉语语用情况调查，《语言文字应用》第 1 期。

刘　珣等 1985、1986《实用汉语课本》(Ⅰ－Ⅳ)，北京：商务印书馆。

刘　珣主编 2002—2009《新实用汉语课本》(1－6)，北京：北京语言大学出版社。

刘玉屏 2017《汉语作为第二语言语法教学》,北京:中央民族大学出版社。

刘月华、潘文娱、故　铧 2001《实用现代汉语语法》(增订本),北京:商务印书馆。

刘月华 2003 谈对外汉语教学语法,《对外汉语教学语法探索——首届国际对外汉语教学语法研讨会论文集》,北京:中国社会科学出版社。

卢福波 1996《对外汉语教学实用语法》,北京:北京语言文化大学出版社。

卢福波 2002 对外汉语教学语法的体系与方法问题,《汉语学习》第 2 期。

卢福波 2003 对外汉语教学语法的层级划分与项目排序问题,《汉语学习》第 2 期。

卢福波 2005 对外汉语教学基本句型的确立依据与排序研究,《语言文字应用》第 4 期。

卢福波 2010《汉语语法教学理论与方法》,北京:北京大学出版社。

卢福波、吴　莹 2005 请求句中"V"、"V 一下"与"VV"的语用差异,《语言教学与研究》第 4 期。

卢加伟 2013 国外二语语用教学研究述评,《现代外语》第 2 期。

鲁健骥 1992 状态补语的语境背景及其他,《语言教学与研究》第 1 期。

鲁健骥 1993 汉语语法研究与对外汉语教学语法体系,《中国语文研究四十年纪念文集》,北京:北京语言学院出版社。

鲁健骥 2000 外国人学汉语的篇章偏误分析,《第六届国际汉语教学讨论会论文选》,北京:北京大学出版社。

鲁忠义、彭聃龄 2003《语篇理解研究》,北京:北京语言大学出版社。

陆俭明 1985 "多"和"少"作定语,《中国语文》第 1 期。

陆俭明 1988 现代汉语中数量词的作用,《语法研究和探索》(四),北京:商务印书馆。

陆俭明 1997 配价语法理论和对外汉语教学,《世界汉语教学》第 1 期。

陆俭明 1999 "这是……"和"这个是……",《语言教学与研究》第 2 期。

陆俭明 2002 英汉回答是非问句的认知差异,《暨南大学华文学院学报》第 1 期。

陆俭明 2005 对外汉语教学与汉语本体研究的关系,《语言文字应用》第 1 期。

陆俭明 2009 当代语言学理论与汉语教学,《世界汉语教学》第 3 期。

陆俭明 2018 汉语教学中汉语语法的呈现与教法,《国际汉语教育》第 2 期。

陆俭明、沈　阳 2004《汉语和汉语研究十五讲》,北京:北京大学出版社。

陆庆和 1998 对外汉语教学中的修辞问题,《语言教学与研究》第 2 期。
吕必松 1993《对外汉语教学研究》,北京:北京语言学院出版社。
吕必松 1994 对外汉语教学语法探索·序,《对外汉语教学语法探索》(吕文华),北京:语文出版社。
吕佩臣 2005 语法教学及其发展新趋势,《呼伦贝尔学院学报》第 4 期。
吕叔湘 1955 从主语、宾语的分别谈国语句子的分析,《汉语语法论文集》,北京:科学出版社。
吕叔湘 1979《汉语语法分析问题》,北京:商务印书馆。
吕叔湘 1984 数量词后的"来、多、半",《汉语语法论文集》(增订本),北京:商务印书馆。
吕叔湘 1991 未晚斋语文漫谈,《中国语文》第 4 期。
吕叔湘、朱德熙 1979《语法修辞讲话》,北京:中国青年出版社。
吕叔湘主编 1984《现代汉语八百词》,北京:商务印书馆。
吕文华 1987 汉语教材中语法项目的选择和编排,《语言教学与研究》第 3 期。
吕文华 1991 关于对外汉语教学的语法体系,《中国语文》第 5 期。
吕文华 1992 对《语法等级大纲》(试行)的几点意见,《语言教学与研究》第 3 期。
吕文华 1994《对外汉语教学语法探索》,北京:语文出版社。
吕文华 1999《对外汉语教学语法体系研究》,北京:北京语言文化大学出版社。
吕文华 2003 关于对外汉语教学语法体系的若干问题,《对外汉语教学语法探索——首届国际对外汉语教学语法研讨会论文集》,北京:中国社会科学出版社。
吕文华 2008《对外汉语教学语法探索》(增订本),北京:北京语言大学出版社。
吕文华 2015 修改对外汉语教学语法体系二题,《国际汉语教学研究》第 1 期。
吕文华、鲁健骥 1993 外国人学汉语的语用失误,《汉语学习》第 1 期。
[英]马丁·韦德尔著,刘润清译 1995《外语教学与学习:理论与实践》,北京:高等教育出版社。
聂鸿英 2012 关于建立配价—语法教学模式的探索,《延边教育学院学报》第 4 期。
牛 强、王亚芳 2007 论将语法知识转化为语法能力的外语学习策略,《江苏外语教学研究》第 1 期。
彭淑莉 2008 汉语动词带宾语"被"字句习得研究,《汉语学习》第 2 期。

彭　云 2009《对外汉语辞格教学研究》,上海交通大学硕士论文。

齐春红 2014 越南语母语者汉语趋向补语习得顺序研究,《云南师范大学学报》(对外汉语教学与研究版)第 4 期。

齐春红 2015 老挝语母语者汉语趋向补语习得情况分析,《西南石油大学学报》第 1 期。

齐春红、杨育彬 2015 泰国学生汉语趋向补语习得研究,《现代语文》第 2 期。

齐沪扬 2007 作为第二语言的汉语语法应该研究什么,《世界汉语教学》第 3 期。

钱旭菁 1997 日本留学生汉语趋向补语的习得顺序,《世界汉语教学》第 1 期。

屈承熹 1991 现代汉语中语法、语义和语用的相互作用,赵世开译,《国外语言学》第 2 期。

屈承熹 2005《汉语认知功能语法》,哈尔滨:黑龙江人民出版社。

阮黄英 2016 对越汉语教学语法体系建设的几点思考,《国际汉语教学研究》第 2 期。

邵敬敏 1994 对外汉语教学语法体系改革的新蓝图,《汉语学习》第 5 期。

邵敬敏主编 2001《现代汉语通论》,上海:上海教育出版社。

沈家煊 1996a 汉语功能语法研究·序,《汉语功能语法研究》(张伯江、方梅),南昌:江西教育出版社。

沈家煊 1996b 我国的语用学研究,《外语教学与研究》第 1 期。

沈家煊 1999《不对称和标记论》,南昌:江西教育出版社。

沈　阳 2003 "VP 的"转指的认知解释和句法制约,赵金铭主编《对外汉语研究的跨学科探索》,北京:北京语言大学出版社。

沈　阳、郑定欧主编 1995《现代汉语配价语法研究》,北京:北京大学出版社。

盛　炎 1990《语言教学原理》,重庆:重庆出版社。

施家炜 1998 外国留学生 22 类现代汉语句式的习得顺序研究,《世界汉语教学》第 4 期。

史玲玲 2015《韩国留学生汉语比喻句偏误分析》,鲁东大学硕士论文。

宋璟瑶 2016a 汉语篇章习得研究综述,《汉语教学学刊》第 10 辑。

宋璟瑶 2016b《汉语篇章主位信息研究》,北京大学博士论文。

宋玉柱 1993 对外汉语语法教学札记,《汉语学习》第 4 期。

苏英霞 2014 基于案例观察的语法教学失误分析,《国际汉语教学研究》第 2 期。

孙德华 2009 高级阶段留学生汉语语用教学模式探索,《海外华文教育》第 2 期。

孙德金 2006 语法不教什么——对外汉语语法教学的两个原则问题,《语言教学与研究》第 1 期。

孙德金 2016 汉语作为第二语言教学语法体系研究中的两个理论问题,《语言教学与研究》第 2 期。

孙瑞珍 1995 中高级汉语教学语法等级大纲的研制与思考,《语言教学与研究》第 2 期。

孙瑞珍主编 1995《中高级对外汉语教学等级大纲(词汇·语法)》,北京:北京大学出版社。

孙晓华 2008 近年来留学生篇章衔接偏误研究综述,《现代语文》(语言研究版)第 2 期。

唐曙霞 2004 试论结构型语言教学大纲——兼论汉语教学语法体系分级排序问题,《世界汉语教学》第 4 期。

田　然 2005 留学生语篇中 NP 省略习得顺序与偏误,《云南师范大学学报》(对外汉语教学与研究版)第 1 期。

王初明 1990《应用心理语言学》,长沙:湖南教育出版社。

王国安主编 1998《标准汉语教程》(中级 3、4),上海:上海教育出版社。

王红斌、李悲神 1999 汉语篇章零形回指习得过程的分析,《烟台师范学院学报》(哲学社会科学版)第 2 期。

王　还 1992 漫谈汉语一些副词,《语言教学与研究》第 1 期。

王　还主编 1995《对外汉语教学语法大纲》,北京:北京语言学院出版社。

王还、赵淑华 1971、1972《基础汉语》(上、下),北京:商务印书馆。

王慧萍 2014《中高级阶段留学生汉语修辞教学研究》,黑龙江大学硕士论文。

王健昆、喻　波 2006 初级汉语水平韩国留学生汉语语篇逻辑连接偏误分析,《语言文字应用》第 S2 期。

王　力 1944《中国语法理论》,北京:商务印书馆。

王　力 1954《中国现代语法》,北京:中华书局。

王　力 1956 语法体系和语法教学,张志公主编《语法和语法教学——介绍"暂拟汉语教学语法系统"》,北京:人民教育出版社。

王　森 2016《互动视角下现代汉语"X 不 X"类附加问句研究》,北京大学博士论文。

王　帅 2016 汉语语用教学探索——以"请求"为例,《语言文字应用》第 1 期。

王　寅 2005《认知语言学探索》,重庆:重庆出版社。

王振来 2005 韩国留学生学习关联词语的偏误分析,《云南师范大学学报》(对外汉语教学与研究版)第 3 期。

王钟华主编 1999《对外汉语教学初级阶段课程规范》,北京:北京语言文化大学出版社。

温厚一 1997 交际法语法教学模式及其运用,《深圳大学学报》(人文社会科学版)第 4 期。

文秋芳 2003 频率作用与二语习得,《外语教学与研究》第 2 期。

吴丽君等 2002《日本学生汉语习得偏误研究》,北京:中国社会科学出版社。

吴　平 2005 对修辞学与对外汉语关系的几点看法,陈汝东主编,《修辞学论文集》(第八集),北京:北京大学出版社。

吴中伟等 2007—2009《拾级汉语·综合课本》(1－4),北京:北京语言大学出版社。

吴中伟、郭　鹏 2009《对外汉语任务型教学》,北京:北京大学出版社。

吴中伟 2007《怎样教语法——语法教学理论与实践》,上海:华东师范大学出版社。

吴中伟 2016 汉语教学模式的集成、创新和优化,《华文教学与研究》第 1 期。

伍敬芳 2011 建构主义理论指导下的语法教学模式研究与实践,《大学英语》(学术版)第 2 期。

肖　莉 2004 修辞在对外汉语教学中的地位与作用,《修辞学习》第 5 期。

肖奚强 2001 外国学生照应偏误分析,《汉语学习》第 1 期。

肖奚强等 2009《外国学生汉语句式学习难度及分级排序研究》,北京:高等教育出版社。

肖奚强、周文华 2009 外国学生汉语趋向补语句习得研究,《汉语学习》第 1 期。

肖祥忠 2007 "难度等级模式"与印尼汉语教学,《云南师范大学学报》(对外汉语教学与研究版)第 5 期。

邢福义 1992 从基本流向综观现代汉语语法研究四十年,《中国语文》第 6 期。

徐晶凝 2008《中级汉语语法讲义》,北京:北京大学出版社。

徐晶凝 2016 对外汉语口语教学语法大纲的构建,《语言教学与研究》第 4 期。

徐　枢 1991 回顾与展望——试谈 80 和 90 年代的现代汉语语法研究,《语言教学与研究》第 4 期。

徐霄鹰等主编 2004《阶梯汉语·中级精读》(1—4),北京:华语教学出版社。
许国璋 1986 论语法,《外语教学与研究》第 1 期。
玄贞姬、姚占龙 2010 自然语料中反映出的韩国留学生形容词补语习得顺序,《延边大学学报》(社会科学版)第 2 期。
杨　春 2004 英语国家学生初级汉语语篇照应偏误考察,《汉语学习》第 3 期。
杨　春 2007 中介语语篇层面的偏误研究概况述评,《玉溪师范学院学报》第 9 期。
杨德峰 1993 表示概数的"多"和"来"的全方位考察,《汉语学习》第 3 期。
杨德峰 1996 量词前数词"一"的隐现问题,《中国对外汉语教学学会第五次学术讨论会论文选》,北京:北京语言学院出版社。
杨德峰 1997 试论对外汉语教材的规范化,《语言教学与研究》第 3 期。
杨德峰 1999《汉语与文化交际》,北京:北京大学出版社。
杨德峰 2001a 初级汉语教材语法点确定、编排中存在的问题,《世界汉语教学》第 2 期。
杨德峰 2001b "动+趋+了"和"动+了+趋"补议,《中国语文》第 4 期。
杨德峰 2002 半截话格式的修辞作用,《修辞学习》第 4 期。
杨德峰 2003a 英语母语学习者趋向补语的习得顺序,《世界汉语教学》第 2 期。
杨德峰 2003b 朝鲜语母语学习者趋向补语习得情况分析,《暨南大学华文学院学报》第 4 期。
杨德峰 2004 试论"没有中国人不知道的"及其相关句式,《北京地区第三届对外汉语教学学术研讨会论文选》,北京:北京大学出版社。
杨德峰 2005a VC_1C_2 带宾语的位置及形成的句式,《汉语教学学刊》第 1 辑。
杨德峰 2005b 也说"A 就 A"格式,《语言文字应用》第 3 期。
杨德峰 2008a《日本人学汉语常见语法错误释疑》,北京:商务印书馆。
杨德峰 2008b 试论"VP 的"的范畴化,《汉语学习》第 2 期。
杨德峰 2008c《面向对外汉语教学的副词定量研究》,北京:北京大学出版社。
杨德峰 2009《对外汉语教学核心语法》,北京:北京大学出版社。
杨德峰 2012a 上世纪 80 年代以来的对外汉语语法教材的"得"与"失",《汉语学习》第 2 期。
杨德峰 2012b 也谈主谓谓语句大、小主语的换位,《语言研究》第 1 期。
杨德峰 2012c 再议"V 来 V 去"及与之相关的格式,《世界汉语教学》第 2 期。

杨德峰 2015 说"差不多"和"几乎",《天中学刊》第3期。

杨德峰 2017《趋向补语的认知和习得研究》,北京:北京大学出版社。

杨德峰 2018 也说"A啊B啊"及相关构式,《汉语学习》第3期。

杨德峰 2019a 初级汉语综合教材语法教学模式初探,《语言教学与研究》第2期。

杨德峰 2019b 初级口语教材语法教学模式考察及分析,《汉语学习》第5期。

杨德峰、范鹿京 2016 对外汉语教学语法体系反思及构建原则刍议,《国际汉语教学研究》第2期。

杨德峰、姚 骏 2016《韩国人学汉语常见语法错误释疑》,北京:商务印书馆。

杨 翼 1995 语用分析在高级汉语教学中的运用,《世界汉语教学》第3期。

杨 翼 1997 汉语学习者的语篇偏误分析,《北京语言文化大学第七届科学报告会论文选》,北京:北京语言文化大学出版社。

杨 翼 2010 对外汉语教材练习题的有效性研究,《语言教学与研究》第1期。

叶邵宁、滕巧云 2003 英语教学与语用能力的培养,《外语界》第6期。

叶圣陶 1980 谈语法修辞,《叶圣陶语文教育论集》,北京:教育科学出版社。

殷焕先主编 1991《汉语新教程》(第三册),济南:山东大学出版社。

玉 柱 1988 教学语法和理论语法的区别,《语文学习》第9期。

袁 丽 2009 以英语为母语的留学生汉语语篇中连接成分使用偏误分析,《暨南大学华文学院学报》第4期。

袁 萍 2017《基于数据分析的初级汉语课堂语法点教学模式研究》,北京语言大学博士论文。

袁毓林 1994 关于认知语言学的理论思考,《中国社会科学》第1期。

袁毓林 1995 谓词隐含及其句法后果——"的"字结构的称代规则和"的"的语法、语义功能,《中国语文》第4期。

袁毓林 1998《汉语动词的配价研究》,南昌:江西教育出版社。

袁毓林 2002 多项副词共现的语序原则及其认知解释,《语言学论丛》第二十六辑,北京:商务印书馆。

袁毓林 2006 试析"连"字句的信息结构特点,《语言科学》第2期。

袁毓林 2010《汉语配价语法研究》,北京:商务印书馆。

袁毓林、郭 锐主编 1998《现代汉语配价语法研究》第二辑,北京:北京大学出版社。

曾传禄 2008 也谈"V 来 V 去"格式及其语法化,《语言教学与研究》第 6 期。

翟　璨 2015《基于 HSK 动态作文语料库泰国留学生写作中的修辞格使用情况分析及教学建议》,云南师范大学硕士论文。

翟　艳 2017 后方法时代的汉语语法教学方法分析,《华文教学与研究》第 2 期。

翟　艳、苏英霞 2010《汉语作为第二语言技能教学》,北京:北京大学出版社。

翟英华 2008 俄罗斯留学生习得汉语趋向补语的教学研究,《齐齐哈尔大学学报》(哲学社会科学版)第 6 期。

张爱民、杜　娟 2005 动词重叠与句类的语用制约,《徐州师范大学学报》(哲学社会科学版)第 1 期。

张宝林 2008 对外汉语语法知识课教学的新模式,《语言教学与研究》第 3 期。

张伯江、方　梅 1996《汉语功能语法研究》,南昌:江西教育出版社。

张飞祥 2017 越南留学生汉语引导类辞格习得情况调查与分析,《现代语文》(学术结合版)第 10 期。

张　敏 1998《认知语言学与汉语名词短语》,北京:中国社会科学出版社。

张绍杰、王晓彤 1997 "请求"言语行为的对比研究,《现代外语》第 3 期。

张旺熹 2001 "把"字句的位移图式,《语言教学与研究》第 3 期。

张谊生 2000《现代汉语副词研究》,上海:学林出版社。

张永丽 2014《〈博雅汉语〉高级飞翔篇中的修辞格对对外汉语教学的启示》,云南师范大学硕士论文。

张　苑 2014《泰国留学生比喻辞格运用研究》,云南师范大学硕士论文。

张志公 1991《张志公文集》,广州:广东教育出版社。

张志公主编 1956《语法和语法教学》,北京:人民教育出版社。

赵成新 2005 外国留学生汉语语篇衔接方式偏误分析,《台州学院学报》第 2 期。

赵德麟 1985 外籍学生学习华语句法困难之研究,《第一届世界华文教学研讨会论文集》,(台北)世界华文教学协进会。

赵金铭 1994 教外国人汉语语法的一些原则问题,《语言教学与研究》第 2 期。

赵金铭 1996 对外汉语语法教学的三个阶段及其教学主旨,《世界汉语教学》第 3 期。

赵金铭 1997 对外汉语教材创新略论,《世界汉语教学》第 2 期。

赵金铭 2002 对外汉语教学语法与语法教学,《语言文字应用》第 1 期。

赵金铭主编 2004《对外汉语教学概论》,北京:商务印书馆。

赵　森 2006《三套初级对外汉语综合教材练习的考察》,北京语言大学硕士论文。

赵艳芳 2001《认知语言学概论》,上海:上海外语教育出版社。

赵永新 1992《汉语语法概要》,北京:北京语言学院出版社。

赵元任著,吕叔湘译 1979《汉语口语语法》,北京:商务印书馆。

赵志清 2012《基于言语行为理论的"把"字句研究》,北京大学博士论文。

郑艳群、袁　萍 2019 "应然"与"实然":初级汉语语法教学结构和过程研究,《语言教学与研究》第 1 期。

郑懿德、陈亚川 1991 注重语义讲求实用的语法新著——《实用汉语参考语法》读后,《中国语文》第 4 期。

中国对外汉语教学学会汉语水平等级标准研究小组 1988《汉语水平等级标准和等级大纲(试行)》,北京:北京语言学院出版社。

钟　梫 1985 十五年汉语教学总结,《对外汉语教学论集》,北京:北京语言学院出版社。

钟英华、温象羽主编 2010《综合教程》(3、4),上海:上海外语教育出版社。

周国光 2011《现代汉语配价语法研究》,北京:高等教育出版社。

周　健、彭彩红 2005 中高级汉语教学应突出修辞能力培养,《汉语学习》第 3 期。

周　健、唐　玲 2004 对汉语教材练习设计的考察与思考,《语言教学与研究》第 4 期。

周　健主编 2009《汉语课堂教学技巧 325 例》,北京:商务印书馆。

周清艳 2007 留学生篇章中后时连接成分的使用偏误分析,《云南师范大学学报》(对外汉语教学与研究版)第 6 期。

周文华 2009a 韩国学生"给"及相关句式习得研究,《对外汉语研究》第 1 期。

周文华 2009b 基于语料库的外国学生兼语句习得研究,《语言教学与研究》第 3 期。

周小兵 2004 学习难度的测定和考察,《世界汉语教学》第 1 期。

周小兵、洪　炜 2010 中高级留学生汉语中介语辞格使用情况考察,《世界汉语教学》第 4 期。

周小兵、李海鸥主编 2004《对外汉语教学入门》,广州:中山大学出版社。

周小兵、刘　瑜 2010 汉语语法点学习发展难度,《华文教学与研究》第 1 期。

周　莹 2008 文化视野中的对外汉语修辞教学,《现代语文》(语言研究版)第11期。

朱德熙 1961 说"的",《中国语文》第12期。

朱德熙 1966 关于《说"的"》,《中国语文》第1期。

朱德熙 1978 "的"字结构和判断句,《中国语文》第1期、第2期。

朱德熙 1979 与动词"给"相关的句法问题,《方言》第2期。

朱德熙 1982《语法讲义》,北京:商务印书馆。

朱德熙 1985《语法答问》,北京:商务印书馆。

朱京津 2018 认知视野下趋向补语"过来"习得统计分析,《汉语学习》第4期。

朱庆明 2005《现代汉语实用语法分析》,北京:清华大学出版社。

朱永平 2004 第二语言习得难度的预测及教学策略,《语言教学与研究》第4期。

朱　勇 2006 留学生"请求"言语行为的语用水平调查,《人文丛刊》第一辑。

庄文中等 1997 张志公先生和理论语法、教学语法,《课程・教材・教法》第8期。

左思民 2000《汉语语用学》,郑州:河南人民出版社。

Adele E. Goldberg 著,吴海波译,2007《构式:论元结构的构式语法研究》,北京:北京大学出版社。

Bardovi-Harlig, K. 2001 Evaluating the empirical evidence: Grounds for instruction in pragmatics? In K. R. Rose & G. Kasper(eds.) *Pragmatics in Language Teaching*. Cambridge: Cambridge University Press.

Biber, D. & Reppen, R. 2002 What does frequency have to do with Grammar teaching? *SSLA* 24 (2).

Brumfit Christopher, J. 1984 *Communicative Methodology in Language Teaching: The Roles of Fluency and Accuracy*. Cambridge: Cambridge University Press.

Bulté, B. & Housen, A. 2012 Defining and operationalising L2 complexity. In A. Housen, F. Kuiken & I. Vedder(Eds.) *Dimensions of L2 Performance and Proficiency: Complexity, Accuracy and Fluency in SLA*. Amsterdam/Philadelphia: John Benjamins.

Byrne, Donn. 1976 *Teaching Oral English*. London: Longman.

Canale, M. & Swain, M. 1980 Theoretical bases of communicative approaches to second language teaching and test. *Applied Linguistics* (1).

Carroll, J. B. 1967 Foreign language proficiency levels attained by language majors near graduation from college. *Foreign Language Annals* 1(2).

Collins, C. Trofimovich, P. White, J., Cardoso, W. & Horst, M. 2009 Some input on the easy/difficult grammar question: An empirical study. *The Modern Language Journal* 93(3).

DeKeyser, R. M. 2005 What makes learning second-language grammar difficult? A review of issues. *Language Learning* 55(Suppl. 1).

Downing, A. & Locke, P. 1992 *A University Course in English Grammar*. London: Prentice Hall.

Ellis, R. 1993 The structural syllabus and second language acquisition. *TESOL Quarterly* 27(1).

Ellis, R. 1994 *The Study of Second Language Acquisition*. Oxford: Oxford University Press.

Ellis, R. 1999 *Understanding Second Language Acquisition*. 上海:上海外语教育出版社。

Ellis, N. 2002 Frequency effects in language processing: A review with implications for theories of implicit and explicit language acquisition. *SSLA* 24(2).

Fathman, A. K. & Whalley, E. 1990 Teacher response to student writing: Focus on form versus content. In B. Kroll (ed.) *Second Language Writing: Research Insights for the Classroom*. Cambridge: Cambridge University Press.

Fotos, S. & Ellis, R. 1991 Communicating about grammar: A task-based approach. *TESOL Quarterly* 25(4).

Halliday, M. A. K. & Hasan, R. 1976 *Cohesion in English*. London: Longman.

Harmer, J. 1983 *The Practice of English Language Teaching*. London: Longman.

Hoey, M. 1991 *Patterns of Lexis in Text*. Oxford: Oxford University Press.

Housen, A. & Simoens, H. 2016 Cognitive perspectives on difficulty and complexity in L2 acquisition. *SSLA* 38(20).

Kasper, G. 1997 The role of pragmatics in language education. In K. Bardovi-Harlig & B. Hartford (eds.) *Beyond Methods: Components of L2 Education*. New York: McGraw-Hill.

Kasper, G. & Rose, K. R. 2002 *Pragmatic Development in a Second Language*. Oxford: Blackwell.

Koike, D. A. & Pearson, L. 2005 The effect of instruction and feedback in the development of pragmatic competence. *System* 33(3).

Kubota, M. 1995 Teachability of conversational implicature to Japanese EFL learners. IRLT Bulletin 9.

Lakoff, G. 1987 *Women, Fire, and Dangerous Things: What Categories Reveal about the Mind*. Chicago & London: The University of Chicago Press.

Larsen-Freeman, D. & Long, M. 1991 *An Introduction to Second Language Acquisition Research*. London: Longman.

Larsen-Freeman, D. 2002 Making sense of frequency. *SSLA* 24(2).

Levinson, S. 2001 *Pragmatics*. 北京：外语教学与研究出版社。

Martínez-Flor, A. & Fukuya, Y. J. 2005 The effects of instruction on learners, production of appropriate and accurate suggestions. *System* 33(3).

Paulston & Bruder. 1976 Teaching English as a Second Language: Techniques and Procedures. Winthrop Publishers. Inc.

Prator, C. 1967 *Hierarchy of Difficulty*. Unpublished classroom lecture, University of California, Los Angeles.

Richards, J. C. et al 2002 *Longman Dictionary of Language Teaching & Applied Linguistics*. 北京：外语教学与研究出版社。

Robinson, P. 1996 Learning simple and complex second language rules under implicit, incidental, rule-search and instructed conditions. *SSLA* 18.

Rose, K. R. & Kasper, G. 2006 *Pragmatics in Teaching Language*. 北京：世界图书出版公司。

Rose, K. R. & Ng, C. 2001 Inductive and deductive teaching of compliments and compliment responses. In K. R. Rose & G. Kasper(eds.) *Pragmatics in Language Teaching*. Cambridge: Cambridge University Press.

Saegert, J., Scott S., Perkins J. & Tucker G. R. 1974 A note on the relationship between English proficiency, years of language study and medium of instruction. *Language Learning* 24(1).

Skehan, P. 1999 *A Cognitive Approach to Language Learning*. 上海:上海外语教育出版社。

Takimoto, M. 2008 The effects of deductive and inductive instruction on the development of language learners' pragmatic competence. *The Modern Language Journal* 92(3).

Thomas, J. 1983 Cross-cultural pragmatic failure. *Applied Linguistics* 4(2).

Thorndike, E. L. 1898 Animal intelligence: An experimental study of the associative processes in animals. *Psychological Monographs: General and Applied* (4).

van Dijk, T. A. 1980 *Macrostructures: An Interdisciplinary Study of Global Structures in Dicourse, Interaction and Cognition*. Hillsdale, New Jersey: Lawrence Erlbaum.

White, L. 1987 Markedness and second language acquisition. *SSLA* 9(3).

White, L. 1991 Adverb placement in second language acquisition: Some effects of positive and negative evidence in the classroom. *Second Language Research* 7(2).

Wilkins, D. A. 1976 *Notional Syllabuses*. Oxford: Oxford University Press.

Wittgenstein, L. 1953. *Philosophical Investigations*, trans. by G. E. M. Anscombe. New York: Macmillan.